Sonny Boy

AL PACINO

AUTOBIOGRAFIA

Sonny Boy

Tradução de Laura Folgueira

Rocco

Título original
SONNY BOY
A Memoir

Edição brasileira publicada mediante acordo com a Penguin Press,
um selo da Penguin Publishing Group, uma divisão da Penguin Random House LLC

Direitos para a língua portuguesa reservados
com exclusividade para o Brasil à
EDITORA ROCCO LTDA.
Rua Evaristo da Veiga, 65 – 11º andar
Passeio Corporate – Torre 1
20031-040 – Rio de Janeiro – RJ
Tel.: (21) 3525-2000 – Fax: (21) 3525-2001
rocco@rocco.com.br
www.rocco.com.br

Printed in Brazil/Impresso no Brasil

Preparação de originais
TIAGO LYRA

CIP-BRASIL. CATALOGAÇÃO NA PUBLICAÇÃO
SINDICATO NACIONAL DOS EDITORES DE LIVROS, RJ

P126s

Pacino, Al, 1940-
Sonny boy : autobiografia / Al Pacino ; tradução Laura Folgueira. - 1. ed. - Rio de Janeiro : Rocco, 2024.

Tradução de: Sonny boy : a memoir
ISBN 978-65-5532-478-5
ISBN 978-65-5595-301-5 (recurso eletrônico)

1. Pacino, Al, 1940-. 2. Atores - Estados Unidos - Biografia. 3. Atores e atrizes de cinema - Estados Unidos - Biografia. I. Folgueira, Laura. II. Título.

CDD: 791.43028092
24-93622 CDU: 929:791.071(73)

Meri Gleice Rodrigues de Souza - Bibliotecária - CRB-7/6439

Para Charlie, para meu avô e para minha mãe

Sumário

1

Uma folha de grama

Eu atuava desde pequenininho. Minha mãe me levava ao cinema desde que eu era novo, com três ou quatro anos. Ela fazia bicos e trabalhava numa fábrica durante o dia, e, quando voltava para casa, só tinha o filho como companhia. Por isso ela me levava ao cinema com ela. Não sabia que estava me proporcionando um futuro. Eu fiquei imediatamente interessado em ver atores na tela. Como nunca tinha com quem brincar em nosso apartamento e ainda não tínhamos televisão, eu tinha tempo de sobra para pensar no último filme a que assistira. Repassava os personagens em minha mente e dava vida a eles, um a um, dentro de casa. Aprendi bem cedo a fazer amizade com minha imaginação. Às vezes, ficar satisfeito com sua solidão pode ser uma faca de dois gumes, especialmente para as outras pessoas com quem você divide a vida.

O cinema era um lugar em que minha mãe podia se esconder no escuro, sem ter que dividir seu Sonny Boy com mais ninguém. Esse era o meu apelido para ela, o que ela primeiro me deu, antes de todo mundo também começar a me chamar de Sonny. Foi algo que ela pegou do cinema, onde ouviu Al Jolson cantar uma música que ficou muito popular. Era assim:

Climb up on my knee, Sonny Boy
Though you're only three, Sonny Boy
You've no way of knowing
There's no way of showing
What you mean to me, Sonny Boy[1]

---

1 Na tradução literal do título da música, algo como "filhinho". "Suba no meu joelho, filhinho / Mesmo só tendo três anos, filhinho / Você não tem como saber / Não há como demonstrar / O quanto você é importante para mim, filhinho." (N. da T.)

Aquilo ficou grudado na cabeça dela por doze anos, e, quando eu nasci, em 1940, a música ainda era tão vívida para minha mãe que ela ainda cantava para mim. Eu fui o primogênito dos meus pais, primeiro neto dos meus avós. Eles foram muito babões comigo.

Meu pai tinha só dezoito anos quando nasci, e minha mãe era só um pouco mais velha. Nem é preciso dizer o quanto eram jovens, mesmo para a época. Provavelmente eu não tinha nem dois anos quando se separaram. Nos primeiros anos da minha vida, eu e minha mãe nos mudávamos o tempo todo, sem estabilidade e sem certezas. Moramos juntos em quartinhos mobiliados no Harlem e nos mudamos para o apartamento dos pais dela no sul do Bronx. Quase não tínhamos suporte do meu pai. Algum tempo depois, o juiz determinou que recebêssemos cinco dólares por mês, o que mal cobria nossos custos com aluguel e alimentação na casa dos pais dela.

Muitos anos depois, quando eu tinha catorze anos, minha mãe processou de novo meu pai para pedir mais dinheiro, que ele alegou não ter e que nunca recebemos. Achei que o juiz tinha sido muito injusto com ela. Levaria décadas para os tribunais terem alguma noção das necessidades de uma mãe solo.

Para encontrar minha primeira recordação de meu pai e minha mãe juntos, preciso voltar a quando tinha cerca de três ou quatro anos. Estou vendo algum filme com minha mãe no balcão do Dover Theatre. A história é algum tipo de melodrama para adultos, e minha mãe está totalmente hipnotizada. Eu sei que estou assistindo a algo que na verdade é só para gente grande e imagino que haja nisso certa emoção de ser um garotinho ao lado da mãe, compartilhando esse momento com ela. Mas não consigo seguir de fato a trama, e minha atenção se desvia. Olho lá para baixo, para a fileira de assentos sob nós, e vejo um homem andando por ali, procurando alguma coisa. Ele está com o uniforme de gala da PM — a polícia militar, a qual meu pai serviu durante a Segunda Guerra Mundial.

Ele deve ter parecido familiar, porque instintivamente gritei:

— Papai!

Minha mãe fez "shhh". Não entendi por quê. Como ela podia fazer isso? Gritei de novo:

— Papai!

Ela continuou cochichando, me mandando ficar quieto; ele a estava procurando. Os dois estavam tendo problemas, e minha mãe não queria que ele a encontrasse, mas, agora, tinha sido descoberta.

Quando o filme terminou, me lembro de sair para a rua escura à noite com meus pais, a marquise do Dover Theatre se afastando atrás de nós. Cada um segurou uma das minhas mãos enquanto eu caminhava no meio deles. Pelo canto do olho direito, vi um coldre na cintura do meu pai, com uma arma enorme saindo, de cabo perolado branco. Anos depois, quando interpretei um policial no filme *Fogo contra fogo*, meu personagem carregava uma arma com um cabo assim. Mesmo criança, eu conseguia entender: aquele objeto era poderoso. Era *perigoso*. E, aí, meu pai se foi. Ele foi para a guerra e voltou, mas não para nós.

Mais tarde, quando eu estava atuando em minha primeira peça da Broadway, meus parentes do lado paterno da família foram me ver. Eu era um ator jovem e vanguardista, que tinha passado a maior parte de seu tempo no Greenwich Village e que aos poucos foi abrindo seu caminho até a Broadway. Depois da peça, algumas tias e primos me fizeram uma visita-surpresa nos bastidores. Começaram a me encher de beijos, me abraçar e me parabenizar. Eram Pacino, e, apesar de só conhecê-los de visitas ocasionais à minha avó paterna, eu fiquei um pouco tímido.

Mas, enquanto jogávamos conversa fora, surgiu um assunto que me impactou até os ossos. Elas falaram algo sobre "a época que você ficou com a gente". Eu questionei:

— Como assim, quando eu fiquei com vocês?

Elas responderam:

— Quando você ficou com a gente, lembra? Ah, sim, Sonny Boy, quando você era neném, não tinha nem um ano e meio, você morou com sua avó e seu avô, a mãe e o pai do seu pai.

Eu perguntei:

— Quanto tempo eu morei lá?

Uns oito meses, as tias falaram, quase um ano.

E, de repente, as coisas começaram a se encaixar na minha cabeça. Eu fui tirado de minha mãe por oito meses enquanto meu pai estava na guerra. Mas não fui mandado para um orfanato nem colocado num lar temporário; fui misericordiosamente entregue a um parente próximo — a mãe do meu pai, minha avó, que foi um verdadeiro presente de Deus. Tive muitas pessoas que me salvaram durante meu tempo neste planeta, e ela talvez tenha sido a primeira.

Perceber isso me derrubou. Tive uma clareza repentina sobre as coisas inexplicáveis que eu havia feito na vida até ali, aos vinte e oito anos — a maneira repleta de altos e baixos como eu vivia, as escolhas que fazia e a forma como lidava com as coisas. Foi uma revelação ficar sabendo que eu tinha sido entregue a outra pessoa, pelo menos de forma temporária, com dezesseis meses. Que tinha sido dependente da minha mãe por completo, sem conhecer mais nada, e depois sido mandado para uma vida totalmente diferente... é um rompimento significativo. Pouco depois, fui fazer terapia para valer. Eu certamente tinha assuntos com que precisava lidar.

Minha avó por parte de pai se chamava Josephine e provavelmente foi a pessoa mais maravilhosa que já conheci. Ela era uma deusa. Tinha um semblante angelical. Era o tipo de mulher que, na época, ia a Ellis Island recepcionar os recém-chegados, italianos e todos os outros que não sabiam nada de inglês, para ajudá-los. Ela cuidou e batalhou tanto por mim que recebeu direito de visita no acordo de divórcio dos meus pais. Seu marido, meu avô e xará, Alfred Pacino, chegou a Nova York da Itália no início dos anos 1900. Eles tiveram um casamento arranjado, e meu avô trabalhava como pintor de casas. Era alcoólatra, o que o tornava temperamental e imprevisível.

Não tenho lembranças do tempo que passei na casa deles, longe da minha mãe. Imagino que minha mãe se sentisse culpada pelo acordo. Com certeza deve ter se sentido. Claro, eu não fiquei separado dela por muito tempo, mas, sendo tão novo assim, oito meses foi muito tempo.

Quando meu filho Anton era pequeno, com menos de dois anos, eu me lembro de estarmos juntos na esquina da 79th Street com a Broadway sem a mãe dele. Ele ficou com uma carinha que era como se estivesse completamente perdido. Pensei comigo mesmo: é porque ele não sabe onde a mãe dele está. Na verdade, ele estava procurando por ela — olhando as outras pessoas na rua para ver se conseguia encontrá-la. Estava próximo da idade que eu tinha quando fui morar com meus avós. Nunca vi meu filho tão perdido no mundo, nem antes, nem depois disso. Eu o peguei no colo e falei:

— A mamãe está vindo, fica tranquilo.

Era o que ele precisava ouvir.

Meus avós por parte de mãe moravam num prédio de seis andares sem elevador na Bryant Avenue, no sul do Bronx, num apartamento no último andar, no qual o aluguel era mais barato. O lugar era uma confusão de atividade constante, com seus três cômodos todos usados como quartos de dormir. Eram cômodos pequenos, mas não para mim. Às vezes, chegávamos a ter seis ou sete pessoas morando lá ao mesmo tempo. Vivíamos em turnos. Ninguém tinha um quarto só para si, e, por longos períodos, eu dormia no meio dos meus avós. Outras vezes, quando dormia num sofá-cama que ficava no que era para ser a sala, eu nunca sabia quem podia acabar acampado ao meu lado — um parente passando pela cidade ou o irmão da minha mãe, de volta da guerra. Ele estivera no Pacífico e, como tantos outros homens que estiveram no campo de batalha, não falava de suas experiências lá. Pegava palitos de fósforo e colocava nos ouvidos para abafar as explosões que não conseguia parar de ouvir.

O nome de batismo do pai da minha mãe era Vincenzo Giovanni Gerardi, e ele vinha de uma velha cidade siciliana cujo nome, eu descobriria mais tarde, era Corleone. Ele foi para os Estados Unidos quando tinha quatro anos, possivelmente de forma ilegal, onde se tornou James Gerard. Nessa época, já tinha perdido a mãe; o pai, que era meio ditador, tinha se casado pela segunda vez e se mudado com as filhas e a segunda esposa para o Harlem. Meu avô teve uma criação louca, digna de Dickens, mas foi a primeira figura paterna real que tive.

Quando eu tinha seis anos, cheguei depois do primeiro dia de aula e encontrei meu avô fazendo a barba no banheiro. Ele estava na frente do espelho, com sua camisa de baixo e os suspensórios caídos na lateral do corpo. Fiquei parado na porta aberta do banheiro. Queria contar uma história para ele.

— Vovô, um menino na escola fez uma coisa muito ruim. Então, eu fui e contei para a professora, e ela colocou o menino de castigo.

Sem hesitar, enquanto continuava a se barbear, meu avô só me disse:

— Então, você é um dedo-duro, é?

Foi uma observação casual, como se ele estivesse dizendo: "Você gosta de piano? Eu não sabia." Mas as palavras dele me atingiram bem no plexo solar. Eu me senti deslizando pelas laterais da soleira do banheiro. Fiquei destruído. Não conseguia respirar. Foi só isso que ele disse. E eu nunca mais dedurei ninguém na vida. Se bem que, agora, escrevendo isso, estou dedurando a mim mesmo.

A esposa dele, Kate, era minha avó. Tinha cabelo loiro e olhos azuis como Mae West, uma espécie de certa raridade entre italianos, o que meio que a diferenciava de todos os meus parentes. Ela talvez tivesse algum sangue alemão do seu lado da família. Quando eu tinha uns dois anos, acho, ela me sentava na mesa da cozinha e me dava comida de bebê na colher enquanto contava histórias extravagantes e inventadas em que eu era o protagonista. Isso deve ter tido um impacto. Quando fiquei um pouco mais velho, eu a encontrava cozinhando na cozinha, descascando batatas, que eu comia cruas. Tinham pouco valor nutricional, mas eu amava o gosto. Às vezes, ela me dava biscoitos de cachorro, que eu também comia.

Minha avó era conhecida por sua culinária. Fazia comida italiana, claro, mas não estávamos num bairro italiano. Por sinal, éramos os únicos italianos morando ali. Talvez tivesse um do outro lado da rua, um cara chamado Dominic, um rapaz alegre, que tinha lábio leporino. Quando saía porta afora, vovó me parava de repente com seu pano úmido, que sempre parecia estar em uma de suas mãos, para dizer:

— Limpa o molho da cara. As pessoas vão achar que você é italiano.

Havia uma espécie de estigma contra os italianos quando começamos a vir para os Estados Unidos, e só piorou quando a Segunda Guerra começou. Os Estados Unidos tinham acabado de passar quatro anos lutando contra a Itália, e apesar de muitos ítalo-americanos terem ido para o exterior batalhar contra seus próprios irmãos e ajudar a derrubar Mussolini, outros eram rotulados como estrangeiros inimigos e colocados em campos de concentração. Quando os ítalo-americanos voltaram da guerra, houve uma alta taxa de casamentos com pessoas de outras origens.

As outras famílias em nosso prédio vinham de todos os cantos da Europa ocidental e de muitas partes do mundo. Era uma cacofonia de dialetos. Dava para ouvir todo mundo. Nosso pequeno trecho entre a Longfellow Avenue e a Bryant Avenue, da 171st Street até a 174th Street, era uma mescla de nacionalidades e etnias. No verão, quando subíamos no telhado do prédio para nos refrescar, porque ninguém tinha ar-condicionado, dava para ouvir o murmúrio de diferentes idiomas com sotaques variados. Era uma época gloriosa: muita gente pobre de vários guetos tinha se mudado para lá, e estávamos realmente transformando o Bronx. Quanto mais para o norte se ia, mais prósperas eram as famílias. Nós não éramos prósperos. Nós nos virávamos. Meu avô era um gesseiro que precisava trabalhar todo dia. Naqueles dias, gesseiros eram muito procurados. Ele tinha muita habilidade e era valorizado pelo que fazia. Ele construiu um muro no beco para o proprietário do apartamento, e o homem amou tanto o muro que manteve o aluguel da nossa família em 38 dólares e oitenta centavos por todo o tempo que moramos ali.

Até ficar um pouco mais velho, eu não tinha permissão de sair do prédio sozinho — morávamos nos fundos, o bairro era meio perigoso, e eu não tinha irmãos. Não tínhamos TV nem muita coisa para nos entreter além de alguns discos de Al Jolson que eu usava para fazer imitações e divertir minha família quando tinha três ou quatro anos. Minhas únicas companhias, fora minha avó, minha mãe e um cachorrinho chamado Trixie, eram os personagens que eu encarnava a partir dos filmes que minha mãe me levava para assistir. Eu devo ter sido o único menino de cinco anos que foi ver *Farrapo humano*. Fiquei muito impressionado com a performance de Ray Milland como um alcoólatra autodestrutivo, que lhe rendeu um Oscar. Enquanto luta para ficar sóbrio e sofre de *delirium tremens*, ele tem alucinações com um morcego que voa de um canto do quarto de hospital onde ele está e ataca um rato que sobe pela parede. Milland seria capaz de fazer alguém acreditar que ele foi capturado pelo terror de seu delírio. Nunca esqueci a cena em que ele está sóbrio, procurando freneticamente a bebida que havia escondido quando estava bêbado, mas não consegue lembrar onde. Eu tentava repeti-la, fingindo revirar um apartamento invisível enquanto vasculhava armários, gavetas e cestos inexistentes. Fiquei tão bom nessa cena que eu passei a interpretá-la a pedido de meus parentes. Eles rugiam de rir. Imagino que achavam engraçado ver uma criança de cinco anos fingindo revirar uma cozinha imaginária com uma intensidade de vida ou morte. Era uma energia dentro de mim que eu já estava descobrindo que conseguia canalizar. Mesmo aos cinco anos, eu pensava: Do que eles estão rindo? Esse homem está lutando para sobreviver.

Minha mãe tinha sensibilidade para essas coisas. Acho que é por isso que era atraída por esse tipo de filme. Era uma mulher linda, mas delicada, com emoções frágeis. De tempos em tempos, ela ia a um psiquiatra, quando meu avô tinha dinheiro para pagar pelas consultas. Só fiquei sabendo que minha mãe tinha problemas quando tinha seis anos. Eu estava pronto para brincar na rua, sentado numa cadeira na cozinha enquanto minha mãe amarrava meus sapatinhos e me vestia um casaco para que eu não ficasse com frio. Notei que ela estava chorando e me questionei sobre o que tinha acontecido, mas não sabia como perguntar. Minha mãe estava me dando um monte de beijos e, pouco antes de eu sair, ela me deu um abraço apertado. Foi estranho, mas eu estava ansioso para descer e me encontrar com as outras crianças, e não pensei mais naquilo.

Estávamos fora de casa há mais ou menos uma hora quando vimos uma comoção na rua. As pessoas estavam correndo na direção do apartamento dos meus avós. Alguém me disse:

— Acho que é a sua mãe.

Não acreditei. Pensei: Como podem dizer uma coisa dessas? Minha mãe? Não é verdade. Comecei a correr com eles. Havia uma ambulância na frente do prédio, e ali, saindo pela porta da frente, carregada numa maca, estava minha mãe. Ela havia tentado suicídio.

Isso não me foi explicado; eu precisei entender sozinho o que tinha acontecido. Soube depois que ela foi enviada para se recuperar no Bellevue Hospital, onde as pessoas que faziam esse tipo de coisa ficavam internadas por um tempo. É um período meio que em branco para mim, mas me lembro de ficar sentado na mesa da cozinha do apartamento dos meus avôs, onde os adultos estavam discutindo o que iam fazer. Não consegui compreender direito, mas fingi ser adulto junto com eles. Anos depois, fiz o filme *Um dia de ção*, e uma de suas imagens finais, que mostra o personagem de John Cazale sendo tirado numa maca, já morto, me faria pensar no momento em que vi minha mãe sendo carregada para aquela ambulância e levada embora. Mas não acho que ela quisesse morrer naquele momento, ainda não. Ela voltou viva à nossa casa, e eu fui para as ruas.

QUANDO EU ERA CRIANÇA, ERAM OS RELACIONAMENTOS COM MEUS amigos da rua que me sustentavam e me davam esperança. Eu tinha uma turma que incluía meus três melhores amigos, Cliffy, Bruce e Petey. Todo dia era uma nova aventura. Estávamos à caça, famintos pela vida. Em retrospecto, percebo que eu talvez tenha recebido mais amor de minha família do que os outros três. Acho que isso pode ter feito toda a diferença. Eu saí vivo, e eles não.

Até hoje, uma das minhas memórias favoritas é descer as escadas e sair para a rua em frente ao meu prédio numa manhã ensolarada de sábado de primavera. Eu não devia ter mais de dez anos. A rua estava vazia. Eu me lembro de olhar para o fim do quarteirão e lá estava Bruce, a uns cinquenta metros. Senti dentro de mim uma alegria que permaneceu comigo para sempre. O dia estava claro e fresco, e tudo estava silencioso e tranquilo. Ele se virou e sorriu, e eu sorri também, porque sabíamos que estávamos vivos. O dia estava cheio de potencial. Algo ia acontecer.

A cada poucos blocos ficavam os terrenos baldios onde jardins vitorianos tinham sido plantados no ápice da Segunda Guerra Mundial. Depois que Eleanor Roosevelt mandou construir seu jardim vitoriano na Casa Branca, eles começaram a pipocar por todo lado, até no sul do Bronx. Mas, na época em que tivemos acesso a eles, depois da guerra, estavam destruídos, cheios de entulho — as flores tinham ido para o céu. Ao redor desses terrenos, havia calçadas. De vez em quando, se você baixava os olhos, via uma folha de grama crescendo no concreto. Foi assim que uma vez meu amigo Lee Strasberg definiu o talento: uma folha de grama crescendo no meio de um bloco de concreto.

Esses jardins vitorianos cheios de porcaria se tornaram nossas salas de reunião e parques de diversão. Davam campos de beisebol bem bons, se você amontoasse o lixo para fazer as bases.

Muitas vezes, eu estava jogando beisebol em um desses terrenos quando, lá pelas cinco da tarde, via meu avô a distância, voltando do trabalho. Independentemente de onde eu estivesse no terreno, assim que o via de relance, atravessava correndo para encontrá-lo na calçada antes que ele pudesse passar, para arrancar dele alguns trocados que dessem para comprar um sorvete.

Ele baixava os olhos para mim e punha a mão no bolso, indo até o que parecia a parte de baixo da perna da calça, voltando enfim com meu grande presente: uma moeda de cinco centavos brilhante. Antes de sair correndo, eu dizia, às pressas:

— Obrigado, vovô.

Se o notava passando enquanto era minha vez ao bastão, eu gritava para chamar a atenção dele, torcendo para que me visse bater na bola e chegar até a base. Ele parava e assistia por um minuto e, sempre que estava lá parado, eu recebia um *strike*. Toda vez. Quando ia para casa, eu lhe contava que, depois de ele ir embora, eu tinha conseguido uma queimada tripla, e ele assentia e sorria.

No bairro, eu parecia vencer a morte com frequência. Eu era como um gato, com muito mais do que sete vidas. Tive mais acidentes e confusões do que sou capaz de contar, então vou escolher alguns que me saltam à memória e têm maior importância para contar.

Num dia de inverno, eu estava deslizando no gelo que tinha se formado em cima do rio Bronx. Não tínhamos patins, então eu estava de tênis, fazendo piruetas, me exibindo para meu amigo Jesus Diaz, que estava parado na margem. Num segundo, eu estava rindo enquanto ele me incentivava, aí, de repente, a superfície se rompeu e mergulhei na água geladíssima. Toda vez que eu tentava me apoiar e sair, o gelo não aguentava e eu continuava mergulhando na água gelada. Acho que, se não fosse Jesus Diaz, eu teria me afogado naquele dia. Ele conseguiu encontrar um pedaço de madeira comprida, duas vezes maior que ele mesmo, se esticou o máximo que conseguia da margem e usou a madeira para me puxar até a segurança. Eu estava ensopado e morrendo de frio, então ele me tirou do frio e me levou para o apartamento da família, na habitação coletiva da qual seu pai era zelador. Jesus Diaz me deu suas próprias roupas para vestir.

Mais ou menos na mesma idade, eu tive uma das experiências mais vergonhosas da minha vida. Fico até desconfortável em contar agora, mas por que não? É para isso que estamos aqui. Eu não devia ter mais de dez anos e caminhava em cima de uma cerca de ferro estreita, fazendo minha brincadeira de corda bamba. Tinha chovido a manhã toda e, claro, eu escorreguei e caí, e a barra de ferro bateu bem no meio das minhas pernas. Eu estava com tanta dor que mal consegui voltar andando para casa. Um cara mais velho me viu gemendo na rua, me pegou no colo e me levou até o apartamento da minha tia Marie. Era a irmã mais nova da minha mãe, que morava no terceiro andar do mesmo prédio dos meus avós. O bom samaritano me jogou numa cama e falou:

— Se cuida, cara.

Naquela época, era comum que os médicos fossem até a casa das pessoas, mesmo que o consultório fosse a poucos metros de distância, no mesmo quarteirão. Enquanto minha família esperava o dr. Tanenbaum aparecer, fiquei lá, deitado na cama, com a calça ao redor dos tornozelos, enquanto as três mulheres da minha vida — minha mãe, minha tia e minha avó — cutucavam e remexiam no meu pênis, em um estado de quase pânico. Eu pensava: "Deus, por favor, me leva agora", enquanto as ouvia cochichando uma com a outra ao concluírem sua inspeção. Meu pênis continuou comigo, junto com o trauma. Até hoje, pensar nisso me assombra.

Nosso bairro, o sul do Bronx, tinha um conjunto completo de personagens grandiosos, a maioria inocente. Havia um cara que parecia ter entre trinta e quarenta anos, com uma mescla de cabelo ruivo e preto, que usava terno e camisa social com uma gravata solta e puída. Parecia que tinha ido à missa de domingo e derrubado as cinzas todas em cima de si mesmo. Caminhava em silêncio pelas ruas, sozinho, e quase nunca falava; quando falava, a única coisa que dizia era:

— Você não mata o tempo: o tempo mata você.

Só isso. Se uma única vez ele tivesse vindo até nós e dito "Como vocês estão, meninos?", teríamos ficado chocados. Claro, eu suspeitava um pouco dele, como todos nós. Éramos um bando de animais selvagens e sabíamos que ele era diferente da nossa espécie. Nossa intuição nos dizia que ele era diferente, então não questionávamos. Só o aceitávamos. Havia mais privacidade na época, em comparação ao nosso mundo de agora, certo decoro e distância que as pessoas concediam umas às outras. Talvez ainda exista isso em cidades menores, e é algo que sempre carreguei comigo na vida.

Mas a escuridão podia estar à espreita na esquina errada. Uma vez, quando eu tinha uns oito ou nove anos, estava sozinho na Bryant Avenue, quicando minha bola numa parede do meu prédio. Um menino que eu conhecia, vamos chamá-lo de Steve, estava voltando de um grande galpão de ônibus ao lado da estação E1, onde costumávamos brincar dentro de ônibus vazios e colecionar os bilhetes coloridos de papel, fingindo que eram dinheiro. Steve estava com uma expressão estranha, vazia, como se estivesse realmente atordoado. Falei:

— Ei, Steve, o que foi?

Ele me encarou sem prestar atenção a mim e respondeu:

— Um cara mijou na minha boca.

Perguntei:

— Por que alguém mijaria na sua boca?

— Não sei.

— Ele mijou na sua boca.

— É, lá no depósito de ônibus.

Steve não sabia o que estava acontecendo e, na minha juventude, eu também não. Não tinha a sutileza nem a experiência necessária. Mais tarde, eu compreenderia o que acho que talvez de fato tenha acontecido com ele. Era o tipo de coisa que poderia ter acontecido em qualquer rua de qualquer cidade, e tinha acontecido ali. Achei uma forma de superar aquilo mentalmente. Há coisas com as quais nos deparamos enquanto crescemos que, apesar de nos impactarem, não conseguimos de fato processá-las nem lembrar muito, a não ser que nos coloquem num estado hipnótico. Mas, mesmo assim, as absorvemos. Eu soube na época que algo muito errado tinha acontecido e que Steve parecia meio destroçado por causa disso, impotente.

Minha única certeza era que, com amigos como Cliffy, Bruce e Petey, eu nunca me sentia impotente. Quando ficamos um pouco mais velhos, com onze ou doze anos, formamos gangues e passamos a explorar o bairro, nos aventurando para além dos limites do nosso quarteirão, em busca de novos horizontes. Você ia a um lugar e uma gangue qualquer te surrava. Ia a outro, era atacado por outra gangue. Você logo aprendia quais eram as fronteiras do próprio território e ficava ali o máximo que podia.

Fazíamos qualquer coisa divertida que o dinheiro permitisse. Passávamos horas deitados de barriga para baixo pescando nas grades de esgoto no fim de nossos quarteirões, torcendo pelo brilho de algo reluzente lá embaixo, na imundície, que talvez fosse uma moeda perdida. Não era uma busca em vão — cinquenta centavos mudavam tudo. Escalávamos até o telhado dos prédios pobres e pulávamos de um para o outro. No sábado à noite, quando víamos caras, poucos anos mais velhos do que nós, e que já tinham entrado na fase de sair com garotas, e que levavam seus pares ao cinema ou até o metrô, subíamos no telhado das lojas e jogávamos lixo neles. Às vezes, dividíamos uma cabeça de alface e atirávamos neles. Uma vagem jogada de seis metros de distância ardia de verdade. Abríamos hidrantes no verão, o que nos tornava heróis de todas as jovens mães que deixavam as criancinhas brincarem na água. No meio de julho, fazia muito calor no sul do Bronx. Pegávamos carona na parte de trás dos ônibus, pulávamos catraca no metrô. Se queríamos comida, roubávamos. Nunca pagávamos por nada.

Aprontar e fugir de figuras de autoridade era nosso passatempo. Tentamos entrar para os Escoteiros, mas sabíamos que não íamos conseguir pagar pelos uniformes nem para ir aos acampamentos de verão. Os encontros aconteciam nas escolas públicas locais, então nos reuníamos com eles num ginásio onde algum chefe de tropa escoteira tentava nos dizer o que fazer. Só caíamos na risada até sermos obrigados a ir embora. Nunca poderíamos ter sido Escoteiros: não sabíamos como.

Só queríamos saber das antigas brincadeiras de rua tipo chuta-lata, *stickball* e *ringolevio*. Para jogar *ringolevio*, a gente se dividia em dois times e perseguia os oponentes, tentando capturá-los envolvendo-os com os braços e dizendo: "*Ringolevio*, um, dois, três", três vezes seguidas. E aí essa pessoa era jogada numa cadeia, num círculo demarcado no centro do pátio. Mas você podia colocar um pé na cadeia do seu time e gritar "Libertar todos!", e assim a turma inteira era solta. Conseguir fazer isso de algum jeito era a melhor sensação do mundo. Diziam que as crianças chegavam a pular dos prédios só para tentar colocar o pé naquele círculo e gritar "Libertar Todos!".

De onde eu vim, estávamos sempre ou sendo perseguidos ou perseguindo. Quando víamos policiais, berrávamos uns para os outros:

— Ei, do que é feita a salsicha?

E, aí, todos gritávamos:

— Porco fardado!

Esses policiais ou bocejavam, ou riam, ou saíam atrás da gente, dependendo do humor. Mas todos conhecíamos o policial que fazia a ronda do nosso bairro; ele andava com a gente, ficava de olho na gente, nos encorajava a brincar. Não sei quanta violência ele impedia, mas passamos a amá-lo, e ele morria de rir com a gente. Sempre achei que o cara era a fim da minha mãe. Ele me fazia perguntas sobre ela e, mesmo aos onze anos, eu sabia por quê.

Na minha pequena gangue, fora eu, Bruce, Petey e Cliffy, tinha alguns outros — Jesus Diaz, Bibby, Johnny Rivera, Smoky, Salty e Kenny Lipper, que mais tarde se tornaria o vice de Ed Koch na prefeitura da cidade de Nova York. (Mais tarde fiz um filme chamado *City Hall: Conspiração no alto escalão*, em que atuei com John Cusack, e que foi muito bem dirigido por Harold Becker, baseado na experiência dele.)

Também tinha um garoto chamado Hymie no nosso grupo, que hoje seria descrito como pessoa com deficiência. Ele era mais velho e muito forte. Outras gangues pensavam duas vezes quando o viam. À noite, eu voltava a pé para casa com ele e, juntos, cantávamos "I Wonder Who's Kissing Her Now". Essa era uma velha canção da Segunda Guerra Mundial sobre um soldado pensando em sua namorada em casa. Hymie subia todos os andares do meu prédio comigo e, ao sair, descia as escadas cantando:

— *I wonder who's...*

E eu cantava de volta:

— ... *kissing her now.*

Quando fez dezesseis anos, Hymie ficou violento; começou a atacar a mãe, e o colocaram numa clínica. Nunca mais o vimos. Tínhamos saudade dele.

Havia no nosso bairro um garoto chamado Philly, que sofria bullying nas mãos de outro menino. Havia na época uma gíria: se você usasse o colarinho para cima, era "durão" — você era descolado. O garoto ficava chamando Philly de durão, dizendo para ele:

— Você acha que é durão?

O valentão fazia tanto isso que Philly simplesmente surtou. Começou a bater a cabeça num muro de tijolos, sem parar, gritando:

— Eu sou durão, eu sou durão.

Depois disso, Philly foi tirado da escola e colocado num centro de reabilitação. Nunca mais foi o mesmo. Ele ficava sentado numa cadeira olhando para o nada, num transe, sem falar com ninguém. A mãe ficava sentada ao lado dele.

Cliffy, Bruce, Petey e eu — nós éramos os chefões. Eles me chamavam de Sonny e Pacchi, o apelido deles para Pacino. Também me chamava de Pistache, porque eu gostava de sorvete de pistache. Se tivéssemos que escolher alguém como nosso líder, seria Cliffy ou Petey. Petey era um menino irlandês valente. Mas Cliffy era um sábio, um cara original, destemido, e já aos treze anos nunca andava sem um exemplar de Dostoiévski no bolso de trás. Aquele garoto tinha o potencial de ser o que quisesse na vida. Ele tinha o talento. Tinha a aparência. Tinha um QI altíssimo, do qual se gabava. E tinha quatro irmãos mais velhos que desciam o cacete nele todo dia. E era cheio de truques. Você nunca precisava perguntar a ele o que íamos fazer naquele dia. Ele sempre tinha um esquema.

Subíamos nos telhados dos prédios quando queríamos curtir e também porque nos ofereciam rotas de fuga caso estivéssemos sendo perseguidos. Naqueles telhados havia antenas de TV, montadas em peitoris de trinta centímetros que corriam todo o perímetro dos prédios. Às vezes, subíamos naquele peitoril como se estivéssemos numa apresentação de corda bamba e caminhávamos por ele. Nos movíamos como gatos, a cinco andares de altura, e, quando chegávamos a uma dessas antenas, parávamos para nos estabilizarmos antes de seguirmos mais um trecho. Cliffy se movia com uma alegria despreocupada, gritando:

— Estão vendo?

Ele voava como se fosse um pássaro alucinado. Eu mesmo fiz aquilo algumas vezes, mas não com a leveza de Cliffy.

Íamos ao zoológico do Bronx, até o que eles chamavam de Ilha dos Macacos, onde entrávamos numa área isolada e subíamos as cordas gigantes que tinham sido amarradas em torno de galhos de árvore por alguns de nossos ancestrais distantes. Nos balançávamos naquelas cordas em cima do lago que tinha ali, soltávamos e brincávamos na água. Bruce saiu de lá com uma sanguessuga grudada no corpo. Alguns dos caras mais velhos ficavam de pé em uma pedra plana que ia até a água e faziam concursos para ver quem conseguia se masturbar e gozar mais longe. Tudo para eles era uma disputa.

— Aposto cinco centavos que você não vai comer aquela bituca de cigarro que está no chão e a casca de laranja do lado.

E alguém sempre aceitava a aposta. Eu ficava de fora dessas brincadeiras e deixava os caras fazerem o que queriam. De algum modo, eu sempre parecia estar observando as coisas, mas eram poucas as vezes em que eu participava.

Uma vez, Cliffy viu um esquilo subir correndo em uma árvore, então jogou uma pedra no bicho. O coitado do esquilo caiu no chão com um baque, morto, e Cliffy começou a chorar. Ele não achou que fosse matá-lo. Enterramos o esquilo e fizemos orações por ele. Outra vez, cheguei em casa com um pardal machucado que tinha encontrado e levei para minha mãe, e realmente cuidamos dele. Depois de um tempo, esse pardal se acostumou com a gente. Ele voava pelo apartamento e pousava em nosso ombro. Só tínhamos que garantir que o cachorro não chegasse perto dele. Nós nos apegamos de verdade a ele. Minha mãe o beijava, e construímos uma pequena gaiola. Ela dava comida para o pássaro recuperar as forças e cuidava dele, fazia carinho e o amava. No fim, tivemos que soltá-lo, porque ele precisava ser livre, na nossa opinião. Nós o levamos de volta para onde todos os outros pardais estavam e o soltamos. Era menor que os outros ao redor, e depois descobrimos que em geral eles rejeitavam pássaros que tinham sido domesticados. A ideia de que nosso amigo provavelmente tinha sido morto por sua própria espécie por causa de seu tempo conosco partiu nosso coração. Mais tarde, li *A descida de Orfeu*, de Tennessee Williams, e, quando encontrei a fala sobre os pequenos pássaros que "não têm nenhuma pata e vivem a vida toda a voar e dormem ao vento", pensei naquele pardal.

O MÉTODO DA MINHA AVÓ PARA LIMPAR A JANELA DA NOSSA COZINHA, igual ao da maioria dos habitantes daqueles prédios, era abri-la, sentar-se no parapeito e lavar o vidro por fora, enquanto suas costas ficavam precariamente penduradas pela janela cinco andares acima do solo. Quando eu parava na cozinha e olhava por aquela janela, conseguia ver o beco, aquele em que meu avô tinha construído o muro que separava o nosso beco daquele que pertencia ao prédio ao lado. Se você pulasse aquele muro, havia um corredor que levava a todo um sistema de saídas e entradas, um mundo em si mesmo, cheio de passagens conectadas a pátios e espaços circulares. Quando comecei a fumar cigarros, entre os dez e os onze anos, eu me certificava de que fosse numa viela em que ninguém pudesse me ver, porque sabia que fumar não era permitido. Imagino que coisas sórdidas fossem feitas ali, o que quer que fosse proibido. A primeira vez que beijei uma garota foi ali embaixo, naquelas vielas. Eu não sabia o que estava fazendo, mas achei que algo espetacular tinha acontecido. Achei que tivesse perdido a virgindade. Infelizmente não.

Muitas vezes, quando olhava da janela do apartamento para aquele beco lá embaixo, eu via meus amigos — um bando de lobos selvagens na puberdade, com sorrisos maliciosos — olhando para cima, chamando:

— Desce aqui, Sonny Boy! Temos um negócio para você!

Uma manhã, Cliffy apareceu com um pastor-alemão enorme. Ele berrou:

— Ei, Sonny, quer ver meu cachorro? É meu novo amigo, o nome dele é Hans!

Eu quis pular da janela para chegar lá embaixo e dar uma olhada naquele espécime canino gigante, mas estava lá no último andar.

Cliffy não era conhecido por roubar cachorros. O negócio dele era carro. Quando tinha por volta de catorze anos, ele roubou um ônibus municipal. Uma vez, roubou um caminhão de lixo. Quando fez isso, ainda estava com aquele exemplar de Dostoiévski. Ele também costumava roubar casas — já não podia ir a Nova Jersey porque era procurado pela polícia de lá. Ele me provocava porque eu nunca usava nenhuma das drogas que ele curtia. Falava:

— O Sonny não precisa usar drogas, porque ele já se curte o suficiente!

Esporte era uma área que me separava do resto da gangue. Meu avô tinha me incutido um amor pelo esporte: era fã de beisebol desde novo e de boxe também. Ele tinha crescido torcendo pelo New York Yankees antes mesmo de serem o Yankees — no início, o time era chamado Highlanders e, por ser pobre, meu avô via os jogos deles através de buracos na cerca do Hilltop Park ou do Polo Grounds, onde jogava o New York Giants. Mais tarde, o Yankees teria seu próprio estádio, que passaria a ser conhecido como a Casa Que Ruth Construiu. Aquele estádio aparece no fundo de uma cena em *Serpico*, que Sidney Lumet filmou com tanta beleza, onde Serpico se encontra com a equipe de policiais corruptos, todos reunidos como se estivessem em um covil de ladrões. O dia em que aquela cena foi gravada foi o dia em que Tuesday Weld e eu terminamos, e, se você notar minha cara, dá para ver que aquele sujeito está bem triste.

Meu avô sempre torcia para o azarão, e essa também parece ser minha sina. Eu sempre torço pelos perdedores, até eles começarem a vencer, e aí digo a mim mesmo: Ah, cara, não vou mais torcer por eles.

Quando tinha dinheiro para isso, meu avô me levava a jogos de beisebol, e nos sentávamos na arquibancada — os lugares baratos. Sabíamos, claro, que tinha camarotes que eram mais caros e ficavam mais perto do campo. Era algo totalmente diferente, nós não pertencíamos àquela classe. Eu não pensava em mim mesmo como desfavorecido, era só outro quarteirão do bairro, outra tribo. Podia muito bem ser outro país. A diferença entre mim e Cliffy era que Cliffy via aqueles mesmos camarotes e queria ir para lá. Se tinha uma fila para entrar no cinema, ele não esperava — cortava na frente de alguém e entrava direto. Ele tinha essa ousadia. Era como se não existisse ninguém além dele, o maior solipsista que já conheci. Pensando bem, talvez eu também esteja nesse espectro.

Eu mesmo era atleta naquela idade. Era rápido e ágil e saltitava quando me movia. Jogava beisebol para o time PAL, no meu bairro. Cliffy e os caras não tinham interesse algum em esportes, então era quase como se eu tivesse duas vidas: minha vida com a gangue e minha vida com os caras com quem eu jogava. Por um tempo eu achei que talvez me tornasse jogador de beisebol profissional quando crescesse, até ver alguns daqueles garotos irem fazer a peneira do Yankees — não ganharam visibilidade e eram bem melhores do que eu, vou te dizer. Atletas profissionais me deixam embasbacado. É preciso subir uma montanha para chegar lá, e todos eles, na minha opinião, estão no cume do monte Everest.

Minha vida era com os caras da gangue, mas eu saía sem eles, sozinho, para jogar meus jogos. Um dia, eu estava voltando de uma partida num bairro perigoso quando me roubaram a luva. Um grupo de quatro ou cinco caras não muito mais velhos do que eu me atacou; tinham facas e só Deus sabe o que mais, e falaram:

— Passa a luva.

Eles sabiam que eu não tinha dinheiro, e eu sabia que ia perder a luva. Meu avô tinha comprado para mim, e voltei para casa em prantos e contei a ele que tinha sido roubado e não sabia o que fazer. Eu sabia que ele não tinha dinheiro para comprar outra e que tentar achar aqueles caras que tinham tomado a luva de mim significaria uma guerra. Se Cliffy, Petey e Bruce estivessem comigo, aquilo nunca teria acontecido para começo de conversa. Não era só confortável para nós estarmos juntos no grupo — era necessário, porque, sem isso, estávamos vulneráveis, indefesos.

Na margem do rio Bronx, a cerca de quatro quarteirões da nossa casa, ficavam as Casas Holandesas. Eram prédios antigos, construídos pelos holandeses ao se instalar nos Estados Unidos, agora dilapidados, mas não exatamente abandonados. Herman Wouk falava deles em seu romance *City Boy*, descrevendo o território ao redor como uma área de "montes odoríferos". Quando estávamos bastante ousados, nos aventurávamos até as Holandesas.

Suas ruínas eram povoadas por jovens rebeldes e fugitivos — que chamávamos de Boonies, porque ficavam na Boone Avenue. Eles moravam em barracas e tinham doenças, e os boatos diziam que passavam veneno nas lâminas de suas armas improvisadas.

Vegetação selvagem e indomada crescia no leito do rio: ervas daninhas grossas que batiam na sua cabeça e bambus que as crianças derrubavam, cortavam e transformavam em facas, arcos e flechas. Balsas subiam e desciam o rio Bronx, levando os tipos de produtos que não se podia vender em lojas. Espionávamos mercadores escusos que iam e vinham, conduzindo de forma sorrateira suas transações misteriosas, e homens que apareciam para fazer sabe-se lá o que com as mulheres que levavam lá.

De vez em quando se ouvia um tiro abafado, em geral de uma pistola improvisada feita de madeira e elásticos. Era uma variação de um estilingue: se você mirasse com uma bala calibre .22 e acendesse o cartucho, o projétil em geral disparava para o lado; se você tivesse azar, viria na direção da sua cabeça. Usava-se para atirar em latas, garrafas e pedras, mas tinha um peso. Se você tinha uma dessas, ela te dava um certo poder, e ao mesmo tempo podia te arrumar problemas. Aquele lugar era sinônimo de confusão, mas para nós era divertido.

Um dia, eu estava na Bryant Avenue quando vi o resto da gangue voltar mancando das Holandesas, com cara de derrota. Cliffy estava coberto de sangue. Quando notou minha reação chocada, gritou:

— Não sou eu! O sangue é do Petey!

Atrás dele estava Petey, cujo sangue jorrava como um gêiser de uma ferida no pulso. Eles tinham estado nas Holandesas, estavam descendo uma colina quando Cliffy de repente berrou:

— Cuidado, tem um Boony ali!

Ele berrou um xingamento que era conhecido naquela área. Mesmo agora eu não consigo repetir. Cliffy estava só brincando, mas os outros garotos saíram correndo em todas as direções. Petey sabia que tinha que ser rápido, mas, infelizmente, tropeçou, caiu e bateu com força no chão. Caiu em cima de algo afiado e irregular que cortou seu pulso esquerdo. O corte foi tão fundo que chegou até os nervos. Foi horrível.

Os médicos acabaram conseguindo cuidar de Petey, mas costuraram o pulso do jeito errado, então ele não conseguia mexer direito. Imagino que, se acontecesse hoje, esse tipo de ferimento seria tratado de maneira correta — custaria dinheiro, mas fariam direito. Mas lá estava ele, sem conseguir mais mover uma das mãos. O mundo sombrio da pobreza o deixara aleijado. Quando Petey jogava beisebol com a gente, tinha que tirar a luva da mão com que tinha acabado de pegar a bola para poder jogar de volta. Cliffy sempre se culpou pelo que aconteceu com Petey, tudo por causa daquela pegadinha tonta.

De noite, estou tomando um banho no apartamento dos meus avós quando escuto um estrondo no beco. De cinco andares abaixo, as vozes chegam até a janela do meu banheiro:

— Sonny!

— Ei, Pacchi!

— Sonn-*yyyyyy*!

São os gritos dos meus amigos me chamando no beco. Eles estão se reunindo para mais uma rodada de aventuras — o turno da madrugada. Tenho dez ou onze anos, mas eles querem que eu vá junto. Estão uivando como gatos selvagens. Não há campainha para eles tocarem nem telefone para que possam ligar, então é assim que se comunicam. Eles estão aprontando algo — algo empolgante —, e quero estar junto.

Mas tem outra coisa me impedindo de pular da banheira, colocar as roupas e me juntar a eles. Não estou falando da minha consciência, e sim da minha mãe. Ela está me dizendo que não posso. Diz que está tarde e amanhã tem escola e qualquer garoto que venha gritar no beco a esta hora da noite não é o tipo de garoto com quem eu devia estar andando. Enfim, a resposta é não.

Eu a odeio por isso. Ela está cortando a minha conexão com o mundo. Esses amigos são a fonte da minha identidade. São tudo que importa na minha vida nessa época, e minha mãe não me deixa estar com eles. Eu a detesto por isso. E então, um dia, tenho cinquenta e dois anos e estou diante do espelho do camarim olhando meu rosto, redondo com o creme de barbear, quebrando a cabeça para pensar em alguém para agradecer num discurso de aceitação de um prêmio que estou prestes a receber. Relembro este momento e percebo que ainda estou aqui por causa da minha mãe. É claro que é a ela a quem tenho que agradecer, e nunca fiz isso. Foi ela que manteve tudo sob controle, que me desviou do caminho que levava à delinquência, ao perigo e à violência, à agulha, aquele deleite letal chamado heroína que matou meus três melhores amigos. Petey, Cliffy, Bruce — todos morreram por causa das drogas. Eu não vivia exatamente sob vigilância rigorosa, mas minha mãe prestava atenção ao meu paradeiro de uma forma que a família dos meus amigos não fazia, e todos sabíamos disso. Acredito que ela salvou minha vida.

Eu percebia que a família da minha mãe não tinha lá a melhor imagem do meu pai, mas meus avós tinham o cuidado de não falar mal dele na minha presença. Minha mãe, porém, deixava escapar certas coisas de quando em quando, deixando claro que não o respeitava nem achava que ele cuidava de mim. Esse tipo de conversa pode magoar as crianças. Quando você vem de um lar dividido, já se sente como um órfão. Essa perspectiva de um adulto pode levar a um preconceito duradouro — pode envenenar a criança para sempre, e é algo com que devemos sempre tomar muito cuidado. E tenho certeza de que ouvir isso dela surtiu algum efeito em mim. Mas, mesmo naquela idade, eu estava decidido a não permitir que ela influenciasse meus sentimentos pelo meu pai. Queria formar uma imagem dele por conta própria.

Quando eu tinha nove anos, meu pai me levou para conhecer o bairro onde ele estava morando, o East Harlem. Ele e minha mãe estavam divorciados há alguns anos, e, desde que voltara da guerra, ele tinha construído uma nova vida para si mesmo. Estava com quase trinta anos e tinha conseguido um diploma universitário com a GI Bill, a lei que dava benefícios a soldados. Estava trabalhando como contador e indo muito bem, pelo que eu entendia. De vez em quando, eu o via tirando férias e dando festas de aniversário, e ele tinha um apartamento novo, uma esposa nova, uma filha nova. Mas, de algum jeito, ainda me queria em sua vida. Então, ele me levou para conhecer o quarteirão onde morava, parando em vitrines e pontos de encontro da região, me mostrando a seus amigos.

— Este é meu filho — ele dizia.

— Ei, garoto — diziam de volta.

Mas eu não sabia quem eram aquelas pessoas. Eram diferentes. Eram italianos e pareciam parentes que eu conhecera, mas tinham certos costumes com os quais eu não estava familiarizado. Eram mais velhos e tomavam licor de anis em xícaras minúsculas de espresso em cafeterias com vitrines. Eram pessoas legais e gostavam de mim, mas eu só queria voltar para casa, para o Bronx, e estar com meus amigos. Sentia que meu pai estava me exibindo.

Achei que fosse para ser só uma visita de um dia, mas, em algum ponto entre a caminhada pelo quarteirão e a casa do meu pai, eu fiquei sabendo que agora iria passar a noite lá. Ia dormir na casa dele, um apartamento comprido onde fui colocado numa cama em um dos cômodos mais distantes. Quando acordei no meio da noite, fiquei completamente desorientado. Tudo parecia errado. Eu não conseguia ver o quarto em que haviam me deixado. A cama que me deram para dormir não era a minha. Os sons que vinham da rua eram totalmente desconhecidos. Ouvi um som de algo arranhando a parede e achei que fossem ratos.

Comecei a andar no escuro na ponta dos pés para procurar meu pai. Cada porta pela qual eu passava podia esconder algum perigo. Cada cômodo em que entrava era cheio de obstáculos. Quando cheguei aos fundos do apartamento comprido, encontrei-o dormindo na cama que dividia com sua nova esposa. O estrado da cama ficava na altura da minha barriga, e, na escuridão, eu só conseguia discernir dois montes de tamanhos diferentes sob as cobertas. Não dava para saber qual era ele e qual era ela, mas eu sabia que não queria acordar a mulher que, baseado na maneira como tinha me olhado e falado comigo durante o dia, parecia me considerar algum tipo de pombo que tinha sido separado de seu bando e com certeza carregava alguma doença mortal.

Então eu sacudi os lençóis, o que, claro, acordou os dois. Mas o que eu mais queria era sair dali, e não sabia como. Só gaguejei:

— Posso... posso ir para casa?

E aquele homem exausto se levantou no meio da noite e me pôs no carro. Ele tinha um carro, o que, para mim, era como ter um avião. Então me levou de volta para casa, que, de carro, era relativamente longe. De metrô teria sido mais rápido.

Quando chegamos ao prédio da minha família, meu pai desligou o motor e conversou comigo enquanto estávamos lá sentados. Ele estava tentando me contar o lado dele da história. Disse:

— Eu estava tentando dar o meu melhor, mas sua avó vivia se intrometendo.

De seu jeito desconfortável, não ensaiado, ele estava tentando se conectar comigo. Mas estava falando com um menino de nove anos, e simplesmente não consegui absorver suas palavras. Fiquei muito aliviado ao subir para a casa dos meus avós. Pensei: Meu pai não é um cara tão ruim. Quer dizer, olha só o que ele fez — ele me trouxe até em casa, sendo que não precisava. Mas eu sinceramente só queria ir embora. Ele era um estranho para mim.

Na escola, as professoras costumavam dizer à minha mãe:

— Seu filho precisa de um pai.

Ela ficava irada. *Quer dizer que precisamos ficar juntos e sofrer e brigar e discutir, com meu filho ouvindo tudo?*

Desde então, tive amigos ao longo da vida que gostavam do pai, ou até tinham laços fortes com o pai e a mãe. Mas outros não tinham bons relacionamentos com o pai. Alguns cresceram vendo o pai bêbado espancando a mãe. Conheci inclusive quem tivesse um ódio tão intenso pelo pai que passava mal fisicamente estando perto dele. Eu só nunca tive um pai. Ele era ausente. Tenho muita sorte de ter tido meu avô. Mas, quando penso agora, deve ter sido muito doloroso para meu pai não poder ter um relacionamento comigo. Ele era italiano, e eu fui seu primeiro e único filho homem, então sei que isso deve tê-lo atormentado. Ao mesmo tempo, percebi que fui poupado, de certa forma, por não ter tido aquele cara por perto. Se eu tivesse sido criado por ele, não seria eu. Mas tenho três meias-irmãs, filhas dele, que cheguei a conhecer, e todas tinham coisas boas a dizer sobre ele. Eu via o quanto o amavam.

Tive outras pessoas na minha vida cuidando de mim e me guiando, mesmo que não percebesse na época. Minha professora do ensino fundamental, uma mulher bonita de meia-idade chamada Blanche Rothstein, me selecionou para começar a ler passagens da Bíblia nas nossas assembleias estudantis. Eu não era de uma família particularmente religiosa. Minha mãe me mandava ao catecismo, e eu usei meu terninho branco para a primeira comunhão. Mas tinha medo de talvez ser tão bom que a Virgem Maria descesse e me tornasse santo. Falei: "Não, não quero ser santo." Fiquei com medo disso mesmo, e é verdade, por isso eu nunca voltei para fazer a crisma. Por isso e porque as freiras batiam na gente sem motivo.

Mas, quando lia o livro dos Salmos com uma voz estrondosa — "Aquele que anda com integridade e pratica a justiça, e fala a verdade no seu coração" —, sentia como as palavras eram poderosas. Porque palavras podem nos fazer voar. Podem ganhar vida. Como dizia meu amigo Charlie, a palavra encarnada, para tomar emprestada mais uma frase bíblica. Era isso que eu achava que era a atuação, só falar lindas palavras e tentar entreter as pessoas com elas.

Logo eu estava me apresentando em peças escolares como *The Melting Pot*, um pequeno espetáculo que celebrava as muitas nações cujos povos tinham contribuído para a grandeza dos Estados Unidos. Eu era uma das crianças escolhidas para ficar na frente de um enorme caldeirão no meio do palco. Estava lá representando a Itália, ao lado de uma garota de dez anos com cabelo escuro e pele morena. Olhei para ela do outro lado do caldeirão e pensei: É assim que são os italianos?

Quando nossa turma fez *O rei e eu*, interpretei Louis, filho da heroína, Anna. Outro menino que fazia o jovem Príncipe do Sião e eu cantamos juntos uma música sobre como ficávamos confusos com os comportamentos dos adultos.

Eu não levava a atuação muito a sério — era só um jeito de fazer graça, gastar energia e, mais do que tudo, ser liberado das aulas. Mas, de algum jeito, fiquei com a reputação de ser alguém que simplesmente tinha que estar nessas produções escolares. Acho que eu devia ser bom, porque um cara veio falar comigo depois de uma apresentação e disse:

— Ei, garoto, você é o próximo Marlon Brando!

Eu olhei para ele e respondi:

— Quem é Marlon Brando?

No fim do ano, nossa turma de ensino fundamental II fez uma assembleia para votar em vários prêmios estudantis, e eu fui escolhido como Aluno com Maiores Chances de Fazer Sucesso. Fiquei decepcionado, porque eu queria ser o Mais Bonito. Mas um tal de Willy Rams ganhou esse — era um daqueles caras que faziam flexão com um braço só e andavam fazendo parada de mão. Era um garoto bacana. Mas o prêmio Maiores Chances de Fazer Sucesso, que foi o que me deram, era só um concurso de popularidade. Significava apenas que muita gente tinha ouvido falar de você. E quem quer ser famoso, afinal?

Blanche Rothstein, minha professora, tinha grandes planos para mim. Um dia, ela subiu os cinco andares do nosso prédio até o apartamento da minha família porque queria falar com minha avó. Não estava lá para me dar uma bronca, mas sim para me encorajar.

— Este garoto precisa ter permissão para continuar atuando — disse ela à minha avó. — É o futuro dele.

Foi um gesto tão simples, mas tão raro. Ninguém nunca mais fez esse tipo de esforço, ao menos não por mim. O que essa incrível e devotada professora estava fazendo era louvável, algo que todos os professores podem oferecer, que é a inspiração e a dedicação à sua profissão. Encorajamento — a palavra mais importante do mundo. Minha avó não captou muito bem o que essa professora estava fazendo, mas minha mãe sim, e ficou perturbada. Até onde ela entendia, nós éramos pobres, e pobres não atuavam.

Isso não desencorajou meu progresso na escola. Quando eu tinha treze anos e fizemos a peça da turma, *Lar, doce tortura*, fui escolhido para interpretar uma das crianças que ajudam a mãe viúva a solucionar um assassinato na casa ao lado. Antes de eu subir ao palco, alguém nos bastidores me disse que meus pais estavam na plateia. Meu pai e minha mãe na plateia. Ah, não. Isso me desconcentrou, e eu não fiz a apresentação tão bem quanto esperava.

Até hoje, não quero saber quem está na plateia na noite de estreia, nem em qualquer outro momento.

Mas, fora isso, fazer aquela peça foi maravilhoso. Eu sempre me sentia em casa num palco. Sentia que era meu lugar. Quer dizer, eu também gostava de estar num campo de beisebol, mas não jogava tão bem quanto fazia essa outra coisa chamada teatro. Eu simplesmente gostava. Me sentia livre. Me sentia feliz. Sentia que as pessoas estavam prestando atenção em mim. E gostava de estar com os outros atores.

Logo depois da peça, minha mãe e meu pai me levaram ao Howard Johnson's, e brindamos ao meu sucesso. O Howard Johnson's era uma lanchonete, como o Denny's ou como aquela que vemos no começo de *Pulp Fiction*. Não é nada chique. Gente simples vai lá. Você não recebe uma conta gorda no fim da refeição. Mas fui tomado por uma sensação de tanto afeto e pertencimento. Era a primeira vez, provavelmente na vida, que eu via meus pais sentados um ao lado do outro. Quer dizer, dá para imaginar? Era algo que eu desejava desde sempre, só não tinha consciência. Toda criança cresce querendo estar junto da mãe e do pai. Isso é segurança. É família.

Eu estava descobrindo algo de que sentia falta, aquela sensação de conexão. Via que eles estavam tendo uma conversa agradável, sem discutir sobre assunto nenhum. Meu pai, em certo momento, chegou a tocar a mão da minha mãe — será que estava flertando? Pareceu tão natural e fácil que me perguntei: Por que eles se separaram? A peça tinha unido os dois, mesmo que de maneira breve. O que quer que estivesse pairando sobre mim sumiu, porque, por um momento, aqueles dois seres humanos iam cuidar de mim. Atuar naquela peça tinha reunido minha mãe e meu pai, tinha me tornado outra vez parte de alguma coisa. Eu estava inteiro de verdade. Senti aquilo pela primeira vez na minha vida. E, aí, passou.

2

Uma mudança

Por anos, o velho Elsmere Theatre na Crotona Parkway no Bronx era um dos lugares que eu frequentava para ver filmes. Eles chamavam esses prédios de palácios do cinema por um motivo: eram inacreditavelmente ornamentados. Rostos esculpidos saíam de paredes e lustres pendurados bem acima das nossas cabeças. As cortinas e os carpetes brilhavam com tons de vermelho e dourado. Só colocar os pés dentro de um lugar assim por algumas horas era suficiente para tirar a gente do tédio da vida cotidiana. E aí, quando eu tinha quinze anos, deparei-me com algo que nunca vira antes. Como se tivesse chegado direto de algum século passado, uma trupe de atores veio fazer uma produção de *A gaivota*, de Anton Tchékhov. Ali cabiam cerca de duas mil pessoas, e uma plateia de quinze foi ver a peça, talvez vinte, se eu estiver sendo generoso. Mas naquela plateia duas daquelas pessoas éramos eu e meu amigo Bruce.

Achei maravilhoso. Eu não tinha nada a que comparar naquela idade. Aquilo simplesmente me atingiu como um raio, vindo do mais puro nada. Não sei o quanto eu entendi de fato todo aquele romance não correspondido e a personalidade trágica de Konstantin, tão frustrado na arte e no amor, tão insatisfeito com o renome que seu trabalho lhe traz que não consegue ver saída que não seja o suicídio. Mas fiquei fascinado pelas atuações. Antes disso, eu achava que poetas eram gente com barba até o chão. Agora, aqui estava eu, vendo aquela peça russa que podia ter sido tão estranha para mim, mas eu sentia seu poder — a sensação de ser transportado para um mundo com que eu não estava familiarizado e ainda assim ver a mim mesmo na vida daquelas pessoas ficcionais.

Fiquei atordoado quando Konstantin tirou sua vida no fim. Os outros personagens e a plateia ouviram um tiro vindo de fora do palco, e, aos quinze anos, devo ter ficado tão chocado que perdi a fala que explicava que as mulheres estavam sendo levadas embora para não entrarem no cômodo em que Konstantin se matou. Os personagens da peça pareciam não se tocar do suicídio dele — achei que estivessem indiferentes, sendo que não tinham nem recebido a notícia —, e isso me afetou profundamente.

Eu nunca havia questionado o que queria ser — nunca tive um objetivo. As coisas ou ficavam comigo, ou não. E aquilo ficou comigo. Eu ouvi algo. Comecei a ler Tchékhov por conta própria, carregando seus livros por aí, impressionado com a ideia de que poderia ter a escrita dele sempre que quisesse. Tchékhov se tornou um amigo. Eu tinha acabado de passar na prova para fazer o ensino médio na Escola de Artes Cênicas em Manhattan, e Cliffy também. De manhã, pegávamos o metrô juntos do Bronx e emergíamos na 42th Street com a Broadway. Pelos quatro quarteirões que caminhávamos até a escola na 46th, ficávamos hipnotizados por toda a gente, turistas, curiosos e vagabundos, tentando chegar aonde quer que estivessem indo, enquanto marquises de cinema anunciavam suas últimas estreias e um homem sofisticado num outdoor soprava anéis de fumaça de seu cigarro Camel nos passantes. Um dia, quando viramos uma esquina, vi Paul Newman, o astro de cinema, passar por nós, e pensei comigo mesmo: Uau, ele é uma pessoa de verdade. Ele realmente anda e tem amigos com quem conversa quando não há câmeras por perto. Cliffy não o viu. Estava com a cabeça em outro lugar.

Em outro trajeto matinal de trem, os pensamentos de Cliffy estavam focados na nossa professora de voz e fala. Era uma mulher inteligente e sofisticada, não muito alta, mas bem bonita e atraente. Era famosa por ter namorado Marlon Brando. Cliffy me disse:

— Vou apertar o peito dela.

Pela forma que ele disse, ficou claro que não se tratava de algum impulso passageiro. Era algo em que ele estava pensando havia um tempo. Falei:

— *Quê?*

— Presta atenção. Você vai ver.

Era absurdo. Ela era nossa professora! Ninguém podia fazer isso!

A aula começou naquela manhã como de costume, com a professora passando a lição em sua voz profunda e ressonante. Logo, Cliffy se levantou e parou na frente dela. Ele disse algo a ela, alguma provocação que começou uma rixa entre eles. A professora começou a correr atrás de Cliffy pela sala, desafortunadamente balançando os punhos para ele, sem sucesso. O que ele disse para produzir essa reação eu nunca vou saber, mas não conseguia acreditar que aquilo estava acontecendo bem na frente de todos nós, e que ele realmente tinha me dito que ia fazer isso. Eles se engalfinharam, com punhos cerrados, como boxeadores, e, enquanto estavam brigando, Cliffy estendeu os braços e a abraçou pelas costas, a virou de frente para a turma e lá estava ele, com as mãos nos seios dela. Ele me olhou e sorriu.

Era o ato de alguém sem decoro, sem limites e sem consciência. Era tão estranho e diabólico. De onde tinha vindo aquilo? Estaria no Dostoiévski que ele estava lendo? A maioria dos alunos ficou em silêncio. Irrompi em gargalhadas, assim como outro colega, um menino chamado John Wilson. Não tenho certeza de por que ri. Era apenas nossa reação automática e involuntária a uma visão chocante. Eu amava Cliffy e fiquei genuinamente horrorizado com aquela transgressão. A falta de respeito por nossa pobre professora era uma depravação. Nossa risada de choque foi suficiente para que eu e John fôssemos expulsos da sala pelo resto do dia, um dia que passei exilado na diretoria até minha mãe vir e pedir desculpas em meu nome. O castigo foi muito mais duro para Cliffy. Ele foi expulso da escola, em seguida, da própria casa. Depois disso, pareceu desaparecer da minha vida por um tempo, embora de vez em quando eu ouvisse falar dele pelo bairro, em fragmentos de histórias sobre a vida antissocial que ele agora estava levando.

Em outro dia, eu estava no meu intervalo da escola de Artes Cênicas e saí para almoçar com o dinheiro que a minha mãe me deu. Parei numa Howard Johnson's na esquina da West 46th Street, e lá, servindo pedidos atrás do balcão, estava um dos atores da apresentação de *A gaivota* que eu tinha visto no Bronx. Fiquei meio deslumbrado e falei:

— Eu te vi outra noite! Ah, meu Deus, você estava maravilhoso!

Não acreditava que estava falando com ele. O ator pareceu feliz de ter um fã devoto. Ficou me olhando tipo: Esse garoto está me dando um pouco de esperança aqui. Ele era um ator que eu vira no palco, e eu estava confortável de falar com ele. De algum jeito, me sentia conectado a ele. De dia, ele usava uniforme de garçom enquanto servia as refeições e as bebidas das pessoas e, de noite, se apresentava numa peça. Um era um emprego que lhe sustentava, e o outro era sua vocação artística.

Foi assim que passei a entender a atuação como profissão. Você mantinha o trabalho remunerado enquanto atuava, e, se conseguisse achar um jeito de ser pago por isso, melhor ainda. Ele era um ator que ia de papel em papel e teatro em teatro, como atores vêm fazendo há séculos. Atores hoje são abraçados e celebrados pela sociedade; há prestigiosas dinastias de atores, e eles podem até se tornar presidentes. Mas nem sempre essa foi uma ocupação respeitável. O grande dramaturgo Molière foi deserdado pela família. As pessoas do teatro são errantes, sem rumo. Somos gente em fuga. Isso também é nossa herança.

As coisas entre mim e minha mãe não eram como antes. Eu não era mais seu pequeno Sonny Boy. Tinha entrado na adolescência. Sempre fui naturalmente protetor com ela e ficava maluco de vê-la sendo maltratada. Consigo me lembrar de, aos três ou quatro anos, andar pelas ruas com ela e gritar com os operários que assoviavam. Minha mãe era uma beleza que só, e ela meio que sorria com aquilo, mas eu ficava muito irritado por olharem para ela desse jeito. Os operários só riam de mim — "Ah, que durão!" —, e minha mãe falava:

— Não tem problema, Sonny, está tudo bem.

Eu só não gostava de ver minha mãe objetificada daquele jeito. Mas agora eu estava na adolescência, e minha mãe não sabia como lidar comigo.

Ela continuou acompanhando todos os ídolos do cinema da época, que nunca a decepcionavam. Amava a vulnerabilidade de Monty Clift e a virilidade de Marlon Brando. Era uma dos milhões de pessoas que sentiam uma conexão intensa com James Dean e sofreram uma dor real quando ele morreu. Ela ficou tão abalada que também me entristeci. Ninguém que acompanhou seu trabalho conseguia tirar da cabeça as perguntas não respondidas deixadas pela sua morte. O que teria acontecido se ele não tivesse falecido naquele acidente? Onde mais ele teria chegado com aquele enorme talento?

Quando eu tinha cerca de dezesseis anos, minha mãe começou a sair com um novo pretendente, o primeiro a parecer um namorado sério desde que se divorciara de meu pai. A relação deles ficou tão séria, inclusive, que começaram a fazer planos de casamento. Fiquei contente e vi que ela estava se sentindo mais segura do que eu via em muito tempo. Durante minha vida inteira eu tive uma sensibilidade para o sentimento das pessoas, e eu reparava em algumas coisinhas na minha mãe — inflexões na maneira como ela se comportava ou falava. Achei que parecia alguma outra pessoa, uma professora ou diretora de escola.

Ela chegou a me dizer:

— Sabe, talvez a gente vá morar no Texas ou na Flórida.

A gente, no caso, era ela e seu novo futuro marido. De certa forma, fiquei aliviado, mas não via onde me encaixava nesse arranjo. Aquele homem tinha uns cinquenta anos, e ela era uma linda mulher com um filho adolescente. Ela estava tentando dizer: Este cara provavelmente não quer você por perto. Enquanto isso, eu estava no apartamento com ela e não podia fazer nada. Meus avós já tinham se mudado para um apartamento mais ao norte da cidade, na 233rd Street, que eles achavam ser um bairro um pouco melhor, então éramos só eu e minha mãe morando no antigo prédio da Bryant Avenue. Achei que seria melhor para ela ir embora com esse cara. Eu precisava que ela se mandasse dali. Isso me libertaria.

E aí o noivado deles foi cancelado de repente. O cara não teve nem a decência de falar para ela pessoalmente que estava dando para trás. Ele enviou um telegrama dizendo que não conseguia mais continuar. Minha mãe estava sentada à mesa da cozinha quando recebeu esse telegrama, e eu estava apoiado no vão do corredor. A um metro ficava a porta da rua, que era sempre meu objetivo. Minha mãe me deu a notícia de que o noivado tinha sido desfeito. Ela estava destruída.

Sendo o garoto ruim que eu era, cheguei a dizer:

— Eu sabia que era bom demais para ser verdade.

Foram palavras feias. Foi uma das coisas mais terríveis que já falei para ela. Como eu podia dizer aquilo? Para começar, eu estava decepcionado por uma coisa daquelas ter acontecido com ela, e ver minha mãe magoada me incomodou. Mas também me incomodou o fato de que ela não ia sair do apartamento e deixá-lo para mim.

Minha mãe não reagiu bem ao término, que basicamente acabou com ela. Ela era como uma personagem de Tennessee Williams, frágil e incontrolável. Foi diagnosticada por médicos com o que chamavam de ansiedade neurótica. Estava surtando; precisava de tratamento de eletrochoque e receitas de barbitúricos. Eram coisas caras. Fui encorajado por minha mãe a sair da escola e ir trabalhar. Não tínhamos dinheiro.

Fiquei na escola mais um pouco, pelo menos até fazer dezesseis, quando tive permissão legal de largar os estudos. Sair da escola podia parecer um atraso devastador na minha vida, mas eu estava confortável com isso. Na verdade, estava felicíssimo, o que percebo que é uma atitude meio estranha de se ter. Mas simplesmente nunca considerei a escola como meu lugar. Quando comecei a ganhar algum renome pelo bom trabalho em minhas aulas de atuação, fui escolhido para representar o corpo discente numa foto que acompanharia um artigo sobre a instituição no jornal *Herald Tribune*. Dá para acreditar? Mas, no último minuto, fui tirado da matéria e substituído por outra aluna que ia ser dançarina. Ela era alta e ruiva; eu tinha minha pele oliva e um nome italiano. Me passou pela cabeça que talvez essa fosse a razão da troca, ela representar um padrão mais convencional de beleza do que eu; olhando ao redor, não se via muita gente como eu em comerciais de detergente ou em novelas. Perder essa oportunidade não me incomodou, e não acreditei que a escolha fosse preconceituosa. A Escola de Artes Cênicas estava tentando atrair mais alunos, e esse era o *status quo* da época.

Então, eu larguei os estudos. Estava sentindo a necessidade de sair para o mundo e começar a ganhar a vida. Minha mãe precisava dessa ajuda. Tive vários empregos, todos razoavelmente curtos. Passei um verão trabalhando como mensageiro de bicicleta, cruzando a cidade onze horas por dia. Quando tinha dezessete anos, tive um período bem-sucedido trabalhando para a revista do Comitê Judaico-americano, *Commentary*. Ao ser contratado, falei para a mulher que me entrevistou:

— Eu amo ficar sentado num escritório. Amo o som de máquinas de escrever. Amo centrais telefônicas.

Eu estava jogando um papo para ela, que com certeza percebeu a palhaçada, mas mesmo assim me contratou. Eu chegava à sede de manhã bem cedo, pronto para pular por cima de mesas enormes num único salto. Eles me mandavam fazer tarefas na rua, e às vezes eu nem voltava. Tinha muita energia. Era um escritório agitado, cheio de atividade, e fiz amizade com meus colegas. Aprendi a operar uma central telefônica e arquivava coisas para eles. As pessoas que trabalhavam lá — gente como Susan Sontag e Norman Podhoretz — eram pesos-pesados intelectuais, e, apesar de terem me recebido muito bem, nunca senti que me encaixava ali. Mas, quando eu estava numa festa da firma com uma bebida na mão, conseguia conversar com quase qualquer um.

Aos dezoito anos, eu estava tomando uma cerveja de quinze centavos no Martin's Bar and Grill, na esquina da 23rd Street com a Sexta Avenida, em Manhattan. Passava o maior tempo possível lá, para fugir do frio. A clientela que entrava era gente trabalhadora, mineradores e lenhadores. O nome do barman era Cookie — um cara grande, de óculos, parecia a última pessoa que alguém apelidaria de Cookie, mas era assim que o chamavam. O bar tinha uma grande janela panorâmica que dava para a Sexta Avenida, e do outro lado dessa avenida ficava um lugar chamado Herbert Berghof Studio, uma escola de atuação em que eu estava tentando entrar. Esse bar às vezes servia almoço grátis, então eu entrava lá e comia sanduíches de ketchup, que eram duas bolachas de água e sal com ketchup no meio, e comia uma bela porção daquilo.

Um amigo meu do Bronx tinha me falado do Herbert Berghof Studio e de um ótimo professor lá, chamado Charlie Laughton. Perguntei:

— O ator Charles Laughton?

Ele respondeu:

— Não, não, outro cara. O nome dele é Charlie Laughton. Ele dá aula de trabalho sensorial.

Pensei: Já estou perdido. Eu estava me afastando dos meus velhos amigos, sendo puxado para a órbita da atuação, levando-a mais a sério, como algo para valer. Nenhum dos meus amigos tinha algo assim que os puxasse para outro caminho. E, passando de uma certa idade, ser um delinquente juvenil vira um negócio sombrio.

Eu estava ponderando as coisas quando de repente Cookie ficou com uma expressão irada. Saiu de trás do bar e bateu à porta do banheiro masculino. De repente, estava agarrando duas garotas desmazeladas pela gola das jaquetas de couro e expulsando as duas do bar. Tinha algo rolando com elas no banheiro que o incomodou. Quando Cookie voltou a seu posto onde todos os operários, sete ou oito deles, estavam lado a lado no bar, as duas garotas ficaram paradas na frente da janela grande e ampla, em plena luz do dia, e começaram a se abraçar e beijar aberta e apaixonadamente, desafiando a expulsão. Estavam fazendo o que queriam para todo mundo no bar poder ver. Eu estava testemunhando um abismo bem ali entre esses dois mundos separados: as meninas insolentes lá fora, que eram a pura essência da liberação, e os caras no bar, ali sentados meio chocados com algo que nunca tinham visto antes na vida. Os anos 1960 estavam chegando, e o mundo estava mudando.

Fui apresentado a Charlie naquele mesmo bar algum tempo depois. Eu o vi numa mesa usando um boné, bebendo com uns homens. E, no momento em que pus os olhos nele, pensei: Esse é meu tipo de cara. Ele tinha uns dez anos a mais que eu. Quando você perde o pai, está sempre procurando um, de algum jeito. Quando o conheci, eu soube. Este cara é meu professor. Fiz minha matrícula no Herbert Berghof Studio. Eu não tinha dinheiro, então limpava os corredores e as salas onde aconteciam as aulas de dança, e me deram uma bolsa.

Charlie tinha um brilhantismo literário que eu mesmo desejava ter. Ele me mostrou vários romancistas e poetas que eu não conhecia. Amava a poesia de William Carlos Williams, que era de Paterson, Nova Jersey, assim como Charlie. O próprio Charlie era um excelente poeta. Sua poesia tinha uma espécie de fatalismo e uma intuição natural dos ritmos e da textura da cidade. Um de seus poemas se chamava "De algum modo atravessei a noite outra vez". Uma parte dizia assim:

de algum modo atravessei a noite outra vez
subo a manhã na ponta dos pés. seguro!
olho para baixo. que mundo!
o enorme desastre como um escuro balão
suaviza-se bem debaixo de meus olhos...

Charlie tinha conhecimento do mundo e a habilidade de tirar dele lições que eu era capaz de entender e relacionar com minha própria vida. Uma vez, ele me contou uma história sobre um grupo chamado The Flying Wallendas, uma família de acrobatas que fazia caminhadas sensacionais na corda bamba, bem lá no alto, sem rede. E se sentavam uns nos ombros dos outros enquanto andavam por esse arame alto. Bem, uma vez, estavam fazendo isso e um dos caras falou:

— Não consigo.

O grupo todo estava um em cima do outro como uma pirâmide e desmoronou. Alguns caíram do arame e morreram, e outros ficaram machucados ou paralisados. Quando o resto da família se recuperou dessa tragédia, eles foram lá e repetiram a apresentação. Perguntaram a Wallenda, o pai, que era o líder do grupo: Por quê? Por que vocês estão fazendo isso? E ele respondeu:

— Porque a vida está na corda bamba. O resto é só espera.

Entendi de imediato por que Charlie estava me contando aquilo. A vida está na corda bamba, cara. Isso é minha atuação, minha vida. Quando trabalho, estou na corda bamba. Quando estou indo com tudo. Quando estou me arriscando. Eu quero me arriscar. Quero voar e fracassar. Quero bater em algo ao fazer isso, porque é assim que sei que estou vivo. É o que me manteve vivo. É como eu diria anos depois, quando outros atores aspirantes me perguntavam de tempos em tempos:

— Como você conseguiu e eu não? Eu sempre quis.

Eu respondia:

— Você queria. Eu *precisava.*

Depois da aula, Charlie e eu saíamos juntos. Viramos fiéis companheiros de copo. A esposa dele, Penny Allen, também era atriz, e eles moravam juntos num apartamento no East Twenties. Também nunca tinham dinheiro.

Uma vez, Charlie foi à redação da revista *Commentary* e me pediu cinco dólares, e eu dei.

Mais tarde, perdi o emprego na *Commentary* e virei um homem sem trabalho. Minha mãe tinha se mudado para a casa dos meus avós na 233rd Street, e eu fiquei com nosso velho apartamento só para mim. Minha única responsabilidade eram os 38,80 dólares de aluguel por mês. Mas eu estava quebrado. Tinha lucrado tudo o que podia depois de retornar as garrafas de cerveja que estavam atulhando o lugar, e agora não tinha nada. Então, saí para encontrar Charlie, que estava em Far Rockaway.

Era verão, e chegar lá vindo de Manhattan era uma epopeia: eu pegava um ônibus, depois um trem, depois outro trem, fazia baldeação em outra estação e seguia até chegar ao fim da linha. Podia levar horas, e o tempo todo eu lia Balzac, Baudelaire e Flaubert em edições de bolso com a menor letra que já se viu. Era um dia quente, e quando cheguei a Far Rockaway, Charlie e Penny estavam numa praia com a neném deles, Deirdre. Eu os vi perto do mar e estava caminhando pela areia, vestido todo de preto — sapatos, calça, camisa, jaqueta de couro —, fazendo minha melhor cara de Paladino do Oeste. Eles eram todos sorrisos enquanto Charlie me entregou uma nota de cinco, e eu falei:

— Valeu, amo vocês.

E então eu subi no trem e comecei minha longa e complicada viagem de volta a Manhattan, lendo meus livrinhos por todo o percurso.

Charlie e eu trabalhamos juntos em uma empresa de mudança. Carregávamos móveis de escritório e muitos livros. Você devia experimentar um dia — simplesmente carregar objetos de prédio em prédio, andar em andar. Não suas próprias coisas, mas fazer isso todo dia para outras pessoas, em prédios sem elevador e tendo que subir de escada alguns andares, levando livros, livros, livros e mais livros, caixas e mais caixas deles.

Nosso amigo Matt Clark, que estava na aula de teatro de Charlie, administrava o serviço de mudança. Ele tinha começado por baixo, com um caminhãozinho, levando obras de arte lá no Village, aí passou a fazer mudanças de apartamentos e conseguiu um caminhão maior para trabalhar com escritórios maiores. Ele era bom nisso, além de ser ator. Como um ator se prepara? Carrega uma geladeira escada acima. Matt Clark me olhava como se eu fosse um cara qualquer do Bronx, mas me deixava ir junto e ganhar uns trocados, principalmente porque Charlie se responsabilizava por mim. Mas Matt pegou implicância comigo quando derrubei o meu lado da geladeira enquanto subíamos até o último andar de um prédio de cinco andares sem elevador. Outra vez, estávamos fazendo a mudança de um escritório e, como sempre, me distraí. Acabei em alguma festa de Natal ou coisa do tipo no andar. Eu estava comendo alguma coisa, tomando um uísque e flertando com algumas garotas. Nosso trabalho tinha parado um pouco, e eu achei que era hora de fazer um intervalo.

Quando Matt descobriu, ele surtou de verdade, e fui demitido ali mesmo. Expliquei tudo a Charlie, que deu um jeito de convencer Matt a me aceitar de volta.

Quando eu era criança, nunca tivemos um telefone no apartamento, mas naquela época eu finalmente havia arrumado um. Recebi uma ligação do meu pai, de quem eu não tinha notícia havia meses. Seu segundo casamento acabara, como o primeiro, e ele se mudara para Los Angeles, onde estava novamente curtindo a vida de solteiro e queria que eu fosse me encontrar com ele. Seu convite para mim foi dizer, nesse telefonema:

— Por que você não vem para cá e me dá uma folga dessas mulheres?

Dá para imaginar? O coitado queria se conectar com o filho e, finalmente, sentia que tinha algo a me oferecer. Provavelmente pensou: É um garoto comum, tem dezenove anos, quer sair com garotas, certo? Ele não conhecia o filho o bastante para entender que eu queria ser um poeta, um artista, um aspirante a Tchékhov. Eu não ligava para mulheres — quer dizer, ligava, mas não as entendia nem percebia que elas estavam interessadas em mim. Levei a vida inteira para perceber que meu pai só estava tentando se conectar comigo na maneira que achava ser a correta. Mas, na época, só fez com que eu sentisse que ele não me conhecesse, afinal, como poderia?

Enquanto morava sozinho, eu precisava dar um jeito de pagar o aluguel. Tentei ser ajudante de garçom e não deu certo. Eles me pegaram comendo as sobras das mesas. Esse era o nível de fome que eu passava. No meu tempo livre, eu vagava por aí. Andava o dia todo pelas ruas e aí me sentava na biblioteca, basicamente para me aquecer. Mas virei um leitor voraz. Não tinha professores nem lição de casa, então seguia minhas próprias paixões. Charlie Laughton ajudava sugerindo vários escritores para eu conhecer, coisas para ler, lugares aonde ir, como a biblioteca da 42nd Street pelo aquecimento e o Automat para me alimentar.

No Automat, eu conseguia fazer uma única xícara de café durar a manhã inteira e ficava ali sentado por cinco horas enquanto lia meus livrinhos de grandes autores. Havia algo de muito envolvente no dom da leitura. Ela era capaz de acalmar a mente e me dar outro mundo no qual mergulhar. A televisão era distante demais; livros eram mais íntimos, eram como ter amigos e desfrutar de sua companhia. Eu lia *Paris é uma festa* e pensava: Não quero terminar as páginas, gosto demais daqui.

Se fosse tarde da noite e você ouvisse o som de alguém com uma voz bombástica na sua viela gritando pentâmetro iâmbico noite afora, provavelmente era eu, treinando os grandes solilóquios de Shakespeare. Eu andava pelas ruas de Manhattan berrando monólogos enquanto perambulava. Fazia isso ao lado de fábricas, nas periferias da cidade, onde não havia ninguém por perto. Aonde mais eu iria? Onde poderia expressar as emoções? É isso que faz alguém que está obcecado.

Nessas vielas e passagens, eu não precisava da permissão de ninguém se quisesse ser Próspero, Falstaff, Shylock ou Macbeth. Passei a amar tanto um dos monólogos de *Hamlet* que comecei a usá-lo em testes. Eu dizia ao diretor:

— Eu sei que vocês têm as páginas que querem que eu faça, mas já preparei uma coisinha, se não se importarem.

Em geral, eles me davam um olhar que me dizia que já não queriam saber de mim. E, aí, eu vinha com esta:

> Que velhaco sou eu, que vil escravo!
> Pois não será monstruoso? Este ator pôde,
> numa simples ficção, num sonho apenas...[2]

2 *Hamlet*. Trad. Carlos Albert Nunes. São Paulo: Saraiva de Bolso, 2011. (N. da T.)

Isso vez ou outra arrancava um aceno de alguém, como se dizendo: "Ah sim, muito bom. Vejo você na próxima vida." E lá ia eu porta afora. Aprendi alguma coisa? Duvido, mas a sensação era boa.

Hamlet diz algo que basicamente resumia meus próprios sentimentos sobre ser ensinado a atuar: "Que a discrição te sirva de guia; acomoda o gesto à palavra e a palavra ao gesto, tendo sempre em mira não ultrapassar a modéstia da natureza [...] cuja censura deve pesar mais em tua apreciação do que os aplausos de quantos enchem o teatro."[3]

Em outras palavras, vá à aula de teatro. Tenha uma plateia. Mostre a si mesmo que é capaz de fazer o papel. Mas não escute os professores. Você tem que tomar cuidado. Pegue o que disserem e use apenas aquilo com que se identificar; use apenas isso. Não há regras, porque, no que diz respeito a sua performance, não importa o que a maioria pensa. Sua intuição não deve ser influenciada pela plateia, mas por sua própria imaginação e disposição de mergulhar em si mesmo e expressar o que há ali.

Quando eu tinha uns dezenove ou vinte anos, Charlie e eu estávamos voltando de uma de nossas caminhadas cheias de conversas filosóficas para o meu apartamento do Bronx. Enquanto eu olhava a caixa de correio, ele foi subindo. Parou na escada, virou-se para me olhar, pausou e aí disse:

— Al, você vai ser uma grande estrela.

E Charlie nunca falava assim. Nunca mesmo. Desde que eu o conheci, ele nunca dissera uma palavra desse tipo. Não era nem um pouco a cara dele. Veio do nada.

Eu respondi, falando sério:

— Eu sei, Charl. Eu sei.

E estava falando sério. Veja bem, não sou religioso nem nada. Mas sinto que há um espírito. Nem é preciso chamar de Deus. No A.A., eles chamam de Poder Superior. O que quer que seja, o que quer que você ache que pode ser, era o que eu sentia. Eu acreditava que ia acontecer, apesar de não ser algo que me preocupasse na época ou em que pensasse de fato. Eu só meio

3 Idem. (N. da T.)

que imaginava que era o que ia acontecer e aceitava. O que quer que fosse essa tal de atuação, eu era capaz de realizar.

OUTRO JOVEM ATOR QUE FAZIA A AULA DE CHARLIE COMIGO ERA UM cara chamado Martin Sheen. Em uma sessão, Marty fez um monólogo de *Piedade cruel*, de Eugene O'Neill, e arrasou — eu falei: "É isso, estamos testemunhando um grande ator." Na minha opinião, ele era o próximo James Dean.

Fiquei amigo de Marty Sheen, e um dia ele me disse:

— Você sabe qual é meu nome verdadeiro, né? Estevez.

Ele era de origem espanhola e vinha de Ohio, lá no Meio-Oeste, onde tivera uma criação difícil. Era um de dez filhos numa família de classe trabalhadora que estava sempre sem dinheiro. Tinha muita tenacidade e garra, e eu sabia que ele era uma das melhores pessoas que eu conheceria na vida, cheio de humildade e bondade. Eu o amava. Ainda amo.

Marty Sheen foi morar comigo no sul do Bronx para podermos dividir o aluguel. Trabalhamos juntos no Living Theatre, no Greenwich Village, onde limpávamos banheiros e estendíamos tapetes para as peças que eles apresentavam. O Living Theatre tinha sido fundado por Judith Malina e Julian Beck, dois atores que por acaso eram verdadeiros visionários, eles começaram em sua sala de estar nos anos 1950 e acabaram indo para a 14th Street com a Sexta Avenida. Faziam o tipo de peça que levava a pessoa a voltar para casa, se trancar no quarto e chorar por dois dias, olhando para o teto. Eles tinham esse tipo de impacto. Criaram o teatro off-Broadway, e seu sucesso abriu caminho para a off-off Broadway. Isso tornou possível algumas peças que eu estava fazendo off-off-off-off Broadway, onde os atores se apresentavam em cafeterias do Village para plateias que tomavam café e comiam doces. Quando fiz *Hello Out There*, de William Saroyan, fazíamos dezesseis apresentações por semana no Caffe Cino, na Cornelia Street, e passávamos o chapéu para a pequena plateia que estivesse lá, torcendo para sair com alguns dólares para uma refeição. Tínhamos sempre que passar o chapéu numa apresentação ali. Era assim que a gente comia e sustentava o vício na atuação. Era nossa Paris no início dos anos 1900, nossa Berlim nos anos 1920. Uma renascença acontecendo em nossa grande cidade, Nova York. Esse era o espírito da cena, a energia de Sartre, Ibsen, Bertolt Brecht, Leonard Melfi, Allen Ginsberg, Ferlinghetti, Kerouac, Sam Shepard. Herdamos o mundo que eles criaram.

Quando o Living Theatre fez uma peça chamada *The Connection*, de Jack Gelber, Marty e eu fazíamos nosso trabalho e depois ficávamos de pé na seção da orquestra do teatro, vendo-os se apresentarem toda noite. Éramos adolescentes, ainda suados após termos montado os cenários em que os atores agora estavam. Fazíamos de graça, só para ver até onde a atuação era capaz de nos levar, quão longe dava para ir só com uma tábua e uma paixão. Uma noite, Marty se virou para mim e disse:

— Está vendo aquele ator naquele papel? *Esse* é um papel maravilhoso. Um dia, vou interpretá-lo.

E, tão certo como existem o céu e a terra, o velho Marty Sheen conseguiu aquele papel para si. Ele fez. E foi maravilhoso ao fazer.

Certo verão, eu estava sentado num degrau na 10th Street com a Segunda Avenida. O calor estava me oprimindo o dia todo, e eu estava curtindo o alívio que vinha quando o sol finalmente se punha e a cidade esfriava. Estava me perguntando como ia comer naquela noite. Marty veio andando alegremente pela rua, como se flutuando. Tinha algo a me contar.

— Ei, Marty! — gritei.

Ele veio direto até mim e falou:

— Al, conheci a garota com quem vou ficar o resto da vida. Ela é pintora e vai ser minha esposa.

Eu respondi:

— Pode deixar que não vou contar a ninguém, Marty. Mas ainda precisamos comer.

Mas, de fato, se você olhar seu calendário e olhar o ano, ele ainda é Marty Sheen e Janet ainda é sua esposa, e ela era aquela garota de quem ele me falou cerca de sessenta anos atrás.

Antes de eu sair de vez do apartamento do Bronx, outras pessoas passaram por lá. Às vezes, algum dos irmãos de Marty ficava lá, ou um cara chamado

Sal Russo, da aula de teatro, que estava saindo com uma menina chamada Sandra. A melhor amiga dela era uma musicista de cabelo escuro comprido e olhos penetrantes chamada Joan Baez, que de vez em quando visitava o apartamento, se sentava de pernas cruzadas num canto e tocava violão. Ela ainda não tinha se unido a Bob Dylan, mas sabíamos que Joan ia longe. Não acredito que ela e eu jamais tenhamos trocado um oi. Ela só fazia parte da movimentação que ia e vinha naquele apartamento enquanto o mundo girava ao nosso redor.

Cliffy estava de volta ao bairro. Tanto ele quanto Bruce tinham se alistado no Exército. Bruce chegou até a cerimônia de alistamento antes de mudar de ideia, fingir surtar e ameaçar se jogar de uma janela, então foi liberado. Cliffy, por sua vez, ficou tempo o suficiente para servir alguns meses, mas lógico que se meteu em problemas lá e foi jogado no xilindró antes de ser expulso. Eu sabia que não tinha risco de ser convocado, porque estava sustentando minha mãe. Mas como Charlie me dizia todos os dias:

— Eles não te querem no Exército, Al.

Ele sabia o quanto eu era doido, pela minha esquisitice e minha ansiedade aguda. Era por isso que eu bebia. Dá para imaginar eu, aquele garoto que eu era, marchando e dizendo "Um-dois-três-quatro"? Só se for numa peça.

Cliffy tinha saído do Exército ainda pior. Ele agora estava usando heroína e dizendo todo tipo de maluquice. Falou que tinha estado no mesmo pelotão de Elvis Presley, e, no fim, tinha mesmo. Disse que foi para o Canadá, engravidou uma menina católica e abandonou o judaísmo para poder se casar com ela. Toda vez que visitava meu apartamento, ia ao banheiro injetar, às vezes sozinho e às vezes acompanhado de gente que ele trazia e que também só queria se drogar. Com o coração pesado, precisei dizer ao Cliffy que ele não podia mais ir lá fazer isso no meu banheiro.

Não foi surpresa para ninguém quando ele teve uma overdose e morreu. Aquilo me fez pensar numa história que ele havia me contado. Quando estava na cela, Cliffy disse, ele era vigiado por um guarda, um cara do sul que carregava um revólver .45. Ele começava a falar coisas sinistras sobre "os judeus", porque, na época, Cliffy ainda era judeu. Com seu sotaque sulino arrastado, ele dizia a Cliffy:

— Sabe, eu podia só estourar seus miolos e dizer que você tentou fugir. Será que eu deveria fazer isso?

Ele ficava repetindo essas coisas, dia após dia, até Cliffy finalmente se virar para o cara e falar:

— Ei, cara, quer saber? É melhor me matar. Porque, senão, quando eu sair daqui, vou voltar e matar você.

Só consigo imaginar que, quando esse guarda olhou nos olhos dele, viu o suficiente para saber que Cliffy estava falando sério. Tudo que posso dizer sobre Cliffy é que ele pode não ter sido o cara mais durão que já conheci, mas sem dúvida era o mais destemido.

QUANDO FIZ VINTE E UM ANOS, MAL TENDO COMEÇADO A TRABALHAR como ator, me pediram para fazer uma leitura com Elia Kazan, praticamente o maior diretor do mundo tanto no palco quanto nas telas, para o elenco de um novo filme dele. Chamava *Terra do sonho distante* e ia contar a história da jornada de um jovem grego para os Estados Unidos. Estavam tentando achar um jovem ator, relativamente desconhecido, provavelmente de aparência única, para ser o protagonista. Achei que tinha uma chance. Não sei se teria sido excelente, mas sentia que era uma possibilidade real, porque me encaixava na descrição.

Mas eu me atrasei e perdi o teste. Fui lá e eles tinham ido embora e acabou. Escolheram outra pessoa.

Meu primeiro pensamento naquela hora não foi em mim. Antes mesmo de eu chegar àquele teste, tinha fantasiado sobre como ia ajudar minha mãe. Eu a tiraria da miséria e do desespero, daria o que ela sempre desejou e precisava. Não porque significaria que eu era bem-sucedido. Não porque ela poderia ter feito coisas com o dinheiro. Porque ela teria se envolvido. Teria despertado uma curiosidade natural, porque ela era inteligente. Teria feito com que ela pegasse no tranco. Acho que ela teria sobrevivido.

Foi Bruce que mais tarde me contou que minha mãe estava morrendo. Um dia, voltei tarde da noite de minhas andanças no East Village ao meu apartamento no Bronx e encontrei um bilhete deixado por ele na minha porta, falando que tinha uma mensagem urgente para mim. Ele morava no prédio ao lado do nosso, então subi no telhado e fui até lá, desci as escadas e bati à porta dele. Bruce morava com os pais e me levou até a cozinha do apartamento.

Ele disse:

— Sua mãe está com problemas sérios. Ela está muito doente. É melhor você ir, cara.

Falei que tudo bem, juntei o pouco de dinheiro que consegui e pulei num táxi até a casa dos meus avós na 233rd Street.

Saindo do táxi, levantei os olhos e vi as luzes acesas no apartamento deles. Era maior que o antigo. Subi as escadas, passei pela porta e lá estavam meus avôs, com os olhos cheios de lágrimas. Minha mãe havia morrido. Veja, era tarde demais. Eu cheguei tarde demais. Ela havia morrido como Tennessee Williams, engasgada com os próprios comprimidos, ao regurgitá-los, como tantos outros.

Muita gente quer deixar este mundo em troca de um melhor, e ela estava num estado em que tentava escapar tomando remédios. Alguns interpretaram como um suicídio, o que ela havia tentado quase quinze anos antes. Mas daquela vez ela não deixara bilhete, nada. Simplesmente se foi. É por isso que sempre mantive um ponto de interrogação ao lado da morte dela. Quando há drogas envolvidas, as pessoas muitas vezes morrem sem ter tido a intenção de se matar. Não sei se foi o que aconteceu com ela. Eu gostaria de dar a minha mãe esse benefício da dúvida, essa dignidade, para ser justo com sua memória.

Nunca vou esquecer a imagem de meu avô, na manhã seguinte, sentado numa cadeira dobrável no meio da sala, sem nada ao redor, com a cabeça abaixada nas mãos, quase no meio das pernas. Ele não parava de bater o pé no chão. Eu nunca o vira desse jeito. Nunca vira meu avô tão emocionalmente agitado. Ele não falou, mas eu sabia o que estava dizendo. *Não. Foi a coisa errada a fazer. Ela era jovem demais. Podia ter recebido ajuda. Que desperdício.*

Talvez, de algum modo, eu pudesse ter impedido aquilo. A tragédia da minha mãe era a pobreza. Ela estava presa na lama e não conseguia se mover. Eu sabia que minha mãe tinha a inteligência e a sensibilidade inatas para entender nosso mundo, pois era curiosa. Lia muito e havia feito aulas de piano na juventude, quando a família podia pagar. Íamos juntos ao cinema e frequentávamos o teatro sempre que possível. Minha mãe me levava a peças da Broadway em Manhattan. Quando eu era adolescente, acabei em um *game show* popular chamado *Wheel of Fortune*. O programa gostava de dar destaque a histórias emocionantes, e eu fui chamado porque ajudei a salvar meu amigo de infância, Bruce, que acabou dependurado de um cano a seis metros de altura depois de uma aposta idiota. No programa, ganhei prêmios e algum dinheiro, e a primeira coisa que minha mãe fez com esse dinheiro foi me levar para ver *Gata em teto de zinco quente* na Broadway. Foi igual a quando eu tinha três ou quatro anos, só que agora eu tinha quinze e estava saindo para jantar com a minha própria mãe num restaurante depois de ver *Gata em teto de zinco quente*. Minha mãe tinha o dom do senso de humor e um certo bom gosto inato. Era o que a destacava do resto da família. Mas era uma mulher solitária. Terapia, moderação, segurança — essas coisas poderiam tê-la ajudado. Eu sabia que poderia fornecer a ela tudo isso e mais.

E acho que jamais disse isso a ela. Acho que jamais falei que teria sucesso e que iria cuidar dela. O que eu teria dito? "Mãe, é só esperar, eu estou chegando lá." Soa como uma peça de Odets, mas é verdade. Eu sabia que em alguns anos eu iria conseguir ajudar. Uma coisa é pensar, mas como dizer a alguém que você está destinado a ser bem-sucedido? Quem acreditaria?

Como é possível dizer a alguém que você sabe que isso vai acontecer, sendo que você está na pior, dormindo em corredores e no chão de teatros, pegando emprestado o apartamento de amigos para uma noite de descanso? Minha mãe uma vez me disse que tivera um sonho comigo: eu estava parado num penhasco, como em *O morro dos ventos uivantes*, com o vento soprando meu cabelo, o rosto pálido e desnutrido. Eu estava magro e parecia esgotado. Meu rosto estava pálido. Aquele sonho a deixou muito triste. Como você deixa de ouvir essas coisas e passa a dizer "Fica tranquila, eu vou conseguir"?

Eu sabia que ia chegar lá. Essa era minha benção. Talvez eu tenha aprendido quando minha avó me dava comida de bebê e me tornava o astro de todas as histórias que me contava. Talvez fossem meus amigos da rua. Talvez fosse Marty Sheen ou meu grande amigo Charlie Laughton. Quando aconteceu? Quem era esse garoto, com essa energia feroz, capaz de iluminar um pátio escolar à noite? Algo me motivava. Eu precisava conseguir, porque era o único jeito de sobreviver neste mundo.

Mas, primeiro, houve um período difícil de luto, quando eu vagava por aí feito um zumbi. Eu estava mal — comecei a perder minhas paradas na estação de metrô, esbarrava nas coisas, não conseguia parar de pensar em certas coisas e esquecia outras. Naquela idade, parecia impossível aceitar, era inimaginável, perder uma mãe.

EU ESTAVA TRABALHANDO COMO LANTERNINHA NO RIVOLI THEATRE na Times Square. Alguns dos outros funcionários estavam ali de passagem, e outros tinham famílias a sustentar, e ser lanterninha era um de três empregos possíveis para alimentar a esposa e os filhos. Eles me diziam:

— Ei, garoto, preciso dormir um pouco. Pode me cobrir?

Eu dizia que tudo bem, e eles iam tirar uma soneca no camarote.

Quando o pessoal de Jersey aparecia por lá, aqueles tipos que todos conhecem, em geral nas noites de sábado, as meninas jovens e bonitas vinham até mim e falavam:

— Para você.

E colocavam algo na minha mão, como se fosse uma gorjeta. Aí, eu olhava o que era e via que tinham me dado um fósforo usado de uma caixa de fósforos. Eu tinha que rir.

O cinema tinha uma bomboniere com um espelho de quatro faces. Eu parava na frente e ficava maravilhado com os ângulos do meu rosto, ângulos que nunca tinha visto antes na vida. Quem é esse cara que estou vendo nesse espelho?, eu me perguntava. Eu me via de perfil. Me via em três quartos. Me via de frente e pensava: Como eu posso ser ator com uma cara dessas? O gerente de lá, um cara branco, velho e grande, tinha sua própria opinião. Dizia:

— Não gosto dessas costeletas. Você fica parecendo mexicano.

Que comentário obtuso, eu pensava. O que é que isso quer dizer? No fim, ele me demitiu por me olhar demais no espelho. Fui mandado embora em movimento. Foi uma coisa linda, como um balé. O gerente estava lá em cima, no camarote, e, ao descer pela colossal escadaria em caracol do lugar, uma estrutura elegante que parecia saída de ... *E o vento levou*, ele passou por mim no segundo andar, apontou e berrou:

— Agora você está demitido.

E continuou a caminho do lobby. Nem diminuiu o passo. Que forma graciosa de ser despedido. Quase o aplaudi.

Em outro emprego, eu entregava exemplares do jornal *Show Business* a bancas na Sétima Avenida. Era publicado uma vez por semana: quem trabalhava no setor comprava e lia atrás de informação sobre quais peças estavam sendo apresentadas e onde podiam fazer testes. Eram informações valiosas. Eu ganhava doze dólares por dia de trabalho, que para mim era um salário incrível. Assim que eu recebia, eu ia para o bar com meu rolo de notas de um dólar. Eu gostava de enrolar as notas numa grande bola e puxá-las uma por uma, como se fosse um figurão, e bater no balcão como se tivesse mais de onde saíra aquela. Quando se está na pior desse jeito, você tenta dormir até as quatro da tarde, só para esquecer da fome. Se eu conseguisse juntar 1,19 dólar para esbanjar num bife com batata assada no Tad's Steaks, era como se fosse a ceia de Natal.

Eu tinha uma pequena carroça vermelha que usava para carregar os jornais e fazia paradas em várias bancas pela Sétima Avenida, da 34th Street até a 57th Street. Na parte de trás da carroça, eu guardava uma garrafa de vinho Chianti. Quando estava chovendo forte, eles me davam um poncho que me cobria da cabeça aos pés sem me proteger muito, mas que pelo menos protegia os jornais que eu levava. Eu puxava aquela carroça pela avenida, já lotada às 9h30 ou 10h da manhã, e, enquanto ficava ensopado de chuva, inventava uma musiquinha que cantava para mim mesmo ao subir a rua:

Estou ótimo soziiiinho
Com minha garrafa de viiinho

Junto com Charlie e Tchékhov, acho que a bebida salvou minha vida. Eu pude me automedicar. Ajudou a superar minha dor e me manteve longe de ser internado no Bellevue. Eu bebia à noite e tomava comprimidos para me acalmar no dia seguinte. Estava sempre procurando me acalmar, porque minha mente estava surtando, e o álcool tinha um efeito calmante. Se eu usasse cocaína, provavelmente ia levitar, então usava álcool para aliviar a dor e o vazio, e reduzir minha energia. Só sei que funcionava para mim.

Comecei a sentir um distanciamento de Charlie, não sei dizer por quê. Não sei o que eu fiz ou deixei de fazer. Não foi nenhuma briga. De repente, ele me disse:

— Você precisa seguir em frente.

Foi uma coisa muito estranha de se dizer e pareceu uma rejeição. Acho que Charlie viu meu potencial, mas tinha sua própria vida para lidar. Ele tinha trinta e tantos anos, mulher e filha, e estava indo em outra direção. Eu era um jovem no início dos vinte, vulnerável e ainda não era totalmente maduro. Era quase um caso perdido. Talvez eu ligasse demais para ele, talvez fosse dependente demais. Talvez ele achasse que, depois de perder minha mãe, eu precisasse de outra coisa. Mas meu nível de sofisticação não era como o dele. Eu estava atrás e ele, à frente.

Nosso afastamento não durou muito. Não houve reconciliação; só de algum jeito, por osmose, nos reencontramos. Mas eu estava sensível em relação à forma como ele havia se distanciado de mim — isso me abalou muito.

Eu me sentia à deriva e sozinho no Village, preso em meus sentimentos em relação à minha mãe e em um estado de melancolia generalizada. Tudo na minha vida estava esmaecendo. Fui até um orelhão num bar, liguei para meu avô, lá no Bronx, para contar a ele o que eu estava passando, e comecei a chorar. Ele só ficava dizendo:

— Vem. Vem ficar com a gente. Mora comigo. Vem morar com a gente.

Eu estava realmente aos prantos. Ele só repetia:

— Vem aqui. Vem ficar comigo.

Fiquei impactado. Mas não fui. Fiquei onde estava. Naquela época, eu já tinha saído do Bronx e encontrado uma pensão barata no Chelsea por oito dólares por semana.

Outra vez, liguei para meu avô depois de ele conseguir um emprego para mim na construção civil. Na véspera do dia em que deveria começar, eu passara a noite acordado e liguei para ele às sete da manhã. Ele então atendeu o telefone e falou:

— Você não vai para o trabalho, eu sei. Tudo bem.

Sabe o quanto é difícil conseguir um trabalho numa obra? Com certeza ele se esforçou muito para fazer aquilo por mim. Mas continuei fazendo aqueles outros trabalhos braçais. Era só o que eu podia fazer; não tinha instrução nem desejo de estudar mais. Eu estava interessado em uma única coisa. Acreditava que era um artista.

Meu avô também faleceu naquele ano, o que acontece quando esse tipo de trauma atinge a pessoa, quando um pai perde uma filha. Minha mãe era a primogênita, e eles tinham um ótimo relacionamento; ele a amava e ela o amava também — isso era evidente. Eu ainda estava fazendo as entregas do jornal *Show Business* na época e desmaiei fazendo a rota. Deve ter sido por falta de comida e pelo trauma de perder meu avô.

Ele era um homem afetuoso, com um coração mole, apesar de vir de um mundo cruel. Quando sua família se mudou para o East Harlem, onde muitos sicilianos tinham se instalado, eles moravam entre os gângsteres — apesar de ainda não terem se tornado famosos, já eram notórios naquela época. Aquele mundo estava lá para o meu avô, fácil de acessar, mas, apesar da pobreza, ele não quis ir naquela direção. Como me disse uma vez, nunca teve coragem de entrar no submundo do crime.

Meu avô teve problemas com a madrasta, então, aos nove anos, saiu da escola, fugiu para trabalhar num caminhão de carvão e só voltou aos quinze. Era um menino rebelde, que andava com os outros pivetes em Upper Manhattan e no Bronx quando tudo ainda era terra agrícola. Quando podia, fazia trabalhos de aprendiz ou conseguia emprego nos campos, vivendo sob as estrelas. Era no início século XX, quando quase todo mundo viajava a pé ou em carruagens a cavalo, e ele morava no coração dessa cidade portuária. Tinha escolhido uma vida dura, mas lhe parecia uma aventura.

Sua aldeia na Sicília tinha uma tradição de pedreiros habilidosos, e ele se tornou gesseiro, assim como o pai, capacitando-se cada vez em seu ofício conforme crescia. Sua *expertise* foi o que manteve nossa família viva. As pessoas ficavam maravilhadas com seu trabalho. Meu tio dizia que, se tivesse o talento do meu avô, seria dono de Nova York. Meu avô me contava uma história de quando trabalhava num prédio comercial chique no centro de Manhattan, e Katharine Hepburn por acaso estava lá, levantou a cabeça para a escada dele, o viu trabalhando e sorriu. Perguntei a ele:

— Como ela era?

E ele disse:

— Ah, ela era simpática, tinha muitas sardas.

Quando eu era jovem, o via trabalhando no prédio onde morávamos e notava o seu foco. Ele entrava em transe: não havia outro mundo que não aquele, nada mais existia. Os movimentos de suas mãos eram tão decididos, tão limpos e claros, rápidos e intrincados. Só seu foco já era capaz de atrair a atenção, havia uma seriedade, como um pintor absorto em sua tela. Com certeza isso me afetou, porque é assim que um dia eu veria meu próprio trabalho. Não falo muito de meu avô, mas fui influenciado por ele, seu humor, sua inteligência. Charlie o conheceu uma vez e viu num instante como ele se iluminava e como sua gentileza era capaz de tocar as pessoas. Ele viu um homem com alma. Eu o amava muito. Ainda estou aqui por causa dele e nunca esquecerei isso.

FINALMENTE, EU ESTAVA COMEÇANDO A CONHECER PESSOAS NO CENTRO, no Village, outros artistas ou atores. Um amigo, Tommy Negron, com quem fui criado no sul do Bronx, era um afinador de piano que eu achava que seria um grande músico. Ele me deixava dormir na casa dele, onde havia um grande pote com moedas de que eu me aproveitava de vez em quando. Um punhado de moedas naquela época te levavam longe. Alec Rubin era um membro de longa data do Actors Studio, parte do grupo de diretores e moderador ocasional. Eu gostava dele, que costumava fazer peças num pequeno espaço de apresentações sob seu apartamento na West 72nd Street. Uma vez, tomei um banho na banheira dele, e então desci para me juntar a sua produção de *Why Is a Crooked Letter*,[4] em que eu estava atuando. O espaço era tão pequeno que, enquanto eu fumava, no papel do personagem, uma mulher da plateia estendeu o braço e me ofereceu um cinzeiro. Eu fazia teatro infantil no Theatre East, paródias cômicas de contos de fadas. Em uma, eu era um caçador fanfarrão vindo resgatar a avó da Chapeuzinho Vermelho do Lobo Mau. Em outra, era um sapo transformado em príncipe, mas que queria voltar a ser sapo porque sua namorada ainda era uma rã. Era um musical, e eu cantava nele. Eu chegava para matinês de sábado e domingo, ainda meio chapado da noite anterior, cantava e dançava nessas peças, e de algum jeito chegava ao fim. Eles me pagavam dinheiro de verdade para comer e passar o resto do fim de semana.

O Actors Gallery era um teatro no SoHo, apenas uma salinha um lance de escadas acima, com capacidade de no máximo trinta pessoas. Era administrado por Frank Biancamano, que também tinha sido meu despachante quando eu era um mensageiro de bicicleta aos dezesseis anos. Quando entrei para fazer um teste para ele, Frank me perguntou:

— Eu não te conheço?

Fiquei meio envergonhado de vê-lo, agora parado ali como ator, sendo que ele me conhecia como mensageiro. Fiquei lá, me encolhendo de um jeito esquisito e lhe mostrando vários lados do meu rosto, fingindo ser sensível, porque não queria que ele me reconhecesse. Mas ele gostou do meu teste, viu algo em mim e me aceitou.

Começou a me pôr em peças como *Tiger at the Gates*, de Jean Giraudoux, e *Mário e o mágico*, de Thomas Mann, coisas arrojadas. E aí me escalou para um papel em *Credores*, uma peça de três personagens de August Strindberg. Era uma peça estranha sobre uma mulher e dois homens — um, seu ex-marido e o outro, recém-casado com ela — que eu não tinha certeza de que entendia completamente. Mas agora eu estava trabalhando com outros atores experientes. Eles estavam fazendo ótimas apresentações, e eu fazia parte daquilo.

4 O título da peça traz um trocadilho intraduzível entre *why* (por quê?) e a letra *Y*, que têm a mesma pronúncia e seria uma "letra torta" — como a pergunta. [N. da T.]

E aí uma noite, no palco, do nada, aconteceu. O poder da expressão me foi revelado, de um jeito que nunca tinha sido antes. Eu nem estava procurando. Essa é a beleza dessas coisas. Você não está procurando. Abro a boca e entendo, de algum jeito, que consigo falar. As palavras saem, e são as palavras de Strindberg, mas eu as digo como se fossem minhas. O mundo é meu, e meus sentimentos são meus, e estão indo além do sul do Bronx. Deixei o que é familiar. Virei parte de algo maior. Descobri que há mais em mim, uma sensação de que eu pertenço ao mundo inteiro e não só a um lugar. Estou pensando comigo mesmo: O que é isso? Parece que estou levitando do chão. Pensei: Sim, é isso. Está bem aqui e consigo estender a mão e tocar. Isto existe, e agora sei que é possível. De repente, naquele momento, eu sou universal.

Eu sabia que não tinha mais preocupações depois disso. Se eu como, se não como. Se ganho dinheiro, se não ganho dinheiro. Se sou famoso, se não sou famoso. Não significava mais nada. E é uma sorte, neste ramo, não ligar para isso. Uma porta estava se abrindo não para uma carreira, não para o sucesso ou a fortuna, mas para o espírito vivo da energia. Eu tinha recebido essa visão de mim mesmo e não havia nada a fazer exceto dizer: Quero fazer isto para sempre.

3

Um tigre e um indiano

Herbert Berghof não se irritava facilmente e estava furioso comigo. Só precisou me ver atuando.

No HB Studio, era comum que, de vez em quando, todas as turmas de teatro se reunissem numa sala de seminários e cada professor escolhesse um ou dois de seus alunos para fazer uma cena, na frente de Berghof, que observava. Era meio que uma distinção ser escolhido, e o nível do trabalho apresentado em geral era bem alto.

Charlie tinha escolhido eu e um colega para fazer uma seleção curta de um roteiro chamado *Crime in the Streets*, sobre uma gangue de meninos de rua. Eu já tinha trabalhado na cena em outras aulas, então sentia que tinha uma boa compreensão dela. Pus uma regata branca, que achei que combinava com o personagem, e dei à cena a energia que achei que ela pedia.

Quando a apresentação acabou, voltei ao meu lugar, ao lado de Charlie, na penumbra da sala. Charlie agarrou meu braço, apertou e cochichou:

— Você foi ótimo, Al. Você foi ótimo.

Fiquei feliz de ouvir isso, mas havia algo que Charlie estava tentando comunicar no seu tom de voz, e ele teve que sussurrar porque estávamos cercados pelos outros alunos na turma. Imediatamente senti que tinha algum problema.

De onde ele estava, Berghof começou a debater a cena. Ele era um austríaco sério, que fugira de Viena antes da guerra. Vi o rosto dele ficar vermelho enquanto ele explodia comigo.

— Quem você pensa que é? — disse. — Quem te deu o direito de fazer esse tipo de... *coisa*?

Ele falava com ferocidade e amargura. O tempo todo, Charlie continuou apertando meu braço e sussurrando:

— Você foi ótimo.

Como ator, seu desempenho sempre é um reflexo de como você sente as coisas. Não só o que está na página, mas o que quer que você esteja sentindo no momento — suas questões, como talvez chamemos hoje em dia. E nem sempre você sabe o que sente até estar na cena dando as falas. Mas o que você faz sempre é uma expressão de você mesmo. Eu apenas estava fazendo uma cena que expressava algo em mim, incorporando um tipo de pessoa que eu já tinha conhecido e um mundo em que tinha vivido.

Eu não conseguia entender o que podia ter feito para deixar Berghof tão nervoso. Ele era um ator respeitado e uma enorme força no teatro — havia dirigido a produção original de *Esperando Godot* na Broadway —, e sua opinião tinha peso. Talvez, de forma instintiva, ele não gostasse de mim ou do meu tipo. Eu parecia ter vindo das ruas. Já tinha encontrado esse tipo de preconceito na vida. Será que ele achava que eu estava exagerando? Estava expondo demais meu físico? Será que eu devia ter usado algum tipo de capa?

Sua reação severa e atípica permaneceu comigo por muito tempo — estou falando de décadas. Quando eu estava na casa dos setenta e Charlie estava bastante doente, com esclerose múltipla, eu o visitava no hospital em Santa Monica e me sentava ao lado de sua cama para conversar com ele. Um dia, por acaso mencionei o que tinha acontecido naquela sala tantos anos antes.

— Ei, Charl, lembra quando eu fiz aquela cena certa vez e o Berghof surtou?

Charlie respondeu:

— Aham, eu me lembro desse dia, sim. Também penso nisso às vezes.

— O que você acha que aconteceu ali? — perguntei. — Qual foi o motivo para aquilo tudo?

E Charlie falou:

— Eu acho que ele viu o futuro.

Era o começo dos anos 1960, e havia algo acontecendo na atuação. Eu me perguntava se aquilo era algo estranho para alguém como Herbert Berghof. Talvez ele não tivesse gostado da minha escolha de material, não se identificasse com o tema ou não gostasse da forma como me expressei. Não só minha cena, mas outras seleções que ele vira outros alunos apresentarem naquele dia também estavam fora de seu campo de compreensão. Ou talvez não tenha sido tão chocante para ele. Talvez gente como ele tivesse se dado conta de que essa mudança já estava no horizonte há algum tempo, e que agora batia à sua porta. Pode ter parecido que um novo capítulo estava prestes a ser escrito, e ele não fazia parte.

Começara com Brando. Ele era a influência. A força. O originador. O que ele criara, junto com colaboradores como Tennessee Williams e Elia Kazan, era mais visceral. Era ameaçador. Brando tinha virado parte de um triunvirato de atores, junto com Montgomery Clift e James Dean. Clift tinha a beleza e a alma, a vulnerabilidade. Dean era como um soneto, compacto e econômico, capaz de fazer muito com o mais simples gesto ou nuance. E, se Dean era um soneto, então Brando era um poema épico. Ele tinha a aparência. Tinha o carisma. Tinha o talento.

Tem aquela cena clássica de *Um bonde chamado desejo* em que Brando perde a cabeça durante o jogo de cartas, até que está no pé das escadas, berrando:

— Stella! Stella!

É uma sequência que Brando constrói gradualmente, o que, claro, vem da montagem original da peça dirigida por Kazan e da memória de Brando, já que ele a interpretava todas as noites. Mas, quando Brando filmou essa cena, ele já tinha se misturado àqueles elementos. A gente experimentava aquela sequência como se experimenta um tornado ou uma monção. Era cativante assim.

Mas evolução sempre deixa as pessoas nervosas. Havia raiva de Brando. Diziam que ele não enunciava direito. Diziam que seus traços eram suaves demais, delicados demais. Diziam que ele gostava de mostrar o peitoral. Se as pessoas depreciavam sua abordagem, era porque não viam a técnica envolvida. Mas ele descobriu o que abria a porta de sua expressão, que lhe permitia se revelar e comunicar isso às plateias de modo que elas se identificassem com ele.

Brando tornou possíveis os Paul Newmans do mundo, os Ben Gazzaras, os Anthony Franciosas e os Peter Falks, gente como John Cassavetes, que era um fenômeno especial por si só. Eram os ídolos de uma era anterior à minha, atores que já tinham se desvencilhado dos estúdios e estavam no mundo há uma década ou mais quando eu cheguei. E aí Dustin Hoffman simplesmente explodiu a porta para os atores.

Dustin era aluno de Lee Strasberg no Actors Studio quando comecei a ouvir falar dele. Dava para ver os outros estudantes discutindo sobre ele com uma estranha reverência, como se ele fosse um fantasma ou criminoso procurado. Havia tanta energia em torno de seu nome que era preciso vê-lo por si mesmo, ver se ele estava à altura de sua reputação formidável.

E aí Mike Nichols o conseguiu, ele inteiro, para *A primeira noite de um homem*. *A primeira noite de um homem* era contemporâneo, algo do momento, um comentário sobre o mundo em que estávamos vivendo, e combinava perfeitamente com ele. Chegou no momento certo, bem quando estávamos prontos para isso. E seu sucesso tornou Dustin um astro supremo do cinema.

Eu estava trabalhando em Boston quando *A primeira noite de um homem* estreou, e falei: É isso, cara, acabou. Ele quebrou a barreira do som. Para mim, a emoção era ver um artista fazendo algo tão bem, algo original, que você reconhece que nunca foi feito antes.

No início dos anos 1960, todos sabíamos que Marty Sheen estava a caminho. Ele ainda estava fazendo trabalhos off-Broadway quando me viu um dia no metrô. Eu estava parado na plataforma esperando um trem, com um sobretudo que batia nos meus tornozelos. Parecia estar fazendo um papel num filme de Charlie Chaplin da era do cinema mudo. Fazia um ano que não dividíamos mais apartamento, e nossas carreiras tinham ido em direções diferentes. Ele estava trabalhando com regularidade e eu continuava na pior. Meu movimento seguinte ia ser estender a mão para pedir uma moeda para alguém. Ele disse:

— Ei, Al, cara, como você tá?

Respondi:

— Bem.

E ele me olhou com meu sobretudo empoeirado de brechó, meus sapatos furados e meus dedos saindo pelos buracos, e entendeu que talvez não fosse verdade.

Mas ele ignorou tudo isso e me falou:

— Al, você me faria a honra — ele realmente disse isso, a *honra* — de ser o meu ator substituto num papel que estou fazendo?

Ele estava estrelando *The Wicked Cooks*, de Günter Grass, uma peça alegórica doidona que exigia muito fisicamente. Ele vivia sendo atingido por objetos cênicos e jogado no chão. Veja, nós dois sabíamos que eu não podia ser o substituto — nem de Marty, nem de ninguém. Não por nenhuma objeção moral. Eu simplesmente não era capaz. Eu queria poder fazer isso, porque seria uma forma de ganhar dinheiro, mas por algum motivo era facilmente distraído quando tinha que assistir a alguém fazer uma performance que teria que imitar. Mas essa peça era no Orpheum, na Segunda Avenida, que praticamente era como estar na Broadway. E era dinheiro no bolso. Então, eu agradeci e disse:

— Claro, Marty, eu topo.

Achei que estivesse fazendo por Marty, porque ele parecia tão efusivo em relação a mim. Ele me amava, e eu estava muito encantado por ele.

Claro, o diretor me detestava. Simplesmente parecia estar contra mim desde o início. Eu tinha aquele visual anárquico. Onde quer que eu fosse, as pessoas me olhavam como se para dizer: De onde esse cara veio? Quem ele pensa que é? Havia algo ali no meu porte, seja o que fosse, que incomodava as pessoas em certas situações, em geral no teatro. Quando eu encontrava figuras de autoridade, podia haver alguma tensão. O diretor era um cara chamado Vasek Simek e ele dirigia a peça como se fosse um ditador. Eu via um chicote invisível na mão dele. Ele gritava comigo:

— Ator d'O Método!

Era uma provocação, uma ofensa. E então descobri que, quando não estivesse fazendo o papel de Marty, eu também precisava estar na peça como figurante, um soldado que apenas circula pelo palco. Eu não sei nem o que faço na rua; o que vou fazer no palco? Eu fingia que estava circulando, mas simplesmente ia embora do teatro. E Simek estava ficando cada vez mais bravo comigo. Eu ficava olhando para aquele cara e pensando: Isso não tem como dar certo.

Você sabe o que aconteceu em seguida, é claro. Só tinha um jeito de isso acabar. Primeiro, Marty Sheen pegou uma laringite, é claro. Ele chegou um dia tossindo e gemendo. Eu provavelmente estava escondido em algum canto do teatro, sentado sozinho e lendo Spinoza, quando ele me agarrou e me olhou bem nos olhos. Ele disse, com a voz rouca:

— Al, camarada, meu amigo, você precisa entrar no meu lugar. Eu perdi a voz. Mas você consegue.

Falei:

— Quê?

Eu não conseguia escutá-lo, de tão séria que era a laringite. Ele explicou:

— Você vai entrar.

Fiquei paralisado. Achei que talvez fosse uma pegadinha e que num instante ele recuperaria a voz e riria de mim. Ele não estava brincando. Eu não queria decepcionar meu amigo, mas não sabia nada do que ele fazia ou dizia na peça. Era como ser pego no cofre de um banco e tentar explicar que você não estava lá para roubar.

Eu disse:

— Marty, não posso. Não sei as falas.

Ele respondeu:

— Inventa.

— Não posso fazer isso, Marty.

Então, não fiz, e Simek me demitiu. Só depois descobri que a produção nem estava pagando para eu ser o substituto de Marty na peça — era o próprio Marty que me pagava, de seu salário. Ele só queria que eu ganhasse algum dinheiro. Tentei devolver, mas ele não aceitou.

Eu estava sentado num café judaico no East Village, me lamentando por ter decepcionado Marty, e tinha outro ator da peça, um cara muito bom, que estava lá. Ele veio até mim e pareceu achar que eu precisava de conselhos. Falava com a língua meio presa, o que era incomum para um ator, e disse:

— Vou te contar um negócio: se eu fosse você, eu voltava lá e decorava todas as falas.

Os lobos tinham me jogado para fora da toca. Eu tinha sido exilado por um diretor ditador, então no momento estava simplesmente grato por não ter levado um tiro. E aquele cara estava me oferecendo um papinho motivacional sobre como agir? Pensei: Sabe de uma coisa? Vou para casa e nunca mais vou voltar. E foi assim que aquilo terminou.

AOS VINTE E CINCO ANOS, VIREI ZELADOR, GRAÇAS A MEU AMIGO DE infância Bruce, do sul do Bronx, que me repassou seu emprego num prédio na esquina da 68th Street com a Central Park West. Ele estava saindo porque iria se casar e sabia que ia ser bom para mim ter um trabalho e um lugar onde morar, então agora eu tinha abrigo num ótimo bairro. Estava ganhando catorze dólares por semana e tinha meu próprio apartamento, sem pagar aluguel, no prédio. Era um lugar minúsculo, de um único cômodo, em que cabia apenas a minha cama; ao abrir a porta, só se via a cozinha e um banheiro bem à vista. A janela tinha grades, como uma prisão — se houvesse um incêndio, não conseguiria escapar. Eu sabia que não era qualificado para o emprego. Na minha porta tinha escrito ZELADOR, então peguei uma foto 8x10 minha em papel brilhante e prendi acima da placa com Band-Aids. Aquela foto tinha sido tirada por Michael Avedon, parente do fotógrafo Richard Avedon, depois de me ver em *Credores*. Ele queria tirar fotos profissionais minhas para eu ter algo para mandar a agentes e diretores de elenco. Era uma boa *headshot*, então coloquei lá, não porque alguém do ramo fosse ver, mas porque qualquer um que viesse me visitar ia dar uma boa risada.

Penny Allen, esposa de Charlie, passava no prédio e me ajudava lavando o piso dos corredores ajoelhada, porque sabia o quanto eu precisava de um apartamento só para mim. Eu vivia me mudando de um lugar para outro e, em geral, acabava dormindo no sofá ou no chão de um amigo ou outro. Meu apartamento de zelador mal tinha espaço para que eu pudesse ficar sozinho com meus pensamentos. Um domingo, lá pelas sete da manhã, eu ouvi uma batida à porta e uma velhinha fofa, com seu chapéu de domingo, provavelmente a caminho da igreja no fim da rua, estava ali parada, me encarando.

— Posso ajudar? — perguntei.

Ela soltou um "Ah!", apertando a barriga. Estava com cólica. Então, deixei que usasse meu banheiro, que ficava na cozinha, que ocupava a outra metade do apartamento. Depois de terminar o que tinha que fazer, a senhorinha se despediu, sem agradecer nem deixar gorjeta, e me deixou sozinho com um fedor que eu jamais havia sentido. Vou te falar, nunca senti cheiro assim nem no zoológico. Eu precisava sair dali. O lugar era pequeno demais para aguentar. Eu me sentei num banco ali na Central Park West com uma cara desolada, tentando superar aquela experiência. Se alguém que me conhecesse tivesse me visto ali, teria dito: "Meu Deus, o que houve com você, Al?"

Na maior parte do tempo, eu ficava sentado naquele apartamento tocando Mozart num antigo fonógrafo. Charlie e Penny passaram um tempo brigados, então, de vez em quando, ele vinha com sua linda filha, Deirdre, e ela ficava pulando na cama enquanto Charlie e eu tomávamos cerveja do gargalo. Aí, lá pelas duas da tarde, íamos todos ao bar da esquina, na 69th Street, e dávamos um Shirley Temple para Deirdre enquanto continuávamos bebendo, recitando tudo o que conseguíamos nos lembrar de Tchékhov, Dylan Thomas e Eugene O'Neill. Não podíamos ficar muito, porque não tínhamos muito dinheiro. Qualquer que fosse o trabalho que Charlie ia fazer na minha casa, ele nunca, nunca era feito.

Às vezes, as jovens que moravam no prédio viam minha foto na porta do meu apartamento de zelador. Elas viam que eu era ator e se interessavam um pouco. Eu era novo e não estava namorando na época, então tinha uns casinhos aqui e ali. Uma das garotas com quem me envolvi era do Meio-Oeste, uma garota do interior. Não sei o que a trouxe a Nova York, mas ela era um doce. Depois de um de nossos namoricos, estávamos deitados juntos. O espaço era tão pequeno que, deitado, eu conseguia esticar os braços e praticamente tocar nas duas paredes; era preciso subir pelo pé da cama, porque não tinha espaço dos lados. Estávamos apenas ali curtindo, felizes, olhando para o teto todo rachado e se desfazendo. Estava tudo calmo e silencioso no quarto. E aí de repente, do nada, ela soltou, com seu sotaque interiorano:

— Ah, se minha mãe pudesse me ver agora. Ela. Ia. *Surrrr*-tar.

Um dia, eu estava no meu apartamento de zelador, provavelmente ouvindo Stravinski com uma Ballantine Ale na mão e um cigarro preguiçoso na boca, quando um cara passou por lá para me entregar um roteiro de Israel Horovitz. Era uma peça curta, de um ato, chamada *The Indian Wants the Bronx*, sobre um homem do leste da Índia e dois bandidos que se encontram na Quinta Avenida. O indiano está à procura do filho, cujo endereço e telefone ele carrega consigo num pedaço de papel, mas acabou na parte errada da cidade e não fala inglês. Os bandidos não têm interesse em ajudar o indiano e, em vez disso, zombam dele e o maltratam. A peça era diferente de tudo o que eu já tinha lido antes. Parecia meio mística e até perigosa — dava para sentir que o indiano estava encrencado e que algo ruim ia acontecer no momento que ele cruzasse o caminho daqueles caras. Mas, lá no fundo, era na verdade uma história sobre como as pessoas conversam sem prestar atenção umas às outras e não conseguem se conectar. Era uma peça linda e muitas vezes engraçada.

Israel tinha ouvido falar de mim por meio de Tullio Garzone. Tullio era amigo de Penny Allen e tinha sido meu diretor quando eu fazia teatro infantil, como *The Adventures of High Jump*. Agora, ele estava dirigindo a primeira montagem da peça de Israel, e Penny me recomendou. Sem Penny, não haveria Tullio; sem Tullio, não haveria *The Indian Wants the Bronx* para mim, nem toda uma cadeia de eventos que se desencadeou a partir disso. Mas eu, claro, ainda não sabia de nada disso — só sabia que Israel e Tullio queriam que eu fizesse um dos bandidos, um cara chamado Murph. Ele era meio doido e um pouco imprevisível. A gente o via e pensava: Ele é capaz de coisas que ainda não vimos.

A essa altura, como ator, eu já tinha interpretado minha cota de papéis exóticos e interessantes no palco: marginais, jogadores, artistas, soldados. Num certo sentido, a preparação para qualquer papel sempre é a mesma. É preciso se organizar de uma forma que permita trazer a si mesmo para o papel. É preciso conhecer uma outra pessoa dentro de si. E acho que há muitos eus dentro de mim.

O que atores chamam de instrumento é todo o seu ser: sua pessoa inteira, seu corpo, sua alma. É com isso que você atua, um instrumento que absorve as coisas e permite colocá-las para fora. E, quando sinto que o papel é adequado, não preciso fazer nada para tirar um bom som do meu instrumento. Ele toca e as notas simplesmente vêm. Além disso, eu sinto vontade. Eu quero ir para o palco. Quero tocar meu instrumento, porque ele simplesmente vai colocar para fora. Eu senti tudo isso em *The Indian Wants the Bronx*. Era como realmente tivesse vivido aquilo, e eu poderia colocar minha vida toda naquilo. Eu tinha as rédeas e era capaz de cavalgar. Murph era praticamente a reencarnação de Cliffy e os outros caras da minha turma, e talvez eu também tivesse acabado como ele, se não houvesse encontrado a atuação.

Ensaiávamos a peça num loft na Bleecker Street, e convidei Charlie e Penny para assistirem. Eles se sentaram no chão, apoiados na parede, e, quando acabou, Charlie olhou para mim sorrindo e disse:

— Você chegou lá, Al. É isto.

E eu respondi:

— Sério? Você acha?

Nós três — Charlie, Penny e eu, a família que eu escolhi — fomos até um bar na Canal Street e fizemos uma ébria comemoração ao meu futuro. Comemorando o quê? Qual futuro? Eu não tinha onde cair morto. Nenhuma oferta, nenhum agente, nada. Mas eu amei. As palavras de Charlie me fizeram acreditar que aquele era o momento. Era para valer.

Fizemos leituras encenadas de *The Indian Wants the Bronx* em Connecticut, e aí nos apresentamos em Provincetown, na Gifford House, que era tão pequena que a plateia tinha que passar pelo palco para ir embora. E as pessoas faziam mesmo isso, às vezes bem no meio da peça. Passavam tão perto de mim que eu podia esticar a perna e fazê-las tropeçarem — apesar de nunca ter feito isso. Eu continuava no personagem. A peça tinha só uma hora de duração, sem intervalo, por isso nunca vou saber o motivo de irem embora, exceto o fato de que não estavam gostando.

Quando eu era mensageiro da Standard Oil no Rockefeller Center, trabalhava com um cara chamado John Cazale. Ele era alguns anos mais velho que eu, um sujeito magro, com um jeito discreto. Ele tinha uma certa modéstia, mas também um senso de realidade, um pé no chão em relação a como o mundo funcionava de verdade. Ele parecia saber de tudo um pouco. O máximo de compreensão que eu tinha do panorama global era que Hitler tinha sido vencido e isso era bom. No mais, não fazia ideia do que estava acontecendo. Johnny lia o *New York Times*, entendia cada questão e a tornava compreensível para mim. Ao menos, ele tentava.

Para minha grande surpresa, quando apareci em Provincetown para começar os ensaios da peça, lá estava John Cazale, que tinha sido contratado para o papel do indiano. Era o homem mais doce do mundo, mas gostava de ensaiar de um modo único. Ele não queria simplesmente repassar os diálogos. Quem fazia uma cena com John começava a passá-la e ele questionava cada fala, cada escolha de palavra. Era um interrogatório. Ele dizia:

— O que eu estou fazendo? Estou aqui parado. O que acho disso? Não sei o que acho disso.

Chamam de narrativa inconsciente. E ele era assim. Aí, sem perceber, enquanto continuava falando sem parar, você simplesmente entrava na cena com ele. Tem uma certa confiança que vem com a atuação, como andar na corda bamba. Com John, eu sabia que tinha achado um parceiro de cena para a vida toda.

Eu estava fazendo *The Indian Wants the Bronx* de maneira intermitente havia mais ou menos um ano quando decidiram levá-la para o circuito off-Broadway, no Astor Place Theatre. Mas a produtora encarregada de transferir a peça, chamada Ruth Newton, falou:

— Não sei quem é Al Pacino. Preciso conhecê-lo.

Eu já não estava no emprego de zelador. Não acho que fui demitido — só fui embora e não sei por quê. Passei por tantas aventuras e loucuras naquele apartamento, demais para contar. Foi um período de despertar para mim, e me lembro dele com carinho. Quando saí daquele emprego, deixei todas as minhas coisas para trás — a única coisa que levei foi uma licença de instalação de caldeiras, meu primeiro e único diploma. Eu me aventurei nas províncias, desta vez em Boston, para me juntar a uma companhia de teatro itinerante e começar uma vida no teatro de repertório.

Então, quando cheguei a Nova York para uma entrevista com Ruth Newton, coloquei as roupas do personagem que eu estava interpretando em Boston — um terno azul de três peças, camisa e uma gravata. Achei que fosse assim que se fazia e eu não tinha ideia. Eu a encontrei, falei oi e fui embora. Ela disse a Israel:

— Ele é arrumadinho demais para o papel. Parece um príncipe. Não é esse cara.

Israel ficou louco com aquilo e disse:

— Por favor, ele foi ótimo no papel. Vai continuar sendo ótimo. Acredite.

Ele inclusive deu a ela uma crítica de nossa produção em Provincetown que dizia: "Lembrem-se do nome 'Al Pacino'. É um nome que reconheceremos um dia." Mesmo assim, ela falou:

— Não, ele vai ter que fazer teste.

Fiquei indignado. Vou ter que fazer teste para um papel que *eu* criei? É como se eu tivesse escrito. É *minha* peça. Fui até Charlie e disse:

— Eles querem que eu faça um teste. Dá para acreditar? Eu não vou fazer isso.

Ele me respondeu:

— Al, você sabe, se não for, não vai ser escalado. Se for, *talvez* seja.

Charlie teria aceitado se eu não fosse. Ele sabia que eu estava magoado. Mas nós dois sabíamos que eu tinha que ir.

Tomei uma cerveja e fui ao teatro fazer meu teste. Me sentei numa sala do porão abaixo do palco, onde vários outros atores estavam esperando, inclusive caras que eu conhecia do Actors Studio. Conforme seus nomes eram chamados um a um, eles subiam para fazer a leitura com um contrarregra. Passei o tempo todo pensando: "Como vou fazer isso? Que humilhação." Ouvi meu próprio nome ser chamado — "Al Pacino, para o papel de Murph" —, então subi as escadas até o palco e senti que estava a mil. Meu personagem está olhando para cima, para um prédio do outro lado da rua. É a casa de sua assistente social, que ele é obrigado a visitar. Murph entra com outro garoto de seu grupo; fazendo arruaça, cantando, olhando para a janela aberta da mulher, e aí vinha minha primeira fala da peça:

— Ei, Pussyface!

Fiz cerca de trinta segundos da cena antes de Israel vir andando pelo corredor gritando:

— Para, para! O papel é seu!

O primeiro crítico do *New York Times* que escreveu sobre *The Indian Wants the Bronx* não gostou muito da peça, e na verdade nem mencionou os atores, todos desconhecidos para ele. Mas em seguida veio Clive Barnes, o principal crítico de teatro do *Times*, que era inglês e conhecido por seu bom gosto e refinamento. Ele deu a mim e à peça uma resenha tão entusiasmada que ela começou a ser citada nos anúncios do jornal. Mais pessoas vieram assistir, e o boca a boca começou a crescer. Nos anos desde que Julian Beck e Judith Malina tinham fundado o Living Theatre, a off-Broadway tornou-se muito mais badalada e até um pouco lucrativa. Nunca iria competir com a Broadway, mas era possível ganhar dinheiro a ponto de fazer alguma diferença. Com sua energia *beatnik* e boêmia do fim dos anos 1950 e começo dos anos 1960, a off-Broadway estava se tornando mais formal. John Cazale e eu ganhamos prêmios Obie pela peça — o equivalente a um Tony. Levamos *The Indian Wants the Bronx* ao Spoleto Festival na Itália por duas semanas naquele verão. Eu estaria na peça até hoje se não tivesse pedido demissão. Anos e anos depois, eu ainda tinha sonhos recorrentes de que estava fazendo *The Indian Wants the Bronx* ou a montando em algum lugar. Esse foi o tamanho do impacto da peça em mim. Foi minha introdução ao mundo — antes disso, sempre senti que estava do lado de fora, olhando para dentro. *The Indian Wants the Bronx* foi o ápice de uma vida que teve início quando minha mãe começou a me levar ao cinema quando criança. Depois daquela peça, tudo mudou.

E as pessoas foram assistir. Faye Dunaway, que tinha acabado de fazer o filme *Bonnie e Clyde* e era uma das maiores estrelas da época, foi ver a peça e disse a seu agente, Marty Bregman, para dar uma olhada naquele garoto. Marty já estava trabalhando com Judy Garland, Barbra Streisand e uma estrela em ascensão chamada Bette Midler, e foi à peça com o superagente David Begelman. Depois da apresentação, foram ao camarim me ver, e Marty me disse que queria que eu fosse a uma reunião no escritório dele.

Ele trabalhava num prédio enorme na 54th Street entre a Lexington e a Terceira Avenida. Havia um posto de segurança no lobby, em que era obrigatório passar antes de chegar aos elevadores, e o segurança me olhou de cima a baixo. Era um olhar com que eu estava acostumado e queria dizer: circulando, você não é daqui. Desde então, desenvolvi uma personalidade mais aberta, mas, na época, me faltava uma certa postura social. Eu era um não conformista, e não era fácil se aproximar de mim. Falei ao segurança que tinha ido ver Marty Bregman e consegui ouvir o lado dele da conversa ao telefonar para o escritório:

— Tem alguém aqui dizendo que tem uma reunião com você?... Não sei, uma aparência meio desleixada?... Tá, estou mandando subir.

Que belo começo, aquele.

O escritório de Bregman reluzia de prosperidade. Ele se sentava atrás de uma mesa de madeira bem polida, com uma vista das janelas que lhe permitia ver Manhattan inteira de uma vez. Representava um rol de celebridades que era, sinceramente, intimidador. Eu não tinha certeza de onde me encaixava. Ele se levantou para apertar minha mão, e achei que tinha percebido algo: o brilho de um cabo perolado na lateral do paletó dele. Percebi que ele tinha uma arma. Ele tinha licença e usava para sua própria proteção, porque mancava de maneira preocupante. Ele tivera pólio quando criança, mas nunca permitiu que isso fosse um obstáculo em sua vida. Mais tarde fiquei sabendo que, quando jovem, ele se envolveu com contrabando de bebidas. Pelo menos era o que diziam. Nunca perguntei.

Bregman tinha um pouco de Gatsby. Era um homem bonito de quarenta e poucos anos e falava com um tom refinado, mas conversava comigo de um jeito que me deixava confortável.

— Olha, eu deixei Dustin Hoffman passar. Não vou fazer isso de novo — ele falou para mim. — Eu quero te representar e vou cuidar de qualquer necessidade financeira. Vou te ajudar.

Eu nunca pegaria dinheiro emprestado dele — não daquele cara com uma arma. Não queria esse tipo de obrigação. Mas, quando ele falou aquilo, eu soube que estava falando sério e que ia investir de verdade. Era alguém que tinha influência e estava disposto a exercê-la em meu benefício. Ele realmente iria até o fim para me apoiar.

Bregman tinha crescido numa área do Bronx perto do meu bairro, e pensei: Esse é um cara das ruas. Vamos ser sinceros, ele tinha experiência de vida. Voltei a Charlie para contar de nossa reunião. Falei:

— Eu confio e não confio nele ao mesmo tempo.

Mas eu sabia que Marty tinha uma sofisticação que eu não tinha; eu não tinha a mesma visão que ele. Eu não estava procurando um igual — estava procurando alguém que fizesse seu trabalho melhor do que eu seria capaz.

QUANDO FUI A BOSTON FAZER TEATRO DE REPERTÓRIO, AQUILO ERA UM mundo novo para mim, e comecei a ganhar uma perspectiva que ia além de Nova York e do modesto círculo de influências off-off Broadway que representava a minha compreensão do teatro naquela altura. Eu tinha papéis a interpretar. Recebia um salário e conseguia comprar comida. E estava lá com outros atores de repertório da minha idade — vinte e cinco, vinte e seis anos mais ou menos —, mas que pareciam ter informações que eu nunca tive. Eu tinha meus livros de Tchékhov com orelhas nas páginas e meus discos clássicos, mas, quando me apresentaram à música de The Mamas and The Papas, parecia que eu havia sido iniciado em um grande segredo do universo.

A Charles Playhouse me contratara para fazer *Awake and Sing!*, a peça de Clifford Odets sobre uma família judaica que passa por dificuldades durante a Grande Depressão. Eu estava meio perdido, não tinha uma compreensão muito boa da peça. Estava no camarim antes de uma das apresentações e outro ator da peça, John Seitz, estava lendo um jornal. Mas, ao me ver, ele rapidamente fechou e cobriu as páginas com as mãos. Recebeu a deixa de sua entrada e saiu para o palco. O jornal ficou para trás.

Como Édipo, eu precisava saber. Abri o jornal e vi uma resenha da nossa peça. E ela estava praticamente brilhando em néon na página. Um após o outro, os protagonistas eram elogiados por suas performances. Os coadjuvantes também. E, aí, chegaram a mim e disseram: "Se você conseguir, de algum jeito, evitar Al Pacino, melhor. Ele é a única coisa que puxa a peça para baixo." E, enquanto lia isso, ouvi minha deixa no alto-falante no teto.

Significava que eu precisava subir no palco. Então eu fui lá na frente da plateia, tendo lido a crítica mais deprimente da minha jovem carreira, e fiz minha entrada rindo. Uma boa gargalhada às vezes ajuda. Depois dessa, eu parei de ler resenhas, mas aquela ficou comigo. Ainda lembro como doeu. Outro pensamento que tive foi muito simples: esse cara simplesmente não deve gostar de mim. Isso acontece e essa é a natureza da besta.

Fui melhor naquela temporada ao fazer *America Hurrah* no mesmo teatro. Jean-Claude van Itallie escrevera três peças curtas, e eu estava em duas delas. Em um segmento, eu fazia um professor de ginástica afeminado, muito pretensioso e cheio de si, um papel muito engraçado. Em outro, era um nerd analista de TV, mais uma vez com John Seitz e uma jovem atriz chamada Jill Clayburgh. Era uma comédia insana e eu estava gostando do papel, então fui com tudo. Toda noite, eu saía com a turma, cantando "Monday, Monday", estivesse ela tocando na jukebox ou não. Ficávamos todos bêbados. Toda noite. Bêbados felizes. Bêbados tristes. Sempre bêbados. E essa é a vida do ator. Como disse Baudelaire: "Embriague-se, embriague-se sem parar! De vinho, de poesia ou de virtude, como quiser."

Uma noite, em torno de uma ou duas da manhã, depois que os bares já tinham fechado, nós fomos para Gloucester, mais bêbados que um gambá, entregues pela caridade de alguém gentil e sóbrio o bastante para nos levar de carro até lá. Havia uma formação rochosa que dava para o mar, e, em algum momento antes do amanhecer, eu me vi subindo essas pedras embriagado, arriscando a vida porque sabia que, logo atrás de mim, fazendo tudo o que eu fazia, estavam Jill e sua amiga Jennifer Salt. As cavernas tinham começado a ficar sinuosas, então eu esperei numa encosta com vista para o oceano, me perguntando quem viria a seguir. A água do mar respingava no meu rosto enquanto eu esperava. Seria Jill ou Jennifer? Talvez, se fosse Jennifer, eu teria namorado com ela pelos cinco anos seguintes. Mas de lá veio Jill, e ela e eu nos olhamos. Ela se aproximou e demos nosso primeiro beijo com vista para o oceano e a bruma caindo em nosso rosto.

Eu já estivera em relacionamentos com outras mulheres, mas nenhum parecido com meu romance com Jill, nossa versão do que achávamos que era um romance na época. Ela era quatro anos mais jovem do que eu, mas nós dois ainda tínhamos vinte e poucos anos, ambos começando nesse mundo da atuação profissional. E, em outras coisas, não podíamos ser mais diferentes — dois nativos da mesma cidade que a vivenciaram de formas completamente diferentes. Ela era do Upper East Side, nascida e criada, e tinha estudado numa escola particular de ricos e feito faculdade na prestigiosa Sarah Lawrence. Tantas coisas estavam prestes a acontecer comigo, e ela teve tanto a ver com minha felicidade durante esses momentos. Como em tudo na vida, quanto mais o tempo passa, melhor você vê o valor das pessoas. E, com ela, só o que eu via era o seu valor. Ela me fazia feliz. E sabíamos que gostávamos um do outro.

Fomos morar juntos num apartamento comprido na 14th Street entre a B e a C, na verdade um quarto e sala com uma banheira na cozinha e um banheiro compartilhado no corredor. Éramos um casal brincalhão, cheio de pequenos esquetes de comédia particulares, como se fôssemos Nichols e May.

Algumas vezes, eu chegava em casa e Jill estava com uma grande almofada enfiada embaixo da blusa. Eu dizia:

— O que aconteceu com você?

Ela respondia:

— Ah, nada.

Isso não era só uma brincadeira. Ela queria mesmo se casar comigo, ter um bebê. Aquele era o jeito dela de dizer: "Ei, cara, vamos lá." Mas, caramba, eu não estava nem um pouco pronto para isso. Eu sabia. Ela não.

Jill e eu aparecemos juntos num episódio da série de televisão policial *N.Y.P.D.*, minha estreia na tela. Eles de fato me escolheram, justo eu, para fazer um sulista simplório que toma um tiro de um *sniper* na cena de abertura. Quando me vi na tela, percebi que precisava de bem mais experiência como ator de TV.

Não acho que eu fui um bom companheiro para Jill. Eu a negligenciava. Bebia e usava drogas, e ela não, e tinha que lidar comigo nessas ocasiões. Eu não dava valor a ela. Mas Jill e eu nos divertíamos muito juntos.

Uma vez, fui chamado a Los Angeles para me encontrar com Franco Zeffirelli, o grande diretor de *Romeu e Julieta*, que estava montando o elenco de um novo filme. Ele estava procurando caras jovens, mas eu tinha vinte e sete anos e estava cercado de adolescentes fazendo teste para o mesmo papel. Talvez eu parecesse jovem, mas me colocar ao lado de alguém de dezessete anos era outra história. Zeffirelli não sabia quem eu era e passou toda a nossa conversa falando d'O Método de um jeito que me deu a impressão de que ele não gostava dele, nem de mim — o tempo todo me gravando.

Minha vida inteira, me perguntaram o que era O Método e o que o Actors Studio faz, e eu nunca respondi direito a pergunta. Conseguia expressar o que é o Actors Studio. Não é uma escola; é um lugar para quem já é ator profissional desenvolver suas habilidades sem ter que pagar. Apresentar-se na frente de um moderador — que pode ser qualquer um, de Lee Strasberg a Paul Newman e Ellen Burstyn — e uma plateia com seus pares e receber a crítica deles sem ser maltratado ou virar algo cruel. Um local para atores, diretores e dramaturgos trocarem com outros artistas. Ninguém exige nada de você, exceto que você descubra. É possível desenvolver uma cena de uma peça ou filme, algo que ninguém mais o deixaria fazer no palco, e em certo momento levar do Studio para o mundo. Ou poderia ficar lá por anos e nem se apresentar, apenas frequentar. Imagine estar sem trabalho, batendo de porta em porta ou sozinho no seu quarto, e encontrar algo assim. E o espírito do que você está fazendo é mantido vivo pelo próprio lugar.

Não há método no Actors Studio. Todo mundo vem com seu próprio método. Há um método para escrever? Sim, você pega uma caneta. Ninguém pergunta se um violinista ou violoncelista usam um método. Eles praticam. Mas, desde que eu era criança, era criticado pelas pessoas por ser um ator d'O Método, sendo que eu nem sabia do que estavam falando. Método? Eu fazia um papel numa peça. A forma como eu observo e dou vida a esse papel é minha tarefa, é isso o que eu busco. Encontrar uma forma de trazer algo à vida para que possa me atravessar. Mas, naquela época, eu não sabia expressar isso a Zeffirelli nem a mais ninguém.

Passei mais alguns dias em Los Angeles, onde não conhecia ninguém. Pensei e passeei e me vi com meia caneca de alguma bebida em um quarto de hotel, olhando o letreiro de Hollywood, que, se eu olhasse por tempo suficiente, começava a conjurar figuras: Cary Grant dançando com Gina Lollobrigida, Boris Karloff comendo uma abóbora e Bette Davis e Greta

Garbo cantando um dueto de "Hooray for Hollywood". Eu disse a mim mesmo: Melhor ir embora deste lugar.

Depois de mais alguns dias, voltei para casa em Nova York no voo noturno. Jill e eu agora morávamos na esquina da 91st Street com a Broadway, num apartamento que era o paraíso para mim. Tínhamos três quartos e um piano em que eu martelava. Ao chegar exausto do voo, abri a porta devagar. Jill estava no sétimo sono em nossa grande cama de casal, e eu deitei ao lado dela. Ela começou a se mexer e me cumprimentou com uma voz suave. Sussurrei para ela:

— Oi. Não quero te acordar, mas compus uma música. Tudo bem se eu cantar para você?

E ela disse:

— Tá bom, pode cantar.

Então eu cantei no melhor estilo folk, como se eu fosse a próxima Joan Baez:

Cal-i-fórn-ia
Cal-i-fórn-ia
Cal-i-fórn-ia
Eu nunca mais vou voltar
Caaaaaaalll-iii-fórn-iaaaaaa

Ela deu um sorrisinho irônico e dormiu de novo.

NESTE RAMO, VOCÊ SOBE, VOCÊ ESTÁ NO TOPO, DEPOIS NO FUNDO DO poço e depois no alto de novo. Fui trabalhar para Joe Papp numa peça chamada *Huui Huui*. Joe Papp era um dos meus heróis. Ele fez muito por Shakespeare em Nova York com seu programa de verão de Shakespeare no Parque. Era o tipo de potência no teatro que é tão rara que, quando morreu, criou um vazio que até hoje não foi preenchido. Eu achava ótimo estar trabalhando com Joe, uma pessoa que admirava, com uma peça muito boa.

Mas, na opinião dele, eu estava demorando demais para entrar no papel. Papp não tinha paciência. O momento do "não sabemos o que fazer" se aproximava e, no teatro, isso quer dizer que alguém tem que se mandar, e fui eu mesmo que recebi um pé na bunda. O grande ator Charlie Durning, que estava na peça comigo, implorou para Joe me deixar seguir com ele, mas não teve sorte. Então, lá estava eu, depois do meu grande sucesso em *Indian*, sendo demitido do meu trabalho seguinte. Que jeito de voltar à realidade. De certa forma, foi uma sorte. Eu estava me acostumando à gangorra do show business. Todos os atores passam por isso.

Depois de soltar a bomba, Joe Papp me puxou de lado em sua sala e falou:

— Um dia você vai ser uma grande estrela, como George C. Scott.

Fiquei grato por essas palavras de encorajamento, mas achei que realmente podia ter feito o papel se tivesse mais tempo, e Joe, paciência.

Saí do teatro e comecei a correr. Corri quarteirão após quarteirão, sem saber o que me fazia correr. Continuei até parar numa banca de jornal e peguei o *New York Times*. Minutos depois, eu estava sentado no apartamento que dividia com Jill, folheando os anúncios de empregos como se fosse achar ali meu próximo trabalho de ator. Pode-se dizer que eu estava vivendo uma espécie de trauma.

Meu papel seguinte surgiu porque o ator William Devane pediu demissão de uma peça de Don Petersen chamada *Does a Tiger Wear a Necktie?*. Ele saiu para outra peça, e me ofereceram o papel. De certa forma, não havia nada de especial em *Tiger*. Eu meio que já tinha passado por aquilo. A peça abordava questões sociais, em especial as preocupações gerais em relação a drogas na época. Contava a história de um grupo de jovens viciados que se recuperavam e tinham recaídas em um centro de reabilitação da cidade. Eu fazia mais um valentão, Bickham, um viciado de olhos esbugalhados com pavio curto. Ao contrário de Murph, ele era um solitário, determinado a permanecer assim. A peça o descrevia como um "garoto alto de cabelo encaracolado loiro", mas isso não tinha importância — era um papel que qualquer ator treinado e de qualidade poderia ter feito. Bickham era arruaceiro, mas, por baixo de sua brutalidade, havia a alma de um poeta. Em uma cena, ele vai até um quadro-negro e escreve:

SOCAR O MUNDO NO OLHO ESQUERDO.

Em outro, ele lê uma pequena redação que escreveu sobre si mesmo:

> Este mundo foi ótimo para mim. Tudo estava aqui à disposição. Tínhamos garotas bonitas de cair o queixo. Dava para comprar um milk-shake e ficar parado na esquina vendo elas passarem com seus vestidos de alcinha.

Quando li isso, pensei: Sim, eu consigo interpretar esse cara.

O momento da verdade de Bickham vem mais tarde na peça, quando ele está contando a um médico a história trágica de sua infância, como ele foi cafetão, brigou e roubou nas ruas, e como nunca recebeu o amor dos pais. No ápice da discussão, o médico diz a Bickham que ele precisa ou consertar sua vida familiar problemática, ou criar uma nova — "mas *enfrente* isso".

— Eu já enfrentei! — grita Bickham, apontando para o braço. — Foi aqui que eu recebi meu amor! Bem na veia, Jim. Meu pai era uma agulha, e minha velha era a *heroína*!

Eu amava essa fala. Era extraordinária. Claro que tinha que ressoar em mim, porque, muitas vezes, eu sentia que não tive pais — o que era estranho, porque eu tive uma mãe que amava muito e que muito me amava. Era coisa profunda, esse tipo de trauma de que muitas crianças não falam ou que não percebem que move suas ações. Quanto a ver jovens morrerem por causa das drogas, eu também conhecia esse jogo.

Quando li para o diretor, Michael Schultz, e cheguei a essa fala, perdi o controle. Desmoronei quando precisei falar essas palavras. Mal conseguia dizê-las. Todo mundo ficou quieto. Eu precisei parar o teste e dizer:

— Não consigo continuar.

E eles me contrataram por causa disso.

Depois, nunca mais me descontrolei. Não importava quantas vezes eu fizesse aquela cena na peça, nunca mais chorei. Nunca chegou ao mesmo lugar da primeira vez que li. Reencontrei aquele diretor cinquenta anos depois e disse a ele:

— Michael, só você e eu sabemos o que foi aquele teste. Eu nunca te entreguei aquilo no palco.

Ele sorriu e concordou:

— Não, nunca entregou.

Eu falei:

— Eu te decepcionei muito, né?

Senti isso na peça, que nunca tinha entregado a ele exatamente o que ele vira naquele teste.

Eu estava fazendo o papel e, apesar disso, resistia a ele porque não me preparei direito. Eu não queria ir até lá toda noite. Conseguia interpretar sem sentir de verdade; tinha desenvolvido uma técnica para só fazer parecer que sentia. Tem algo que acontece na repetição de uma apresentação que finalmente começa a funcionar a seu favor, não contra. Mas eu não estava prestando atenção a repetições, porque não sabíamos se a peça ia durar, e, no fim das contas, não durou mesmo — saiu de cartaz depois de mais ou menos um mês. Durante essa época, o grande Sidney Poitier foi me ver atuar. Poitier estava no auge, e quando me visitou no camarim, ele praticamente reluzia. Foi muito gentil, e senti que queria me transmitir algo. Ele sentia que eu precisava de alguém com quem falar sobre o futuro e de como ele podia ser. Não foi crítico, muito pelo contrário: foi muito encorajador e conversou comigo de um jeito muito sutil. Tudo era subtexto, gentileza e generosidade.

Tiger foi minha estreia na Broadway, no Belasco Theatre, o que parecia um sonho realizado. A alguns quarteirões ficava o velho Rivoli Theatre, onde eu tinha trabalhado como lanterninha. Em outra direção, ficava a Escola de Artes Cênicas, onde eu não havia chegado a me formar. Ao meu redor, havia prédios e escritórios em que eu trabalhara como office boy e fizera outros trabalhos do tipo. Eu estava de volta ao meu território.

Quando recebi uma indicação ao Tony por *Tiger*, levei Marty Bregman junto para a cerimônia. Eu estava concorrendo com gente muito boa. Achei que minhas chances de vencer eram menores que zero e não preparei um discurso. Mas, enquanto o prêmio acontecia, me inclinei para Marty e falei:

— Eu tenho um discurso.

Ele pareceu surpreso com isso.

— Como assim você tem um discurso?

— Eu sei o que vou falar.

— Você sabe o que vai falar? — O Tony estava acontecendo bem na nossa frente, então Marty precisava falar baixinho, mas eu vi que ele estava cético. — O que você vai falar?

Eu podia ser um cliente novato, mas ele era um profissional respeitado no ramo, e a forma como me viam era importante para ele. Falei:

— Marty, não se anima. Eu não vou ganhar um Tony. Mas vou te contar o que diria se ganhasse. — Recitei para ele o discurso que faria: — Ei, obrigado por isto. É uma grande honra. Eu me lembro da minha avó, no sul do Bronx, onde eu cresci. Todo dia, ela me olhava e falava em italiano: "*Sonny, anche un cretino può vincere un Tony.*" O que quer dizer: "Não esqueça, até um idiota pode ganhar um Tony."

Marty falou:

— Você não vai fazer isso.

E, é claro que, quando anunciaram o vencedor, foi meu nome que chamaram. Não se preocupe, escolhi um discurso mais tradicional. Lá em cima, fui o maior fingidor.

EU AINDA NÃO ME CONSIDERAVA PARTICULARMENTE BEM-SUCEDIDO, mas acho que estava começando a construir um nome no que chamam de show business. Eu estava tocando um pouco num piano alugado, tentando compor minhas próprias músicas, algo para que achava que tinha talento na época. Por um tempo, pensei que fosse a reencarnação do Beethoven, ou Satie, que amo. Queria ser Beethoven, mas tudo que saía soava como Satie ao meu ouvido musical oblíquo. No meio da minha empreitada artística, fui interrompido por uma ligação daquele ator de *The Wicked Cooks*, aquele da língua presa, de quando eu era substituto do Marty Sheen. Eu não sabia como ele tinha conseguido meu telefone. Fazia já alguns anos desde meu breve período naquela peça, e o cara sempre era condescendente comigo, como se eu estivesse lá no fundo do poço. Mas, ao falar comigo agora, ele disse:

— E aí, Al! Como você está? — Sua voz tinha uma espécie de cantarolar, como se fôssemos velhos amigos.

— Ah, oi — respondi.

Ele começou a jogar conversa fora, mas tinha algo ali que não era natural. Pensei comigo mesmo: Para que esse cara está me ligando? Ah. Entendi. Ele quer algo de mim. Ele acha que vou conseguir um trabalho para ele porque agora estou meio que no caminho da fama. Ele acha que estou virando alguma espécie de figurão.

Quem me conhecia lá do sul do Bronx nunca agiu assim comigo depois que fiquei famoso. Mas eu sentia que precisava ficar de olho nos puxa-sacos, porque eles acabam com você. Eu não sabia o que fazer para sair dessa conversa. Decidi dizer a ele que não estava mais no ramo. Então, falei:

— Eu mudei. Agora, sou compositor.

— Quê?

— É, a atuação não estava me dando o que eu queria.

— Ah, caramba, Al — disse ele. — Achei que talvez você tivesse alguma coisa…

— Que nada.

— Puxa, que pena. Parecia que você tinha um futuro de verdade.

Falei:

— Eu sei, mas às vezes você precisa ir aonde a vida te leva.

E desliguei e voltei ao piano.

Talvez a fama fosse dar mais problemas do que vantagens. Eu odiava pensar no que poderia acontecer se eu acabasse ficando ainda mais famoso. Isso me aterrorizava… mais ou menos.

4

O novo mundo

Meu relacionamento com o diretor que ia mudar minha vida começou de um jeito estranho. Francis Ford Coppola tinha me visto no palco, quando fiz *Does a Tiger Wear a Necktie?*, mas eu não o conheci na época. Ele era um jovem promissor que já havia dirigido alguns filmes. Do nada, ele me enviou um roteiro original que havia escrito, uma história de amor maravilhosa sobre um jovem professor universitário com uma esposa e filhos que tem um caso com uma de suas alunas. Era mítico e meio surreal, mas lindamente escrito. Francis queria me encontrar para discutir o papel do professor. Significava que eu precisava entrar num avião e ir para San Francisco, coisa que seria difícil para mim. Eu não gostava de voar. Pensei: Será que tem outra forma de chegar lá? Não posso falar para esse cara vir até Nova York, né? Dei o braço a torcer e fui.

Era minha primeira vez em San Francisco e eu estava feliz de estar lá a convite de alguém talentoso como Coppola. Ele parecia um professor universitário, um intelectual de barba volumosa, sorriso amplo e um cachecol sempre enrolado no pescoço, como Fellini. Pelos cinco dias e noites seguintes, ele me levou para jantar e conversamos sobre seu projeto enquanto bebíamos vinho sem parar. Achei que Francis tinha o toque do gênio. Ele tinha uma animação. Era um líder, um realizador, ele corria riscos.

Ele me levou à sua empresa, American Zoetrope, num grande prédio — basicamente um bunker na superfície, onde ele trabalhava cercado por uma turma variada. Se minha memória está correta, acho que vi George Lucas e Steven Spielberg lá. Martin Scorsese e Brian De Palma também faziam parte do grupo. Eu não fazia ideia de quem eram na época, mas sabia que não eram atores. Eram um bando de jovens radicais que vinham dos anos 1960 e queriam trazer o cinema para os anos 1970. Estavam ligados em mudanças maiores na cultura cinematográfica.

Mas eu era um desconhecido, e o filme que Francis queria fazer comigo foi recusado em todo lugar e nunca seria produzido. Então voltei para casa e achei que nunca mais teria notícia dele. Meses se passaram e aí, um dia, no meio da tarde, recebi uma ligação. Do outro lado da linha, ouvi um nome e uma voz do passado: Francis Coppola.

Primeiro, ele me disse que ia dirigir *O poderoso chefão*. Pensei que talvez ele estivesse fantasiando. Do que estava falando? Como tinham dado *O poderoso chefão* para ele? Eu havia lido o romance de Mario Puzo, que tinha virado um grande sucesso; era importante para qualquer um estar envolvido naquilo. Mas, quando se é um jovem ator, você nem pensa nesse tipo de coisa. Conseguir um papel num filme já é um milagre. Oportunidades assim não existem para você. Parecia absurdo.

E aí pensei: Ei, talvez seja possível. Eu tinha passado um tempo com Francis. Vi que ele se portava com confiança, e isso me deu fé nele. Mas não era algo que se fazia na época. Será que o estúdio, Paramount, não ia querer procurar diretores mais velhos, com maior reputação, em vez desse intelectual vanguardista talentoso? Não combinava com minha percepção de Hollywood.

Aí, Francis disse que queria que eu fizesse Michael Corleone. Pensei: Agora ele foi longe demais. Comecei a duvidar que fosse ele mesmo no telefone. Talvez eu estivesse tendo uma crise nervosa. Um diretor te oferecer um papel por telefone, não por meio de um agente ou algo do tipo, e aquele papel, o maior de todos — era uma chance de um em cem milhões. Eu nem pensava que fosse uma chance, porque não acreditei. Quem era eu para aquilo cair no meu colo? Quando finalmente desliguei o telefone com Francis, estava meio atordoado.

Pensando bem, eu não tinha um interesse no show business e nem sei por quê. Sabia que atuar seria a minha profissão, mas, por algum motivo, o negócio como um todo era estranho a mim e ao meu estilo de vida. Eu não morava em Los Angeles, que era o centro de tudo. Eu estava em Nova York, e na ilha de Manhattan as coisas estavam acontecendo para mim. Eu era uma pessoa do teatro. Tinha meu Tony e meu Obie, o Actors Studio e minha turma de colegas atores. Hollywood era uma cidade distante, e filmes eram um mundo diferente do teatro. Eu dizia a Charlie:

— Como os atores conseguem? Você acaba de fazer uma cena num filme e eles te dizem: Vai fazer de novo.

E você faz, coberto de fios e de frente para uma câmera com um monte de gente lá em volta, respirando e entrando no seu campo de visão. Ah, e estou esquecendo a fumaça — eles enfumaçam a sala, acho que para a câmera. A diferença entre atuar em um filme e atuar no palco era como estar naquela corda bamba. Na atuação cinematográfica, a corda está no chão — você sempre pode voltar e tentar de novo. Atuação de palco é estar a dez metros de altura. E, se não conseguir, você cai. Essa é a diferença da adrenalina necessária para ser um ator de teatro.

Era como eu me sentia na época. Eu mudei, mas, cara, era preciso estar lá para ver. Eu amava ver a cara dos não atores que eram escalados num filme para fazer suas profissões da vida real, tipo quando contratavam um porteiro de verdade ou um padre que sabe falar latim, sem experiência nenhuma de como é fazer um filme. No fim do dia de trabalho, eles em geral saíam aturdidos e precisavam ser conduzidos de volta ao meio de transporte que os levara até lá.

Filmes eram o negócio de Marty Bregman, e, uma vez que eu estava com Marty Bregman, eu fazia parte desse negócio. Marty disse:

— Eu não vou te transformar numa estrela, você é uma estrela.

Eu não me via assim, mas ele via. Era o ramo dele, ele tomava essas decisões. Eu era pragmático. A única coisa que sabia era que havia papéis que eu conseguia fazer e outros que não. Sentia isso com muita força. A maioria dos papéis eu achava que outros atores eram capazes de fazer melhor, e ainda penso assim.

Meu primeiro papel cinematográfico não veio de Marty Bregman, mas de uma grande diretora de elenco chamada Marion Dougherty, que também tinha feito *Perdidos na noite* e me visto em *The Indian Wants the Bronx*. Ela me ofereceu um papel menor, de um dia, em *Uma garota avançada*, uma comédia sobre amadurecimento feita para Patty Duke, onde eu interpretaria um cara que ela conhece numa festa. Patty foi incrivelmente fofa comigo. Mas eu fui um desastre e a coisa toda me deprimiu. Cheguei de manhã cedo porque me disseram para chegar de manhã cedo, mais cedo que qualquer um que estivesse fazendo qualquer coisa no filme. Não tinha com quem conversar, então fiquei sentado e esperei. E esperei. E esperei. E, enquanto esperava, pensava: É assim que fazem filmes? Não quero fazer isso com a minha vida.

Eu não tinha dormido na noite anterior porque a cena era muito cedo e, quando me colocaram no figurino, as roupas me deram coceira. Mas é que eu sou assim, sempre fui. Eu olho para uma situação e falo: O que estou fazendo aqui? E parece não importar onde seja, em qual situação eu esteja. Quero ir embora. Não vou, porque não quero ser grosso, então eu fico. Mas estou doido para ir embora.

Dancei com Patty e disse minhas falas — "Você tem um belo corpo, sabia? Escuta, você é fácil?" —, mas não entendi absolutamente nada do que diabos eu estava falando, ou por que estava dizendo aquilo, ou como ficaria. Entrou no filme. Meu primeiro crédito no cinema.

Só fiz outro filme quase dois anos depois. *Os viciados* era algo que Marty Bregman ajudara a cultivar e que ele via para mim. O roteiro, de John Gregory Dunne e Joan Didion, era uma história real sobre dois jovens viciados em heroína, um cara e uma garota, e seus encontros e desencontros durante um período de escassez de droga. Marty também representava o diretor, Jerry Schatzberg, que era mais conhecido como fotógrafo e não tinha feito muita coisa ainda no cinema, e os dois gostavam de mim no papel desse cara, chamado Bobby. Achei que era algo que eu conseguiria fazer. Algumas pessoas podiam ter feito, mas era um papel relativamente adequado para mim. Eu tinha feito meu nome no teatro com esse tipo de personagem das ruas, então fiquei grato de ter essa escolha para um primeiro filme. O professor universitário que Francis me oferecera, bom, provavelmente era um pouco forçado, apesar de eu gostar do papel. Acho que, no fim, é isso que importa.

Se eu sinto alguma coisa por um papel, vale a pena tentar. Quando fiz meu último teste para entrar no Actors Studio, fiquei grato por poder interpretar dois personagens diferentes naquela noite. Um foi de *O Conselheiro* de Elmer Rice, e o outro de *Look, We've Come Through*, de Hugh Wheeler. No primeiro, interpretei um comunista fanático e furioso, um revolucionário, em uma cena com um promotor interpretado por Owen Hollander. No outro, fui um michê gay em uma cena com Nathan Joseph. Os dois caras com quem fiz os testes eram amigos na época. Os personagens dessas duas cenas eram totalmente diferentes, e acho que isso ajudou os jurados, que incluíam Elia Kazan, Harold Clurman e Lee Strasberg. Ver a amplitude daqueles personagens, que não podiam ser mais diferentes, talvez tenha ajudado a dar a eles um motivo para me darem uma chance.

Atores precisam tomar cuidado para não serem rotulados: sua aparência é o que identifica você e, às vezes, o ator fica preso nos mesmos tipos de papel. Não acho que eu teria durado desse jeito. Um dos motivos pelos quais eu gostava de fazer teatro de repertório era que podia interpretar papéis para os quais normalmente não seria escalado.

Quando se é um jovem ator quase sem experiência no cinema que recebe a chance de um protagonista como *Os viciados*, você diz: Ok, eu vou fazer o que for preciso para superar esse obstáculo. Mas existem alguns obstáculos que eu não conseguia me obrigar a superar. Pensei que tivesse o papel, mas, como dizem, os contratos não estavam assinados e o papel ainda não era meu. Nesse meio-tempo, alguém me pediu para fazer uma leitura para uma peça — outro ator tinha faltado e precisavam que eu substituísse um dos protagonistas. Era um papel que eu não conhecia, o que significava que seria uma leitura fria, sem preparação antes da leitura para a plateia.

Estávamos no palco. Os atores estavam recebendo seus roteiros e eu estava olhando as páginas, tentando achar o nome do personagem que eu devia interpretar. A plateia estava quase cheia, mas espiei e vi algumas pessoas que parecia que não deviam estar lá. Para minha surpresa, uma delas era Nick Dunne, o produtor de *Os viciados*, junto com o irmão, John Gregory Dunne e Joan Didion, que coescreveram o roteiro. Eles foram com umas pessoas que eu não reconheci. Fiquei chocado. É preciso entender: nunca me pediram para fazer teste para o filme; me ofereceram o papel. Agora, se de repente estavam esperando que eu fizesse um teste para isso, eu não queria que a avaliação final fosse numa leitura fria de uma peça com a qual eu não estava nada familiarizado. Pensei: Isso não é jeito de se tratar uma dama.

Desci do palco e fui até Nick e as pessoas que estavam com ele. Falei:

— Cara, desculpe, vocês precisam ir embora.

Não foi casual. Eles ficaram surpresos. Continuei:

— Não vou conseguir fazer isso com vocês aqui. Parece que estão me julgando. Eu fico desconfortável.

E ele e seus colegas se levantaram e foram embora.

Acho que fiz a coisa certa, mas esse é o risco que é preciso correr às vezes, quando o lobo está na porta. O tempo todo eu penso: Al, o que você está fazendo? Mas, às vezes, quando agimos por impulso, o impulso pode nos salvar. As pessoas dizem que eu me arrisco, e não quero parecer que estou me vangloriando aqui, mas, quando sinto que tem algo errado, não estou nem aí. E aquilo pareceu importante para mim. Eu tenho medo como todo mundo. Não faço nada em relação a várias coisas que *deveria* fazer. Não é a pior filosofia do mundo dizer: "Ah, tanto faz. Deixa pra lá. E daí?" Mas, de vez em quando — estou falando de décadas —, eu digo: Não, isso aqui não.

Os viciados acabou sendo uma vitrine para mim. É cultuado até hoje, e Jerry Schatzberg fez um trabalho magnífico. Gostei demais de trabalhar com Kitty Winn, que fez minha namorada e parceira de vício. Eu não a entendia e ela não me entendia, mas nos dávamos bem. Às vezes, ela me lançava um olhar perplexo diante de algumas coisas que eu dizia. Eu falava o que me vinha à cabeça e nunca sabia o que ela estava pensando. Não fazia ideia de quem ela era. E tudo bem. Ela ganhou o prêmio de Melhor Atriz no Festival de Cannes por *Os viciados*. Depois disso, fez *O exorcista* e mais alguns filmes, antes de parar de atuar. Era uma pessoa muito envolvente e gentil de se conviver, agradável e nem um pouco arrogante. Mas simplesmente não gostava do ramo e não conseguia aceitar algumas coisas que rolavam. Todos os segredos obscuros.

A Paramount não queria que eu interpretasse Michael Corleone. Eles queriam Jack Nicholson. Queriam Robert Redford. Queriam Warren Beatty ou Ryan O'Neal. No livro, Puzo colocava Michael se referindo a si mesmo como "o veadinho da família Corleone". Era para ser pequeno, de cabelo escuro, bonito de uma forma delicada, não uma ameaça visível para ninguém. Não parecia os caras que o estúdio queria. Mas isso não significava que precisava ser eu.

Significava, porém, que eu teria que fazer um teste de tela para o papel, o que eu nunca havia feito antes, e teria que pegar um avião até a Costa Leste para isso, coisa que simplesmente não queria fazer. Não estava nem aí que fosse *O poderoso chefão*. Não queria ir à Califórnia. Mas Marty Bregman me disse:

— Você vai entrar nessa porra desse avião.

E ele me trouxe meio litro de uísque para eu poder beber no voo, e foi assim que eu cheguei lá.

A Paramount já tinha rejeitado o elenco inteiro de Francis. Rejeitaram Jimmy Caan e Bob Duvall, que eram atores bem estabelecidos, a caminho do que se tornariam. Rejeitaram Brando, pelo amor de Deus. Estava bem claro desde o momento que cheguei ao estúdio que também não me queriam. E eu sabia que não era o único sendo considerado. Muitos dos jovens atores da época estavam lendo para o papel de Michael. Era uma sensação desagradável. Mas *Os viciados* foi responsável por me dar o empurrão final. Ainda não tinha sido lançado, mas, por sorte, Jerry Schatzberg deu a Paramount oito minutos de gravação minha, que ajudaram a convencer o estúdio a pelo menos me dar uma chance.

O livro *O poderoso chefão* era um sucesso enorme, então todo mundo estava falando do assunto e animado com o filme que ia ser feito. Antes mesmo de eu fazer meu teste de tela, Francis me levou a um barbeiro em San Francisco, porque queria que Michael tivesse um corte de cabelo autêntico dos anos 1940. O barbeiro ficou sabendo que íamos fazer o filme e chegou a dar um passo para trás, absorveu a informação e começou a tremer. Depois ficamos sabendo que ele teve um ataque cardíaco. A notícia era que, nos bastidores, muitas coisas dependiam desse filme. Executivos da Paramount estavam irados uns com os outros e discutindo aos berros. Dava para sentir a tensão em todo lugar. Então, fiz minha coisa zen de "isso também passará".

Falei a mim mesmo: "Vá até o personagem. O que está acontecendo na cena? Para onde você vai? De onde você veio? Por que está aqui?"

Passei por alguns dias de teste de tela usando uma versão inicial do uniforme do Exército de Michael e uma expressão abatida. Eu sempre tinha essa cara. Acho que era uma fachada que carregava comigo, porque me fazia conseguir passar por tudo. Mas devo dizer que a cena que me pediram para fazer não era a melhor que podiam ter escolhido. Era a cena de abertura do casamento, com Michael explicando à namorada, Kay, o que a família realmente fazia e quem eram todos os envolvidos da operação do pai dele. Era uma cena mundana de diálogo, só eu e Diane Keaton sentados numa mesinha sem graça, tomando taças de água que fingíamos ser vinho, enquanto eu falava dos costumes dos casamentos sicilianos. Era impossível o impacto do papel ser transmitido. Minha interpretação de Michael era como plantar um jardim; levaria certo tempo na história para as flores crescerem. Como eu poderia demonstrar minhas ideias sobre ele nessa cena? Eu não conseguia dar vida ao personagem naquela cena porque ninguém conseguiria.

Mais eis o segredo: Francis me queria. Ele me queria e eu sabia disso. E não tem nada igual a quando um diretor quer você. É a melhor coisa que pode acontecer com um ator, de verdade. Ele também me deu um presente na forma de Diane Keaton. Havia algumas atrizes fazendo teste para o papel de Kay, mas o fato de ele querer me colocar com Diane sugeria que a atriz tinha uma vantagem no processo. Eu sabia que ela estava indo bem na carreira e tinha aparecido na Broadway em peças como *Hair* e *Sonhos de um sedutor*, com Woody Allen. Alguns dias antes do teste de tela, conheci Diane num bar no Lincoln Center e nos demos bem de cara. Era fácil conversar com ela, e ela também me achava engraçado. Eu senti na hora que tinha uma amiga e aliada.

Quando soube que o papel com certeza era meu, liguei para minha avó para contar.

— Sabia que eu vou estar em *O poderoso chefão*? Vou fazer o papel de Michael Corleone.

Ela respondeu:

— Ah, Sonny, olha só! O vovô nasceu em Corleone, ele era de lá.

Eu não sabia onde meu avô tinha nascido, só que ele era da Sicília — uma vez que meu avô chegou aos Estados Unidos e não tinha ninguém correndo atrás dele, ele deixou por isso mesmo. Agora, saber que ele era de Corleone, a própria cidade que dava o nome ao meu personagem e sua família? Pensei: Devo estar recebendo ajuda de algum lugar, porque, senão, como uma coisa tão impossível — eu conseguir aquele papel — poderia acontecer, para começo de conversa?

Eu ainda tinha que descobrir quem Michael era para mim. Antes do início das filmagens, eu dava longas caminhadas para cima e para baixo em Manhattan, da 91st Street ao Village e depois voltando, só pensando em como iria interpretá-lo. Na maioria das vezes eu ia sozinho, outras vezes me encontrava com Charlie no centro e caminhávamos de volta juntos para a parte alta da cidade. Michael começa como um jovem que já vimos antes, se virando, meio distraído, meio desleixado. Ele está lá e ao mesmo tempo não está. Tudo vai se intensificando enquanto ele se voluntaria para acabar com Sollozzo e McCluskey, o traficante e o policial corrupto que conspiraram para matar o pai de Michael. De repente, há uma grande explosão dentro dele.

Isso é mapeado no romance, porque um livro pode dar à narrativa todo o tempo que ela precisa. Você espera e vê o que acontece. Mas o que eu iria fazer no filme?

ANTES DE COMEÇARMOS A FILMAR *O PODEROSO CHEFÃO*, EU ME REUNI com Al Lettieri, um ótimo cara e ator que ia fazer o papel de Sollozzo. Ele apenas me disse:

— Você precisa conhecer um cara. Vai ser bom para o que você está fazendo.

Eu meio que sabia do que ele estava falando, então fomos. Pegamos o carro um dia até um bairro residencial nos arredores da cidade.

Little Al me levou a uma casa tradicional, bonita, bem cuidada. A gente passa por esse tipo de casa o tempo todo e nem pensa em quem mora lá.

Ele me levou lá para dentro e me apresentou ao chefe da família, um cara que parecia um empresário normal. Eu talvez tivesse chutado que fosse um executivo de Wall Street, um especialista em finanças ou um gerente de fundos de investimento. Apertei a mão dele e dei oi, e ele foi muito acolhedor. Tinha uma família amorosa, uma esposa que nos serviu bebidas e petiscos usando porcelana fina e dois filhos mais ou menos da minha idade. Eu era só um ator maluco que tinha entrado na casa dele, tentando absorver tudo o que podia. Nossa conversa continuou educada e superficial. Nunca perguntei ao Little Al por que ele tinha me levado lá, mas pensei no que ele dissera antes de irmos, como aquela visita seria útil para aquilo em que eu estava trabalhando. Little Al conhecia uns caras. Uns caras de verdade. E agora estava me apresentando a um deles.

Eu estava tendo um gostinho de como essa história se parecia e operava na realidade, não como era mostrada nos filmes. Não que nosso anfitrião fosse entrar em nenhum desses detalhes conosco. Eu não podia saber esses detalhes. Aliás, acabamos bebendo e jogando. Muitas luas mais tarde, apareceram fotos daquela noite, mostrando eu de moletom, rindo com um drinque na mão enquanto Little Al me mostrava uma arma. Uma noite com os caras.

Eu era um garoto do sul do Bronx. Sou italiano. Sou siciliano também. Sabia como era sentir que as pessoas estavam sempre achando que você tinha pelo menos alguma ligação com o crime organizado. Qualquer nome que terminava com vogal era sempre averiguado por ter possíveis conexões com aquele mundo. Em vez de ser comparado a Joe DiMaggio, você era associado a Al Capone.

A maioria de nós nunca vai viver com o crime, quanto mais perpetrá-lo. E, ainda assim, somos fascinados por essas pessoas que estão decididas a não seguir as regras da sociedade, que encontram outra forma de fazer as coisas. O criminoso é um tipo de personagem particularmente americano. Crescemos fingindo ser Jesse James e Billy the Kid. Eram heróis populares. Viraram parte de nosso folclore. A história da máfia também faz parte desse folclore.

MINHA FILMAGEM EM *O PODEROSO CHEFÃO* COMEÇOU COM A CENA DE abertura do casamento, que levou mais ou menos uma semana para ser filmada em Staten Island. Saindo de minha humilde vida cotidiana, me vi mergulhado no set de um enorme filme hollywoodiano, cheio de equipamentos, luzes quentes e plataformas móveis, gruas e tripés, microfones pairando acima das nossas cabeças e uma companhia de atores com centenas de figurantes, todos trabalhando sob a direção de Francis.

A escala daquilo tudo era inédita para mim. Mas, ao mesmo tempo, eu me sentia confortável ali, e foi fácil me adaptar. Era um cenário grande, com muita gente, mas eu me acostumei ao ambiente. Você era mandado para algum lugar — digamos, a mesa de maquiagem, e as salas para isso eram enormes. E você ia e se sentava num canto da sala. Via pessoas e acenava. Ninguém sabia quem eu era. Então, eu só entrava lá, aproveitava o meu tempo e ficava tranquilo.

Depois eu começava a trabalhar. Sempre sentia uma conexão natural com a câmera. Mesmo no teatro, as pessoas mencionavam:

— Você levaria jeito com uma câmera.

Eu não sabia exatamente o que isso significava no início. Talvez tivesse a ver com ter crescido vendo filmes. A maioria dos atores, quando começam no palco, sempre ouvem: "Mais alto! Mais alto!" Ser filmado é algo mais íntimo. Em geral, eu não sabia onde a câmera estava, mas um bom câmera entendia que eu não tinha tanta experiência e cuidava disso. Em *O poderoso chefão*, fiquei nas mãos seguras do grande Gordy Willis.

Diane e eu passamos aqueles primeiros dias rindo um com o outro, tendo que interpretar aquela cena expositiva inicial do casamento que tínhamos feito no teste de tela, e odiávamos aquilo. Baseando-se só naquela única cena, tínhamos certeza de que estávamos no pior filme já feito e, quando terminávamos de gravar as cenas do dia, voltávamos a Manhattan para nos embebedarmos. Nossa carreira estava acabada, pensávamos.

Lá em Hollywood, a Paramount começou a ver o filme que Francis tinha gravado, e mais uma vez estava questionando se eu era o ator certo para o papel. Estava rolando um boato no set de que eu ia ser demitido. Dava para sentir a perda de gás quando filmávamos. Havia um desconforto entre as pessoas, até entre a equipe, quando eu estava trabalhando. Eu estava muito consciente disso. Diziam que eu ia ser mandado embora e, provavelmente, o diretor também. Não que Francis não estivesse indo bem — eu é que não estava. Mas ele era o responsável por me colocar no filme.

Eu me sentia deslocado fazendo aquele papel e, mesmo assim, sentia que era meu lugar — coisas estranhas de se sentir ao mesmo tempo. Ninguém quer estar onde não é desejado. Talvez tivesse sido mais fácil ir embora e me afastar daquele desconforto. Agora, se tivessem me demitido, será que eu teria sentido que perdi alguma coisa? Provavelmente, mas eu já tinha perdido coisas antes e me recuperado. Não considerava ser de fato importante ter uma carreira. Nunca pensava nesses termos.

Finalmente, Francis decidiu que algo tinha que ser feito. Uma noite, ele me chamou para encontrá-lo no Ginger Man, um restaurante frequentado por bebuns do Lincoln Center, onde atores, dançarinos, maestros e contrarregras se enfileiravam no bar. Ele estava jantando lá com a esposa, os filhos e um pequeno grupo, e quando o encontrei em sua mesa, disse:

— Escuta, quero falar com você um minuto.

Ele não me convidou para me sentar com eles. Fiquei ali em pé me perguntando: O que ele está fazendo? Está cortando seu bife e me olhando como se eu não fizesse parte de nada — como se eu fosse só um ator isolado, que tinha ido procurar uma esmola. Então continuei ali parado, sozinho, enquanto ele sentava com a família e levantava a cabeça para me olhar. Finalmente, Francis disse:

— Você sabe o quanto é importante para mim, o quanto tenho fé em você. — Naquela altura, estávamos gravando *O poderoso chefão* há mais ou menos uma semana e meia. E Francis falou: — Bom, você não está indo bem.

Eu senti essa na boca do estômago. Foi aí que finalmente percebi que meu emprego estava em jogo. Falei a Francis:

— O que fazemos, então?

Ele respondeu:

— Eu juntei trechos de material bruto que já filmamos. Que tal você mesmo dar uma olhada? Porque não acho que está dando certo. Você não está dando certo.

Entrei numa sala de projeção no dia seguinte. Eu já tinha sido avisado que seria possível que eu fosse sair do filme. E, quando olhei as gravações, todas as cenas bem do começo do filme, pensei comigo mesmo: Não acho que tem nada de espetacular aqui. Não sabia o que achar. Mas o efeito certamente era o que eu queria. Eu não queria ter visto.

Meu plano todo para Michael era mostrar que o garoto não estava ciente das coisas, e eu não estava oferecendo uma personalidade particularmente carismática. Minha ideia era a de que aquele cara vinha do nada. Esse era o poder da caracterização. Era a única forma de funcionar: o surgimento dessa pessoa, a descoberta de sua capacidade e do seu potencial. E, se você notar, ele ainda não é exatamente o Michael quando vai ao hospital salvar o pai. Mesmo ali, ele só se torna Michael quando olha para Enzo, o padeiro, que ele instruíra a ficar com ele na porta do hospital, e vê que a mão de Enzo está tremendo e a dele não. No fim do filme, eu torcia para ter criado um enigma. E acho que era também o que Francis estava esperando. Mas nenhum de nós sabia como explicar aquilo ao outro.

Sempre se acreditou que Francis reorganizou o cronograma de gravações para dar aos céticos de Hollywood algum incentivo para acreditarem em mim e me manterem no filme. Não há um veredito sobre ele ter feito isso de forma deliberada ou não, e o próprio Francis negou ter orquestrado isso em meu benefício, mas ele realmente adiantou a filmagem da cena do restaurante italiano, onde o inexperiente Michael vai se vingar de Sollozzo e McCluskey. Aquela cena só seria filmada alguns dias depois, mas, se algo não tivesse acontecido para que eu pudesse mostrar do que era capaz, talvez não houvesse um "depois" para mim.

Então, durante toda uma noite de abril, eu gravei aquela cena. Passei quinze horas daquele dia num restaurante minúsculo embaixo de uma linha de trem elevada, com Little Al Lettieri e o magnífico Sterling Hayden, que fazia McCluskey. Os dois foram muito preciosos para mim. Eles sabiam que eu estava passando por um momento difícil, sentindo que carregava o mundo nas costas, sabendo que a qualquer dia eu poderia ser cortado. Ali estávamos, num salão morto, fétido, preenchido com fumaça e num calor infernal — não tínhamos trailers para onde fugir, nem assistentes de produção vindo perguntar: "Quer uma água?" Nada disso. Eu estava apenas ali, sentado, pensando: Como vocês aguentam esse negócio? A absoluta monotonia daquilo seria capaz de matar alguém.

Sterling e Al Lettieri me ajudaram a ficar calmo; deram o tom e foram exemplos para mim. Eu os via como pessoas que sabiam o que fazer e como se portar, e eles cuidavam de mim como um colega. Mas, no fim, o roteiro exigia que eu pedisse licença para usar o banheiro, achasse uma arma escondida e explodisse o cérebro deles.

Então eu precisava sair correndo do restaurante e fugir pulando em um carro em movimento. Eu não tinha substituto. Não tinha dublê. Precisei fazer isso sozinho. Pulei e errei o carro. Agora, eu estava caído de costas numa sarjeta na White Plains Road no Bronx, olhando o céu. Tinha torcido o tornozelo tão feio que não conseguia me mexer.

Todo mundo da equipe estava ao meu redor. Estavam tentando me levantar, me perguntando: "Seu tornozelo está quebrado? Você consegue andar?" Eu não sabia. Fiquei lá deitado pensando: Isto é um milagre. Ah, Deus, você está me salvando. Não preciso mais fazer este filme. Fiquei chocado com a sensação de alívio que me atravessou. Ir trabalhar todo dia, me sentindo indesejado, como um subalterno, era uma experiência opressora, e aquela lesão poderia ser minha libertação dessa prisão. Pelo menos agora podiam me demitir, escalar outro ator como Michael e não perder todo o dinheiro que já tinham colocado no filme. Mas não foi o que aconteceu.

Eles filmaram o resto da cena do carro com um dublê que apareceu do nada e injetaram cortisol no meu tornozelo até eu conseguir ficar de pé de novo. Aí, Francis mostrou a cena do restaurante ao estúdio e, quando eles assistiram, havia algo lá. Por causa daquela cena que eu tinha acabado de fazer, eles me mantiveram no filme. Então eu não fui demitido de *O poderoso chefão*. Apenas continuei fazendo o que já estava fazendo, o que tinha pensado naquelas solitárias caminhadas para lá e para cá em Manhattan. Eu tinha um plano, uma direção que realmente acreditava ser o caminho a seguir com esse personagem. E tinha certeza de que Francis concordava.

Foi preciso esforço para me transformar em Michael Corleone. Eu precisava ser apresentável, o que não era natural para mim. Eles me forçaram a ficar apresentável. Eu chegava todo dia de manhã para interpretar Michael com duas ou três caras diferentes. Uma de cada lado da minha cabeça e uma terceira no meio. Em algumas noites, eu não dormia nada ou quase nada. Em outras, tinha bebido e usado tanto de tanta coisa que meu rosto ficava torto. Dick Smith, o grande maquiador, precisava consertar. E, quando eu saía da cadeira dele, tinha virado Michael.

Eu havia sido brevemente apresentado a Marlon Brando num jantar com todos os membros do elenco antes de começarmos a filmar. Agora, enquanto estávamos nos aprontando para fazer a cena em que Michael encontra Vito no hospital, Francis disse:

— Que tal você e Brando almoçarem juntos?

Aquela ia ser a grande conversa. Na verdade, eu não queria conversar com ele. Não achava necessário. O desconforto que eu sentia só de pensar — é sério, tinha mesmo que almoçar com ele? Juro, aquilo me assustava pra cacete. Ele era o maior ator vivo da época. Eu cresci vendo atores como ele — pessoas imponentes como Clark Gable e Cary Grant. Que eram famosos quando a fama significava algo, antes de perder a graça. Mas Francis disse: "Você tem que ir", então eu fui.

Meu almoço com Marlon foi em um quarto modesto no hospital em que estávamos filmando, na 14th Street. Ele estava sentado em uma cama e eu, na outra. Ficou me fazendo perguntas: De onde eu era? Há quanto tempo era ator? E ele estava comendo frango à *cacciatore* com as mãos, que estavam cobertas de molho de tomate. O rosto também. Quaisquer que tenham sido as palavras dele, minha mente consciente estava fixada naquela sujeira toda à minha frente. Ele estava falando — *blá-blá-blá* —, e eu simplesmente hipnotizado. O que ele ia fazer com o frango? Torci para não me pedir para jogar no lixo para ele. Ele deu um jeito de se livrar da comida sem se levantar, então me olhou de um jeito estranho, como se para perguntar: No que você está pensando? Eu estava me perguntando como ele ia se limpar. Será que era para eu pegar um guardanapo para ele? Antes que eu pudesse fazer isso, ele esfregou as mãos na cama branca do hospital e manchou os lençóis com molho, sem nem pensar, e continuou falando. E pensei: É assim que os astros de cinema se comportam? Você pode fazer o que quiser.

Quando nosso almoço terminou, Marlon me olhou com aqueles seus olhos gentis e disse:

— É, garoto, você vai ficar bem.

Tinham me ensinado a ser educado e grato, então, provavelmente, eu só agradeci. Estava assustado demais para dizer qualquer coisa. O que eu devia ter dito era: "Como você define 'bem'?"

Meus colegas não podiam ter me dado mais apoio, todos eles. Quase ninguém sabia quem eu era, e, quando ninguém está tentando te impressionar, você vê quem as pessoas são de verdade. Eles viam que eu estava sofrendo e me confortavam muito. Atores são pessoas sensíveis e por isso ficam mais sintonizados ao que você está sentindo. Eles vivem com as emoções. Nossa vida é sentir as emoções de todo mundo para poder interpretar nossos personagens. Os atores que eu conheci que são especialmente talentosos têm uma antena forte para captar isso. Eu tive essa sensação de forma especial de John Cazale, que já conhecia e que era um amigo próximo meu e de Jimmy Caan. O roteiro tinha dado a eles os papéis de meus irmãos mais velhos e conselheiros no filme, mas eles assumiram esses papéis com naturalidade na forma como interagiam comigo. Eram instintivamente protetores e não iam me deixar fracassar. Também havia Bob Duvall e Richard Castellano, Abe Vigoda e todos os outros, que estavam cem por cento ao meu lado. Eu sentia que eles gostavam de mim de verdade, o que ajuda em qualquer situação.

O que acho que os espectadores receberam com *O poderoso chefão*, o que levou o filme além e realmente trouxe impacto, foi essa ideia de família. As pessoas se identificavam com os Corleone, se viam de alguma forma neles e se percebiam conectados aos personagens e suas dinâmicas como irmãos e irmãs, pais e filhos. O filme tinha o drama e a narrativa empolgante de Mario Puzo, a mágica da direção de Coppola e uma violência real. Mas, no contexto daquela família, tudo virava outra coisa. Não eram só pessoas da cidade que se relacionavam com os Corleone — aquele senso de familiaridade levou o filme a todas as partes do mundo.

Marlon também me mostrou generosidade, mas não acho que guardou tudo para mim, porque compartilhou com os espectadores. É o que tornou a interpretação dele tão memorável e cativante. Todos nós temos a fantasia de ter alguém como Don Vito com quem contar. Tanta gente é abusada nesta vida, mas, se você tem um Vito, tem alguém a quem recorrer, e ele cuida do problema. Esse era o motivo pelo qual as pessoas reagiram a ele daquela forma no filme. Era mais do que a bravata e a ousadia; era a humanidade subjacente. Era por isso que ele tinha que fazer o Vito de uma forma extravagante — seu tamanho físico, a brilhantina no cabelo, o algodão nas bochechas. O Poderoso Chefão dele tinha que ser um ícone, e Brando o tornou tão icônico quanto Cidadão Kane ou Superman, Júlio César ou George Washington.

Mas Francis tinha muita responsabilidade, como eu ficaria sabendo mais tarde quando estávamos trabalhando na sequência do funeral de Vito. Era uma grande cena que gravamos em Long Island, envolvia grande parte do elenco e levou alguns dias para ser filmada. O sol estava se pondo quando escutei:

— Acabou! Acabou!

Eles me disseram que eu já podia ir embora. Então, naturalmente, fiquei feliz, porque eu podia ir para casa e me divertir um pouco, o que quer que isso significasse. Eu estava a caminho do meu trailer dizendo a mim mesmo: Bom, não estraguei demais as coisas. Eu não tinha falas nem obrigações, e tudo bem.

Enquanto estava voltando, comecei a ouvir o som de alguém chorando, o que meio que se espera num cemitério. Olhei ao redor para ver de onde o barulho estava vindo. E ali, sentado num túmulo, estava Francis Ford Coppola, aos prantos como um bebê. Chorando copiosamente. Ninguém se aproximava dele, então eu fui lá e falei:

— Francis, o que foi? O que aconteceu?

Ele secou os olhos com a manga, pausou, levantou os olhos para mim e disse:

— Eles não vão me dar mais uma chance.

Ele queria filmar a cena mais uma vez, e não tinham permitido. Até ele tinha que obedecer a alguém. E ter aquilo que queria tanto lhe ser negado o magoou de verdade.

Nunca se sabe se um filme vai ser ótimo. Mas é possível saber uma coisa: se o roteiro for bom de verdade — e Mario e Francis escreveram um roteiro muito bom —, existe uma chance. Um ator vem e interpreta seu papel, mas o filme depende muito do que acontece depois, dos cortes do editor e da compreensão da narrativa do diretor. Mas ali, naquele cemitério, pensei: Se essa é a paixão que Francis tem pelo filme, alguma coisa aqui está funcionando. Eu sabia que estava em boas mãos.

FAZER O FILME ME LEVOU À SICÍLIA PELA PRIMEIRA VEZ NA VIDA. Eu não estava pronto. Me parecia um enorme inconveniente. E, aí, assim que cheguei, me senti cheio de uma espécie de energia cósmica. Tudo me voltou de pronto, até coisas que eu jamais tinha vivido. Os caminhos que levavam à minha existência haviam começado aqui — de alguma forma, tudo o que eu fui ou viria a ser um dia estava, de alguma maneira, ligado àquele lugar. Foi uma revelação, uma elevação da consciência, e totalmente seminal. Como ator, você sempre está buscando identidade e coisas com que se conecta. Quando voltei da viagem, eu me peguei contando a todos que encontrava pela frente que eles precisavam ver os lugares de onde suas famílias vinham, traçar suas raízes o mais distante possível. É uma forma de se conectar com a realidade, um lembrete de que você existiu e continua existindo.

Eu não conhecia ninguém na Sicília, e as pessoas lá não me conheciam. Não sabiam qual papel eu estava fazendo em *O poderoso chefão*, não sabiam nem que eu tinha origem siciliana. Eu era um ator desconhecido, e ser desconhecido era um prazer. Eu nunca falava com ninguém. Não sabia o que dizer. Mas em todo lugar que eu ia os habitantes locais ficavam curiosos e eram muito gentis. Não tinham muito, mas eram generosos e simpáticos, e sempre convidavam um garoto do filme, ou, na verdade, qualquer um, para entrar e *mangiare* com eles, em suas casinhas. Eu me sentava em silêncio e comia a comida que me era oferecida.

Quando chegou a hora de filmar a cena do casamento, em que Michael se casa com Apollonia em uma linda cerimônia, fiquei lá parado com meu terno de lã, ao lado de Simonetta Stefanelli, que interpretava minha noiva, e um monte de italianos que não falavam inglês. Não parecia a cena mais desafiadora de filmar, mas lá estava Francis, com um megafone, berrando instruções para mim. Ele disse:

— Al, quero que você faça três coisas. Primeiro, vá lá e fale com as pessoas que fazem parte da cena. Depois, dê as costas para elas, vá até sua noiva e dance a valsa com ela. Depois disso, vá com ela até o carro e saia dirigindo.

Lá estava eu, sr. Ator d'O Método, dizendo a ele:

— Mas, Francis, você precisa entender, eu não falo italiano.

— Não tem problema, Al, inventa alguma coisa.

E eu concordei. O câmera estava a uma distância de uma tomada média, não era um close-up, então não iam ver exatamente o que eu dissesse.

Em seguida ele falou:

— Agora vai lá e faz a valsa.

Eu me virei e respondi:

— Mas eu não sei dançar valsa.

Ele sacudiu a cabeça, me olhou bravo e berrou:

— Bom, então só dança com ela e, quando terminar, vai para o carro e sai dirigindo.

Queria que vocês pudessem ver a cara dele quando eu respondi:

— Desculpe, Francis, mas eu não sei dirigir.

Como um garoto do sul do Bronx saberia dirigir, tendo passado a vida toda andando de metrô? Eu só tirei minha primeira carteira de motorista aos trinta e quatro anos. Nesse momento, Francis explodiu:

— Mas por que é que eu te contratei? O que você sabe fazer?

Eu disse:

— Não sei se importa, mas eu sei fazer cestaria, então vou estar um passo à frente quando me carregarem daqui.

Os figurantes caíram na risada assistindo a esse diálogo.

Hoje, olho com carinho para essa cena. Ele era um diretor fazendo um filme, e eu era um ator que não sabia fazer a maioria das coisas que ele estava me pedindo. Mas eu dancei no casamento, falei qualquer coisa em italiano com as pessoas que estavam lá e desci a ladeira, entrei no carro e dirigi aquela porcaria por pouco mais de um metro. É por isso que todos amamos filmes. Tudo é possível.

Em julho, fazia muito calor na Itália. Todos nós estávamos vestindo ternos de lã. Estávamos filmando uma cena que exigia um grande grupo de figurantes enfileirados, até que foi anunciada a pausa para o almoço e as pessoas começaram a se espalhar. O assistente de direção, um dos melhores, um cara muito experiente de Roma, que estava reunindo os figurantes, começou a gritar com aqueles sicilianos como se estivesse falando com burricos:

— Ei, voltem aqui!

Mais uma vez, eu vi aquele chicote invisível sendo estalado, como aquele diretor de *The Wicked Cooks* tinha feito, e aquilo me incomodou. Aquelas pessoas estavam de pé, no calor, desde o começo da manhã. Um dos homens da fila levantou a mão, falou algo em italiano e apontou para o relógio, porque eram mais ou menos duas da tarde. E o romano disse, em italiano:

— Cala a boca e volta para a fila.

O figurante era um homem baixo e magro, com cabelo grisalho e um rosto bonito. Eu imaginaria que tinha mais de sessenta anos, com uma certa modéstia na expressão. Ele só deu de ombros e saiu andando. Demitiu-se do filme, o que significava que não seria pago.

Eu amei sua atitude. Imaginei como devia ser para ele. Que coragem. Eram pessoas pobres recebendo pouco para ajudar a encher o fundo do filme. Esse cara não tem dinheiro e está indo embora porque é hora do almoço. Ele vai a algum lugar comer um queijo e uma fruta. Eu também já tive essa liberdade. Mas não queria trocar de lugar com o cara. Só estava curtindo a fantasia que ele inspirava. Eu o observei e pensei: Eu concordo com isso. Em espírito. Para mim, ele era um herói.

Sonny Boy

Quando terminei de filmar *O poderoso chefão*, eu estava quebrado. Não que já tivesse tido muito dinheiro, mas agora estava *devendo*. Meu empresário e agentes ficaram com uma porcentagem do meu salário enquanto eu tinha que viver sustentado por Jill Clayburgh. Eu e Jill estávamos um dia em nosso apartamento quando alguém bateu à porta. Abri e encontrei um cara que me entregou um envelope contendo uma notificação. E pensei: O que é isso? Enquanto eu estava sendo contratado para *O poderoso chefão*, a MGM havia me escalado para outro filme de gângster, uma comédia de máfia chamada *Quase, quase uma máfia*, e agora estavam me processando. Era como se eu fosse um apostador e os corretores de apostas estivessem atrás de mim. Precisei contratar advogados para me ajudar a sair daquele contrato. Em pouco tempo eu estava devendo quinze mil para os advogados também.

Eu não conseguia pagar para manter a briga com a MGM, então pedi para o chefe do estúdio me encontrar na Pulitzer Fountain na frente do Plaza Hotel, na esquina da 59th Street com a Quinta Avenida. Era um local caótico, cheio de doidos e gente descolada almoçando, homens sérios de chapéu e terno correndo para o trabalho, mulheres empurrando crianças em carrinhos. Nós nos sentamos na beirada da fonte. Eu não era forte como Vito ou Michael Corleone e não tinha aprendido as habilidades de negociação deles. Implorei:

— Vocês estão me matando. Eu não tenho dinheiro e preciso ficar pagando advogados porque vocês não param de me processar. — Parecia tão punitivo. — Por que vocês querem fazer isso comigo? Eu não fiz nada contra vocês. Por que a gente não pode resolver isso de outro jeito?

O cara do estúdio me disse:

— Se você receber um livro ou roteiro que queira fazer, pode mandar para a gente primeiro?

— O que mais? — perguntei.

— Só isso.

Concordei:

— Ok, fechado.

Por dentro, eu estava chorando. Homens de terno me assustavam. Eu nunca sabia do que estavam falando — minha atitude sempre era "aceite, aceite". Eu simplesmente não tinha o know-how para negociar com eles e precisava aprender a ser esperto nessa área.

Antes de *O poderoso chefão* estrear em Nova York, eu só tinha assistido ao filme uma vez, alguns meses antes, quando Francis me mostrara um corte prévio. No fim daquela projeção, falei a Francis o que achava de minha interpretação, e ele me olhou com uma expressão de quase desgosto. Claro que, quando estou vendo um filme ainda não finalizado, não consigo evitar ver coisas que podia ter feito de forma diferente. Mas era de esperar que eu entendesse não estar em posição de falar isso ao diretor do filme, que tinha acabado de passar o último ano de sua vida pendurado na ponta dos dedos na beira de um abismo para conseguir fazer aquilo. Fui insensível: ele teve a bondade de me mostrar o filme e eu fui lá preocupado com minha interpretação, não com o grande filme que ele tinha completado. Às vezes, quando você está começando na carreira de ator, pode ser meio sem consideração. Há outras preocupações, e todas as questões de etiqueta e educação saem pela janela graças aos seus impulsos vaidosos e seu ego idiota. Eu já vi isso acontecer com outras pessoas, devo dizer. Espero que não seja mais assim eu mesmo, mas quem é que pode dizer com certeza?

Fui à estreia de *O poderoso chefão* no Loew's State Theatre, na Times Square, usando uma gravata-borboleta do tamanho da minha cabeça. Levei Jill, minha avó, minha tia e meu primo Mark, que era como um irmão para mim. Foi como ir ao batismo de um navio, um evento muito pomposo e estranhamente formal. A única coisa que estava faltando era alguém quebrando uma garrafa de champanhe na proa. Só me lembro de ficar numa plataforma com os outros protagonistas ouvindo perguntas da imprensa que eu não conseguia responder. Em seguida fomos para nossos assentos, mas eu não vi o filme. Não quis ver o produto final. Assim que as luzes se apagaram, fui embora.

Sabe, eu tinha muitos sentimentos conflitantes sobre mim mesmo em relação ao filme. Não era capaz de me assistir na tela enquanto outras pessoas faziam o mesmo. Era meio desconfortável, me deixava tímido, quase envergonhado. Quando eu era mais jovem, acho que ao mesmo tempo precisava de atenção e queria fugir dela. É quase um paradoxo, eu sei, então tentava evitar me colocar naquela situação. Por sorte, eu mudei. Foi como superei meu medo de voar — simplesmente parei de me importar. Tem um trecho de *Hamlet* que me vem à mente:

> De forma alguma; desafio os presságios. Há uma especial Providência na queda de um pardal. Se tem de ser já, não será depois; se não for depois, é que vai ser agora; se não for agora, é que poderá ser mais tarde. O principal é estarmos preparados. Uma vez que ninguém sabe o que deixa, que importa que seja logo? Que seja![5]

Saí do teatro e contornei a esquina até um bar na 44th Street com Al Ruddy e algumas outras pessoas que tinham trabalhado no filme. Passei a noite toda bebendo, enchendo a cara. Essa era a expressão perfeita — de cara *cheia* —, quando você não aguenta mais beber e continua bebendo mesmo assim. É chocante eu lembrar qualquer coisa daquela noite, mas o que lembro é que, quando voltei ao St. Regis Hotel para a festa pós-filme, vi Ali McGraw de relance e pensei: Essa é simplesmente a pessoa mais bonita que eu já vi em toda a minha vida. É chocante existir uma pessoa com aquele tipo de pele. Era mítico.

Passei a vida quase toda sem ver *O poderoso chefão* inteiro. Não sei por quê. Talvez sentisse que, por estar nele, eu não podia ser um bom espectador. Ao longo dos anos, claro, vi algumas partes aqui ou ali na TV e, depois de começar a assistir, é difícil desligar.

Mas, então, vi recentemente *O poderoso chefão* numa exibição de aniversário de cinquenta anos no Dolby Theatre em Hollywood, onde uma versão restaurada foi lindamente projetada, com um som limpo e perfeito. A experiência toda foi tão inspiradora. Não há uma cena no filme em que

5 *Hamlet*. Trad. Carlos Albert Nunes. São Paulo: Saraiva de Bolso, 2011. (N. da T.)

não estejam acontecendo duas ou três coisas ao mesmo tempo. Não há um momento de tédio, ele está constantemente contando uma história. Fiquei impressionado com tantas coisas. Por exemplo, a cena em que Don Vito sai do hospital depois de ter levado um tiro. Marlon está em sua cama com os cartões de melhoras dos filhos ao redor. E Robert Duvall e Jimmy Caan e alguns outros caras estão reunidos em volta da cama. Marlon vai perguntar: O que aconteceu com Michael, seu filho mais jovem e sua esperança de legitimidade? Eles dizem que Michael matou Sollozzo e teve que fugir para a Sicília. O ângulo em que a cena é gravada é brilhante. Há uma expressão de enorme desolação no rosto de Brando ao virar a cabeça e acenar com a mão para indicar que já ouviu o suficiente. Dick Smith fez um trabalho tão incrível com a maquiagem de Brando que dá para ver as marcas no rosto dele; dá para ver que ele passou por muita coisa e sentir a imensa montanha de sentimentos que ele precisou superar. Foi tudo tão bem pensado e tão meticuloso que esses detalhes te dão nos nervos. Aquela tomada foi estruturada de tal forma que conta tudo o que precisamos saber. O filme é cheio de momentos assim.

Mas, lá em 1972, o efeito que a estreia do filme teve em mim foi imediato. Aconteceu na velocidade da luz. Tudo mudou. Algumas semanas depois de ser lançado, eu estava caminhando na rua e uma mulher de meia-idade veio até mim, beijou minha mão e me chamou de "Poderoso Chefão". Em outro momento, entrei num mercado para comprar um café enquanto Charlie me esperava na calçada lá fora. E uma mulher se aproximou dele e perguntou:

— Aquele é o Al Pacino?

— É, sim — respondeu ele

E ela insistiu:

— Sério? Ele é mesmo o Al Pacino?

Ele respondeu:

— Bom, alguém tem que ser.

O filme tinha estreado não fazia tanto tempo, então continuei a seguir minha vida cotidiana normal como se nada tivesse mudado. Um dia, estava parado numa calçada, esperando o sinal abrir, e uma bela ruiva estava parada perto de mim. Eu olhei para ela. Ela olhou para mim. Eu disse:

— E aí.

E ela respondeu:

— Oi, Michael.

E eu só pensei: *Uau*. Meu Deus. Não estou seguro. O anonimato, meu queridinho, a luz dos meus olhos, minha ferramenta de sobrevivência — isso acabou agora. A gente só dá valor às coisas quando as perde.

5

Adultos não fazem esse tipo de coisa

A fama, como disse meu amigo Heathcote Williams, é a perversão do instinto natural humano de querer validação e atenção. Era algo tão efêmero e estranho. Como ator, eu estava tentando jogar uma luz nas pessoas que observava e nos personagens que interpretava. Em vez disso, eu sentia como se todas as luzes estivessem sobre mim, e não conseguia enxergar uma saída. Sei que hoje vivemos em uma época diferente e a fama carrega outra conotação, mas, meio século atrás, ela me atingiu com força. Há poucas coisas mais tediosas do que uma pessoa famosa reclamando da fama, então não vou forçar a barra, apesar de estar tentado.

Eu vi uma foto minha no jornal apenas uma vez antes de fazer *O poderoso chefão*. Foi na época de *The Indian Wants the Bronx*. Eu estava em Montauk com Marty Bregman e algum político importante de Nova York. No dia seguinte, estou lendo o *New York Times* e me deparo com uma foto de nós três — Marty Bregman, esse cara grisalho do governo e eu. Eu estava usando uma espécie de chapéu russo e tinha machucado o joelho, então estava andando de bengala. Não consegui ter uma perspectiva sobre o que eu estava vendo. Aquilo era para ser eu? Eu era um estranho para mim mesmo. Senti algo novo, que me deu medo. Quis me levantar e falar para todos: "Ei, esse não sou eu! Eu tenho uma foto — aqui estou, com onze anos. *Este* sou eu!" Ainda era a época em que eu estava trabalhando como zelador, fazia pouco tempo que eu havia deixado minha fase sem ter onde morar para trás.

A fama é diferente hoje em dia. As pessoas a desejam, caçam. Acham que é como ganhar na loteria. Mas você paga o preço de outras formas. Até hoje, quando falo com estudantes de atuação, alguém invariavelmente me pergunta:

— Como você conseguiu ficar tão famoso?

Eu só respondo:

— Eu fiz *O poderoso chefão*, cara.

O que se espera? Se você tivesse feito esse filme, seria famoso também. Minha reação ao sucesso foi me distanciar do filme e de minha performance nele. Coloquei uma barreira entre mim e ele. Pensei comigo mesmo que não tinha nada a ver com aquilo. Eu tinha um bom papel na produção, tinha uma boa noção de atuação e o interpretei. Mas também tinha Coppola, e Coppola é um milagre. Ele fez aquele filme.

Eu desconfiava da atenção midiática que vinha com os papéis para o cinema. Via um futuro para mim quando fazia teatro de repertório: eram peças que podiam mudar minha vida. Aqueles dramaturgos eram profetas, me fizeram um ator melhor, me deram uma educação, me ofereceram uma compreensão profunda do mundo e me encheram de alegria. Quem não ficaria satisfeito com isso? Eu acabaria me casando com uma costureira e teríamos dez filhos. Era uma fantasia estranha, mas me dava alguma esperança. E eu disse isso à época, numa entrevista ao *New York Times* antes mesmo de ter feito *O poderoso chefão*. Anos passam e opiniões mudam, e é por isso que é meio ridículo dar opinião. Mas a questão é que, naquele momento, eu falava sério e, se tivesse a oportunidade, diria a mesma coisa. Talvez oito filhos em vez de dez.

Mas eu acabei não tendo aquela vida com Jill. Ela era uma grande atriz e estava conseguindo mais trabalho sozinha — nós ficávamos distantes com frequência, mesmo antes de *O poderoso chefão* me tornar aquele cara famoso da noite para o dia. Nosso relacionamento não terminou com discussões desesperadas e desentendimentos ferozes. Nós nos gostávamos e passamos quase cinco anos juntos. Ela foi fazer os próprios filmes e se tornou muito popular alguns anos depois com *Uma mulher descasada*, que fez para Paul Mazursky. Nós morávamos na mesma área e costumávamos nos encontrar, então nos mantivemos em contato relativamente constante. Seguimos amigos e os sentimentos que dividimos permaneceram.

Enquanto isso, *O poderoso chefão* me seguia aonde quer que eu fosse e ofuscava tudo o que fizesse. Eu ficava tímido com isso, e o mundo não me deixava ficar tímido.

A comoção toda me deixou absolutamente perplexo. Depois de *O poderoso chefão*, me deixariam fazer qualquer coisa. Ofereceram o papel de Han

Solo em *Star Wars* para mim. Então, lá estou eu, lendo para *Star Wars*. Eu mandei a real para Charlie:

— Charlie, não consigo fazer nada com isto.

Ele me liga de volta.

— Nem eu.

Então eu não fiz.

Há papéis com os quais eu simplesmente não saberia o que fazer em um milhão de anos. Contratem qualquer um, menos eu. Às vezes, penso: pelo menos dá uma olhada no papel. Talvez a ficha caia se eu me esforçar — às vezes dá para chegar lá. Toda a ideia de fazer aulas de teatro, o Actors Studio e o teatro de repertório era escolher coisas para as quais eu não necessariamente achava que era a pessoa certa. Às vezes, minha mente precisa ser expandida. Talvez eu faça uma conexão num papel, e só vou saber quando tentar.

Mas tem outras vezes que simplesmente digo: "Uau, eu *quero* muito fazer isso." Não tem essa de conseguir ou não conseguir — é outra coisa. Às vezes, eu leio um papel e tenho uma sensação, e vem alguma coisa, um *bum-ba-bum*, dentro de mim e ao meu redor. Eu gosto muito. *Quero* fazer isso. Mas é tão raro quanto ter uma dor de dente.

Na época, eu precisava dizer a mim mesmo para tomar cuidado. Não faça nada só porque vão te pagar. Ao longo dos anos, recusei Ingmar Bergman. Recusei Bernardo Bertolucci. Fellini. Pontecorvo. Dá para imaginar dizer não a essas pessoas? Mais do que qualquer coisa no meu coração, eu queria trabalhar com eles. Não foi a *eles* que eu recusei — eu só não podia estar nos filmes que eles estavam fazendo porque não me identificava com o papel.

Me ofereceram o papel de Billy the Kid em *Pat Garrett & Billy the Kid*, de Sam Peckinpah. Eu amava Peckinpah. Um dos maiores diretores de todos os tempos. Dá para imaginar fazer um filme e atuar com Bob Dylan? E quem não gostaria de interpretar Billy the Kid? Achei que aquilo seria algo que eu fosse capaz de fazer. Então li o roteiro e quis fazer algumas modificações, mexendo em algumas coisas com Peckinpah, da maneira como eu costumo trabalhar com os diretores. Percebi na hora. Pensei: Não vou subir em cavalo nenhum. Esses bichos são grandes demais. Vou estar lá no México com Peckinpah e provavelmente morrer de coma alcoólico porque vai ter bebida demais. E recusei.

Mas eu não podia ficar bebendo e me divertindo para sempre. Eu nem chamaria de diversão, só de estar inconsciente. Em algum momento eu precisava fazer outra coisa.

Eu estava parado no meio de um campo em Bakersfield, na Califórnia. A temperatura era de quase cinquenta graus, ou era o que parecia. Vejo Gene Hackman caminhar pela encosta de um morro branco de areia do tamanho de uma montanha. Era uma cena lindamente fotografada: um céu cor de aço lá em cima, pastos intocados à frente, uma única árvore no topo do morro. Gene se movia tão devagar que a imagem à minha frente praticamente não mudava. Eu podia estar olhando um quadro. Levou alguns minutos para ele descer esse morro e passar por uma cerca de arame em torno do campo. Apesar do calor, ele está usando três casacos e um monte de camadas de roupa por baixo, porque o personagem dele é um andarilho que gosta de ficar aquecido. Mais tarde, quando a plateia assistir a esta cena, não vai saber como o dia estava quente durante a filmagem. E, quando Gene terminou sua coreografia, teve que filmar outra tomada, então deu meia-volta, subiu de novo o morro e desceu outra vez.

Eu tinha uns trinta e dois anos na época. Pensei: Será que é a coisa mais estranha que já testemunhei? Esse homem tem mais de quarenta. E está com três casacos, descendo aquela ribanceira, naquele calor. E fazia isso sem parar. Morro abaixo. Morro acima. Morro abaixo. Além do mais, parecia adorar. Eu simplesmente não conseguia acreditar. Esta é minha profissão? É isso que os atores fazem? Gene é um adulto. Adultos não fazem esse tipo de coisa.

Eu, claro, não queria fazer *O espantalho*, meu primeiro papel no cinema depois de *O poderoso chefão*. Tinha ficado confortável em Nova York, não queria deixar a cidade e minha turminha de amigos lá. Mas Charlie leu o roteiro, de Garry Michael White, sobre dois vagabundos atravessando o país. Era meio *Esperando Godot* e meio *Ratos e homens*, e ele achou o texto bom. A direção era de Jerry Schatzberg, com quem eu tinha trabalhado em *Os viciados*, e que era muito bom. E eu estrelaria ao lado de Gene Hackman, que tinha acabado de ganhar o Oscar por *Operação França*. Não sei se eu estava escolhendo algo muito diferente de *O poderoso chefão* de forma consciente, algo simples e pequeno para me tirar dos holofotes. Mas meu personagem, outro andarilho chamado Lion, era meio maluco e bobo. Era um cara pobre que não tinha ninguém, e eu amava essa fragilidade no personagem.

Conforme a produção seguia para o leste, ficava claro que Gene e eu estávamos em mundos diferentes. Ele era dez anos mais velho do que eu, muito engraçado, um ótimo ator e um cara bacana. Mas isso nem sempre quer dizer que é possível criar harmonia juntos. Nós não brigávamos nunca. Só havia um desconforto entre nós. Nunca vou entender por quê. Ninguém se dá bem com todo mundo. Em geral, com atores e atrizes, é possível manter um distanciamento político ao trabalhar junto, e assim vocês seguem em direções diferentes. De vez em quando, encontramos alguém na vida com quem nos conectamos. Muitos caras me adotaram em *O poderoso chefão* e me deixaram confortável. Eu tinha uma vida inteira de atuação, então não precisava de ninguém me ensinando a fazer isso. Sinceramente, eu não precisava ser orientado. Gene era meio taciturno e não havia uma ligação real entre nós, exceto em nossos papéis. Nós trabalhávamos. Acho que Gene deve ter me achado imaturo, porque eu era absurdamente selvagem. E acho que, na verdade, ele devia ter razão.

Eu me dava superbem com o irmão mais novo de Gene Hackman, Richard, que tinha um papel pequeno no filme. Éramos dois caras que curtiam beber e sair. Nós farreávamos até tarde, e eu aparecia no set de manhã mal tendo dormido duas horas na noite anterior, a cara tão flácida e inchada de bebida que parecia uma daquelas bolas de praia grandes que jogam pelo Central Park.

Íamos sempre para boates. Richard levava uma conga e, se conseguíssemos achar um lugar com um palquinho, em Denver ou Detroit, subíamos lá e ele tocava o tambor enquanto eu tocava gaita e um pouco de tambor também. Nunca ensaiávamos e não nos esforçávamos nem um pouquinho na apresentação. Como eu agora era famoso, as pessoas nesses lugares me deixavam entrar e dançar. E eu não era ruim. Meu pai era um dançarino premiado e acho que nasci com o dom natural dele para a coisa.

Uma noite, em algum ponto de nossa travessia do país, fiquei tão bêbado que não consegui encontrar o caminho de volta. Uma mulher me disse:

— Ah, eu te levo para casa.

E, sem nem questionar, entrei no carro com ela. Mas, enquanto dirigíamos, mesmo em meu estupor, consegui perceber que ela não estava me levando de volta para onde eu estava hospedado. Falei:

— O que está acontecendo aqui?

E ela declarou, sem rodeios:

— Estou te sequestrando.

Não foi um flerte agressivo. Eu era conhecido. Tinha feito *O poderoso chefão*. Mas eu sou do sul do Bronx. Quando vejo uma pessoa maluca tentando fazer algo comigo, sei como escapar. Eu disse:

— Não está, não. Vou sair.

Ela respondeu:

— Não, não.

E continuou dirigindo. Abri a porta como se fosse pular do carro. Estava um pouco bêbado, mas pronto para saltar de um carro em movimento se necessário. Isso não vai acontecer comigo, cara. E ela fechou a porta e me levou para casa. Talvez tenha sido no Colorado. Eu sei lá quais são os hábitos das pessoas por lá.

Durante uma cena para o filme em que eu caminhava num cavalete, eu caí e machuquei o joelho. Ele inchou que nem um melão e me levaram para o hospital. Para ser justo com Gene Hackman, ele foi me visitar lá. Me contou um pouco sobre sua vida, como vinha de um lar de pais divorciados e perdera a mãe ainda jovem em um incêndio em casa. A maioria de nós, atores, passou por um inferno, mas aqui estamos.

Como minhas lembranças das filmagens de *O espantalho* não eram boas, não me interessei pelo filme quando vi pela primeira vez. Não foi um sucesso comercial, apesar de ter ganhado o *Grand Prix* do Festival de Cannes, o equivalente à Palma de Ouro. Eu assisti recentemente e fiquei surpreso com o quanto ele é poderoso, com a força de seu impacto. Mas, na época, me lembro de terminarmos as gravações dezessete dias antes do previsto. E eu só ficava pensando: Também não quero fazer este filme. Só quero ir para casa. Mas nossa sanidade está em terminar o filme corretamente. É por isso que estamos todos aqui para começo de conversa. Nem faça se não for fazer do jeito que deve ser.

Após *O espantalho*, eu estava desesperado para voltar aos palcos. Procurei meu amigo David Wheeler, que administrava a Companhia de Teatro de Boston e que, havia muito tempo, queria que eu fizesse Ricardo III. Então eu fui para Boston para essa aventura, que acabou sendo uma das coisas mais gratificantes a me acontecer desde *The Indian Wants the Bronx*. Ricardo III é um desses papéis clássicos responsáveis pela reputação de atores como Edmund Kean, John Barrymore e Laurence Olivier. Seria a primeira peça de Shakespeare que eu faria na frente de uma plateia real, e a continuação de minha jornada de aprendizado sobre o personagem.

Foi no Actors Studio que minha conexão com *Ricardo III* começou. Quando ainda era um desconhecido, eu fazia no Actors Studio todo e qualquer papel que eu não ganharia no mundo real. Fiz musicais; fiz Hamlet; fiz Ricardo com Francesca De Sapio como minha Lady Anne. Esse novo "Ricardo" estava chegando seis ou sete anos depois de eu fazer o papel no Actors Studio, quando minha vida estava em um ponto diferente. David Wheeler era um diretor consagrado, com uma reputação maravilhosa, e era um homem que eu adorava — nosso relacionamento foi um dos mais importantes que tive em termos de minha vocação. Durante um inverno gélido em Boston, entramos no mundo de Shakespeare e *Ricardo III*. Foi um período de ensaios muito interessante, cheio de experimentos e improvisos. Charlie veio me ajudar com o papel, e a esposa dele, Penny, interpretava Lady Anne.

Foi também uma época que associo a meu romance com Tuesday Weld. Gostávamos muito um do outro. Só ficávamos nos bares tomando Brandy

Alexanders. Eu a levei para Boston comigo. A companhia de teatro me perguntou:

— Ei, a Tuesday está aqui. Ela é atriz, será que não faria a Elizabeth?

Pensei: Ah, não. Eu tinha problemas com isso. E fiz algo de que meio que me arrependo. Eu já tinha tanto trabalho naquele palco, e adicionar alguém com quem você está tendo um caso amoroso? Isso sempre afeta as coisas. Eu achei que nosso relacionamento não iria sobreviver a isso — morar juntos e fazer uma peça. Pensei que seria demais para mim. Se eu estava certo, nunca vou saber. Eu só olho para trás desejando ter dito: "Sim, deixa ela fazer." Mas pus um fim à ideia.

Infelizmente, as três semanas de ensaio não foram suficientes, e eu fiquei doente, com febre alta. Lá estava Charlie à beira da minha cama, repassando falas comigo. Charlie tinha ido a um dos ensaios e estava muito entusiasmado com a nossa evolução. Se estivéssemos fazendo a peça nos anos 1960, em algum teatro abandonado em Greenwich Village, acho que talvez tivesse funcionado. Mas o Loeb Drama Center em Cambridge era um salto e tanto. Não tínhamos um cenário de verdade. Eram várias grades de ferro sobre uma escultura que não significava nada. Eu não entendia e ainda estava tentando descobrir aonde iria com a minha interpretação.

Uma noite, eu saí para o segundo ato e metade da plateia tinha ido embora. Achei que tivéssemos chegado ao fim. Falei:

— Vou voltar para Nova York.

David Wheeler respondeu:

— Não volte para Nova York. Você está aqui. Dá um jeito, Al.

Ele disse que precisávamos de mais tempo. Mas onde? O que uma peça precisa é de tudo. Se você não tem o cenário certo, o elenco certo, a atmosfera certa, não tem nada. Mesmo que seja Shakespeare.

David me falou que eu devia dar uma olhada na Igreja da Aliança. Dei de cara com ela uma noite durante uma rápida caminhada pela Newbury Street. É uma linda catedral gótica antiga, com pé-direito alto e enormes vitrais na janela. Seu campanário se destaca por quilômetros; pelo lado de dentro, o teto parece subir até o paraíso. É preciso pausar alguns segundos depois de cada frase, de tanto eco. Ela simplesmente fazia tudo parecer tão portentoso.

Toda noite, eu ia à reitoria da igreja, onde me vestia para subir ao palco. Meu estado de espírito era quase de loucura. Minha carreira em Nova York estava decolando, e *O poderoso chefão* estava explodindo, mas eu estava lá em Boston, fazendo Ricardo pela segunda vez agora, tentando superar a experiência no Loeb. Eu não sabia, mas o alcoolismo estava se aproximando de maneira sorrateira, e eu estava sofrendo como sempre no meu relacionamento romântico. Meu pensamento geral era: Onde isso tudo vai dar? Eu me sentia em conflito e, ao mesmo tempo, livre. Levei essa loucura a Ricardo, que também está próximo a esse estado. Sem tudo aquilo acontecendo, talvez o personagem não me fosse tão acessível.

Eu tinha uma assistente de Harvard, designada para ser minha faz-tudo e trabalhar comigo. Era uma menina italiana atarracada que, imaginava eu, seria capaz de realmente me pegar no colo e me jogar no palco. Montamos uma espécie de jogo que começou comigo pegando no pé dela, mas virou um ritual pré-peça. Ela vinha até mim e falava:

— Al, quinze minutos para a cortina.

Eu respondia:

— Quem é você, porra?

E ela:

— Eu sou a assistente, não faça alarde.

Não faça alarde? Você acha que eu vou subir lá? *Você* vai fazer essa peça. Ela voltava para o aviso dos dez minutos. Depois cinco minutos. Levávamos a encenação a sério, sempre dizendo a mesma coisa. Em seguida, ela arregaçava as mangas e começava a correr atrás de mim em volta da mesa.

— Você precisa subir lá.

Ela jogava coisas em mim. Eu gritava de volta para ela:

— Vou te matar!

E então eu precisava ir, com corcunda e tudo, mancando para fazer minha entrada, num estado de total e absoluta confusão. Meu coração bombeava adrenalina quando eu me levantava do púlpito, só mostrando a cabeça, onde sibilava num microfone:

— Agora é o inverno de nosso descontentamento.

Quer falar de Método de interpretação? Eu fiz o maior Ricardo já feito.

Quando começamos a apresentar a peça lá, eu era chamado ao palco cinco ou seis vezes por noite ao fim do espetáculo — a cada vez, eu fazia minha reverência, parava na coxia e aí voltava para fazer a reverência de novo —, e não era pela minha carinha bonita. Era porque a plateia tinha uma experiência vendo aquela produção. Ela capturava as pessoas. Funcionava porque tínhamos o ambiente da igreja; a austeridade daquela atmosfera dava vida à peça. E nunca mais funcionou tão bem assim.

Seis anos depois, fui à Broadway fazer *Ricardo III* de novo. E, claro, não estávamos mais naquela igreja. Não tínhamos visão nem conceito. Estávamos fazendo num proscênio com aquela porcaria de cenário velho que tínhamos no Loeb. E a peça não acontecia. Eu estava tentando me repetir, mas fazia um tempo que eu não interpretava o papel e fazia tudo errado. As críticas disseram — e olha que eu não leio críticas, mas você sempre fica sabendo delas: "Pacino faz Shakespeare regredir cinquenta anos neste país." Fiquei me perguntando por que não tinham dito cem anos.

Uma noite, no fim de uma apresentação, voltei ao meu camarim. Estava exausto. Depois de três horas fazendo Richard naquele palco, achei que merecia ficar ali sentado, olhando para o nada e fora do ar, na minha pequena poltrona. E levantei os olhos e lá estava Jacqueline Kennedy Onassis, que tinha ido ao camarim com uma jovem que acredito que fosse a filha dela, Caroline, para me ver. Ela era tão elegante e linda, simplesmente irradiava classe. E, afundado em minha poltrona, estendi a mão para ela beijar.

Só Deus sabe o que eu estava pensando. Por que é que eu faria uma coisa dessas? Por favor, me diga, o que há de errado comigo? Eu devo ter acreditado que estava sonhando com Jackie Onassis ali. Talvez estivesse alucinando, como se ela estivesse fazendo a peça comigo e fosse a minha rainha — e, como minha rainha, afinal, deveria agora beijar a mão do rei. David Wheeler me contou depois que eu fiquei que nem um lutador que volta aos chuveiros e pergunta: "Quem ganhou?" E o treinador dele responde: "Você, seu babaca." Eu? Essas coisas acontecem. Você fica muito autocentrado quando se é ator. Ao voltar do palco depois de apresentar uma das maiores peças de todos os tempos, é capaz de fazer qualquer coisa.

Depois disso, aprendi: tire um tempinho. Peça para dizerem: "Pacino está tirando o figurino" ou algo do tipo. "Pode dar uns cinco minutos para ele? Preciso ir lá dar uns tapas e acordá-lo, porque ele acha que está em outro lugar."

BEM QUANDO ESTÁVAMOS ESTREANDO *RICARDO III* EM BOSTON NA Igreja da Aliança, fiquei sabendo que tinha sido indicado ao Oscar por *O poderoso chefão*. Era minha primeira indicação e, até onde eu sabia, talvez a única que receberia na vida. Algumas semanas antes, eu descobrira que tinha ganhado um prêmio da National Board of Review, que me indicara como Melhor Ator Coadjuvante. Já parecia suficientemente importante, apesar de eu nunca ter entendido por que também não deram Melhor Ator a Brando. Escolheram Peter O'Toole, e eu só tenho amor por O'Toole, mas, convenhamos, Marlon Brando em *O poderoso chefão* foi um divisor de águas.

Sempre é agradável ser reconhecido por seu trabalho. Ninguém fica bravo por isso. Quero ver alguém que diz: "Recebi uma indicação ao Oscar — foda-se, eles não sabem o que estão fazendo."

Faz pouco tempo que fiquei sabendo que a percepção da indústria era que eu esnobei o Oscar — que não fui à cerimônia por ter sido indicado por *O poderoso chefão* como coadjuvante, não ator principal. Que, de alguma forma, me senti menosprezado por ter achado que merecia ser indicado na mesma categoria de Marlon. Dá para imaginar que isso foi um boato que explodiu na época e que só descobri recentemente, tantos anos depois? Isso explica muito do distanciamento que eu sentia quando ia visitar Hollywood ou trabalhar lá. Foi alarmante descobrir agora, tendo perdido todas as oportunidades de negar, sem nem saber que era isso que as pessoas achavam de mim. Senti que devia ir ao Forest Lawn Memorial Park, onde muitos dos veteranos de Hollywood descansam em paz, correr pelo cemitério e começar a berrar em voz alta para os túmulos: "Ei, cara, eu queria estar lá! Só estava com medo!"

Esse é o tipo de coisa que pode afetar sua vida em Hollywood. Começa um efeito dominó. No meu ramo, as pessoas têm grande interesse no talento que representam — elas poderiam ter adotado essa postura de que eu era igual ao Brando, para amplificar um pouco a história e aumentar essa ideia. Se eu contratasse um detetive particular para descobrir de onde esse boato surgiu, poderia ser uma possibilidade, mas até hoje realmente não sei como aconteceu. Suposições se espalham, depois essas suposições se transformam em opiniões e essas opiniões se tornam certezas inabaláveis, e você nunca consegue entrar no mérito da questão ou mudá-las. É um tanto complicado, mas acredito que é o que acontece na maior parte do tempo no nosso mundo. Falsificações e boatos se transformam em fatos. Somos pobres cordeirinhos que perderam o rumo, béé béé béé.

Para ser sincero, eu tinha uma grande preocupação em ficar fora de tudo quando era mais novo. Pensava: Quanto menos souberem de mim, mais chance vou ter de valorizarem o que faço ao interpretar um papel. Por isso eu ficava quieto. Mas me tacharam como alguém esnobe, arrogante, e isso virou folclore. Como disse Iago: "Reputação é imposição infundada e falsa, amiúde angariada sem merecimento e perdida sem motivo. Você não perdeu nada de reputação, a menos que repute a si mesmo um perdedor."[6]

Havia algo no ar naquela época. Atores estavam se rebelando contra a coisa toda de Hollywood. Na prática, era tão tradicional não ir ao Oscar quanto ir. Richard Burton e Elizabeth Taylor não iam. George C. Scott não ia. Marlon recusou seu prêmio e mandou Sacheen Littlefeather em protesto. Eu falei que estava trabalhando no teatro na época da cerimônia. Mas podia ter ido mesmo assim — todo mundo sabe que você recebe folga quando é indicado para um Oscar. Eu tinha um pouco de medo de avião e sabia que teria que molhar o voo com meia garrafa de uísque. Mas minhas desculpas eram fracas e ninguém acreditou. A verdade é que eu estava assoberbado pela novidade de tudo aquilo. Eu era jovem, mais do que minha idade sugeria, e simplesmente tive medo de ir. Se eu quiser ser sincero — e não sei se quero —, acho que estava bancando a Greta Garbo também. Eu era recluso e só queria ficar sozinho.

---

6 SHAKESPEARE. *A tragédia de Otelo, o mouro de Veneza*. Trad. Lawrence Flores Pereira. São Paulo: Penguin Classics Companhia das Letras, 2017, p. 182. (N. da. T.)

NA ÉPOCA QUE ESTAVA ACONTECENDO, A VERDADEIRA HISTÓRIA DE Frank Serpico e Comissão Knapp não estava nem um pouco no meu radar. Serpico foi um dos primeiros policiais a falar da corrupção que via e a começar a desmantelar aquela fortaleza; não era possível fazer a diferença ali, mas ele tentou. Eu só não estava a par dessas coisas. Agora, Marty Bregman queria que eu fizesse o papel de Serpico em um filme que estava desenvolvendo sobre ele. Se eu aceitasse, Bregman seria ao mesmo tempo meu empresário e produtor do filme. Claro que há um conflito de interesse. Tem alguém sendo pago para produzir enquanto recebe uma porcentagem sua. Mas achei que as partes boas do acordo compensavam. Porque Marty me conhecia. Ele era meu parceiro. Era alguém com quem eu sabia que podia conversar. E ele ouvia.

Peter Maas tinha escrito uma biografia de Serpico, e eu recebi um argumento feito a partir do livro dele para avaliar. Vou te dizer, a leitura era assim: Ele faz isso. Aí ele faz aquilo. Aí ele vem aqui. Aí ele vai para lá. Como o livro que estou escrevendo agora. Você lê e diz: "Bom, sim, e daí?" É como dizer: Hamlet chega em casa. Aí ele vê o pai. Aí ele vai até a mãe. Aham, bacana. Enfim, não me interessou. Eu precisava de mais que isso.

Mas aí eu conheci Frank Serpico no escritório de Bregman. Bregman tinha marcado um encontro. Dei uma olhada em Frank e soube. Falei: Eu consigo interpretá-lo. Preciso interpretá-lo. Vi em seus olhos e pensei: Quero ser isso. Muitas vezes me oferecem papéis de pessoas reais e eu recuso. Não quero ser essas pessoas, não porque sejam pessoas ruins ou boas, mas só porque não senti nenhuma conexão com elas.

Eu passei mais um tempo com Frank naquele verão antes de fazermos o filme. Ele veio me visitar numa casa que eu estava alugando em Montauk. Estávamos sentados no deque, olhando as ondas quebrando. Enfim, perguntei algo que ele provavelmente ouvira mil vezes antes:

— Frank, por que você não aceitou aqueles subornos? — falei. — Por que não só aceitou o dinheiro e repassou sua parte, se não queria ficar com ela?

Ele me respondeu:

— Al, se eu fizesse isso... — longa pausa — ... quem eu seria quando ouço Beethoven?

Tinha alguma coisa naquele comentário que me fez querer interpretá-lo. Juntos, Waldo Salt e Norman Wexler escreveram um roteiro excelente, e aí conseguimos John Avildsen para dirigir. Naquela altura, ele havia feito alguns filmes muito bons e mais tarde dirigiria *Rocky*. Por mim, ele era ok. Eu estava começando a testar outros atores junto com ele, trabalhando como uma espécie de contrarregra nos testes. E aí, um dia, Avildsen não apareceu. Tinha sido demitido. Era assim que Marty Bregman fazia. Fiquei lá sentado, pensando: Que merda é essa? Eu não tinha ideia do motivo da demissão do cara, já que nem tínhamos iniciado os ensaios ainda. Avildsen estava só começando a falar sobre como queria fazer o filme. Eu estava tão mergulhado no processo de encontrar sozinho o personagem de Serpico, de descobrir como iria interpretá-lo e deixar a barba crescer que aquilo tinha se tornado todo o meu mundo. Eu não tinha consciência de nada mais envolvido na criação do filme. Nem sabia quanto dinheiro estava ganhando; Marty me dava duzentos dólares por semana para andar de táxi por aí e estava mais do que bom para mim.

Dino De Laurentiis era o produtor poderoso que tinha os direitos do livro de Peter Maas. Ele estava comandando o projeto e surtou ao descobrir o que Bregman tinha feito. Depois disso, não deixou que Marty procurasse outro diretor para nós. De Laurentiis falou: o único jeito de a gente seguir com esse filme é se você — ou seja, eu, Pacino — conseguir o novo diretor.

Nunca dá para ser tranquilo, não é? Onde eu ia encontrar um diretor? Eu nunca tinha feito nada assim na vida. Só tinha estrelado três filmes. Falei:

— Marty, não sei entrevistar ninguém. Isso é completamente maluco.

Ele respondeu:

— Não, você tem que resolver. É isso.

Então, agora, eu tinha que ir para a Califórnia. Eu estava muito infeliz. Fui falar com Peter Yates, que fez *Bullitt*, em San Francisco. Fui a Los Angeles falar com Mark Rydell. Acabei no Beverly Wilshire Hotel, no que chamei de Quarto Pomposo — eu não sabia do que mais chamar. Estou conversando com esse cara, um sujeito meio quietão como eu, jovem e ainda começando, mas que tinha acabado de fazer um filme de arte chamado *Caminhos perigosos*, que eu ainda não vira. Eu estava ocupado demais babando nas mesas cobertas de feltro vermelho e verde e no papel de parede estampado de patos e pavões para entender que me encontrava cara a cara com um dos maiores cineastas de todos os tempos, Martin Scorsese. Eu estava atordoado, e acho que não dissemos quase nada um ao outro. Imagino que ele deve ter percebido que eu não tinha nenhuma noção quando se tratava de contratar um diretor.

Voltei para casa de mãos abanando, mas aí eu me encontrei com Sidney Lumet. A carreira dele na época tinha meio que dado uma caída. Esse ramo é assim: você está com tudo, até não estar. Mas ele ainda era um de nossos grandes diretores. Em 1960, tinha dirigido Jason Robards Jr. na maior performance a que já assisti, *The Iceman Cometh*, de Eugene O'Neill. Era adaptada da peça dirigida, alguns anos antes, por José Quintero no Circle do Square Theatre, e o filme de Lumet passou na rede de televisão pública como parte de uma série chamada *The Play of the Week*. Era uma peça de três horas e meia que foi exibida diariamente naquela semana, e aos dezenove anos eu assisti a todas as exibições noturnas no meu apartamento no sul do Bronx, porque o que Robards faz mexe com a cabeça da pessoa. Eu vi a peça de novo faz pouco tempo, porque estava me perguntando: Será que ainda tem impacto? Meu Deus do céu, e como tem. É algo simplesmente elevado. Se três horas e meia for um tempo muito longo para você, dá para assistir aos poucos no YouTube. Com certeza mudou a vida de Robards, e a minha também. E vai mudar a sua.

Então, eu fui à casa de Lumet em East Hampton, para decidir se ele era o diretor certo para *Serpico*, e continuo burro como uma porta. Não sei o que estou fazendo. Estou observando a casa dele. E ele começa — mais ou menos, de certa forma — a me criticar. Falou:

— O seu trabalho em algumas coisas, sei lá. Tenho algumas reservas, às vezes. Eu faço as coisas de um jeito um pouco diferente.

Como se estivesse dizendo: Ei, garoto, você não é tão incrível. E eu estou ali pensando: Esse fulano está me insultando. Eu nem conheço o cara. E ele quer o trabalho? Ele quer trabalhar *comigo*? Mas diretores me insultaram a vida inteira.

Eu não me defendi, felizmente, porque não sabia como. Ele era muito mais inteligente do que eu, e uma pessoa decente em vários sentidos. Pode ser que ele tenha pensado: Para que esse sujeitinho tosco está me entrevistando? Tenho certeza de que sim. Quem não pensaria? Imagino que todos os outros diretores também tenham achado isso, mas ele era mais velho e tinha um ar de autoridade e uma experiência avassaladora. Ele não me maltratou, mas não estava impressionado comigo. E eu vi o trabalho dele e pensei: Caramba, esse cara é ótimo. É desse cara que eu gosto. E, de fato, eles o contrataram.

Enquanto me preparava para *Serpico*, eu saí em patrulha com um grupo de policiais para ver como eles agiam. Minha equipe foi chamada para investigar um possível assalto em andamento numa habitação coletiva. Todos subiram correndo as escadas, de armas em punho, e eu não passei dali, porque eles não sabiam o que encontrariam ao chegar à porta. Pensei comigo mesmo: É a primeira e última vez que vou fazer isso.

Eu não precisava, de verdade. Eu tinha o verdadeiro Frank Serpico como fonte, e ele era um cara muito inteligente e prestativo. Eu podia perguntar a ele:

— O que você fez nesse momento? O que fez quando isso te aconteceu?

Ele me contava, e eu ia até o Sidney e contava:

— Olha só o que ele fez. Será que podemos fazer uma cena assim?

Durante o verão em que estávamos filmando, eu estava no táxi a caminho de uma locação, com meu figurino de *Serpico*. Acabamos atrás de um caminhão que começou a cuspir muita fumaça do escapamento. Enquanto a fumaça enchia o ar, fiquei tão puto que falei para o motorista encostar no caminhão e, enquanto descia o vidro do carro, mostrei meu distintivo do filme e gritei:

— Encosta no acostamento, filho da puta. Você está poluindo o ar.

Como se o ar já não estivesse poluído o suficiente! Foi só aí que percebi o que estava fazendo. Disse a mim mesmo: Você está se passando por policial, Al? Não, eu estava só sendo nova-iorquino. Falei ao taxista:

— É melhor seguir.

Eu ainda estava saindo com Tuesday Weld quando comecei a trabalhar em *Serpico*. Acordava todo dia de manhã e ia trabalhar numa locação diferente. E à noite eu saía para beber com ela. Eu já estava filmando fazia algumas semanas e sabia o quanto o trabalho me exigiria. Isso colocou muita pressão no relacionamento, e ficou claro para mim que não ia durar muito mais. Éramos jovens e não estávamos juntos havia tempo suficiente, então acho que imaginei que aquilo era inevitável, por assim dizer, e que era o momento de terminarmos. Eu não podia estar naquele filme e me envolver com alguém ao mesmo tempo.

Eu já começava a ver um padrão em mim mesmo, alguma compreensão inata de que trabalho é trabalho, e romances e vida pessoal vêm em segundo lugar. Ouço falar muito de pessoas extremamente envolvidas no que fazem, focadas. Elas perdem relacionamentos importantes por causa de sua conexão com a profissão e de sua necessidade de mergulhar cem por cento. Posso dizer com tranquilidade que não sou mais assim, mas, naquela época, estava começando a chegar a essa conclusão sobre mim mesmo.

Eu me refugiei em meu trabalho em *Serpico*. A melhor parte de fazer um filme é o brinde antes do início das filmagens. Todos estão contentes, falando da sorte que têm de poder fazer aquilo ali. Em *Serpico*, o brinde foi na casa de Dino De Laurentiis, que tinha uma cobertura incrível em um prédio ao sul do Central Park, com janelas que iam do chão ao teto. Dava para ver a China daquele lugar. Senti que tinha chegado lá. Peter Maas estava presente. Waldo Salt e Norman Wexler, Sidney Lumet e Marty Bregman também. Nem uma única mulher à vista. Nós seis parecíamos bonequinhos de Lego em meio a toda aquela opulência. Todo mundo tinha se juntado para o brinde, dando tapinhas nas costas uns dos outros e piscadelas após cada gracinha. "Será que ele vai gostar de mim?" "Será que ele vai me amar?" O tipo de blá-blá-blá que eu chamo de papo de miudezas — vazio, mas necessário. E aí eu interrompi a conversa do nada. Falei:

— Pessoal, eu sei que é prematuro, mas acho que criei a trilha sonora do filme.

Eles disseram:

— Como é que é?

— É. Acabei de criar. Talvez vocês gostem.

E aí, pediram:

— Bom, podemos ouvir?

Estávamos parados num círculo, e eu comecei:

— Na minha cabeça, é assim. Não tem música nos primeiros trinta minutos, só os sons da rua e tudo o mais. E, aí, conforme a história do Serpico fica mais e mais intensa, com os subornos, o dinheiro e a corrupção, a música começa a se intensificar, e surge esse coro leve, quase inaudível.

E comecei a cantar:

SER-pi-co
SER-pi-co
SER-pi-co, *Serrrrrr*-pi-co
Serrrrrr-pi-co
Serrrrrr-pi-co

Houve um silêncio mortal. Eles estavam chocados. E eu só fiquei olhando, esperando as risadas. Bregman teve que se virar para eles e falar, no tom de voz mais seco que eu já o ouvira usar:

— Ele só está brincando.

Continuei nesse humor basicamente o tempo todo.

Tinha um motorista que me pegava todo dia, me levava para o local onde íamos filmar e me levava de volta à noite. Ele era um cara mais velho, de quem eu gostava bastante, mas ele odiava o trabalho. Odiava ser motorista, odiava ficar preso no trânsito e sempre estava irritado. Eu mexia com ele para ver se conseguia tirá-lo do sério. Em uma das viagens, ele me disse:

— Ei, Al. Preciso muito mijar. Você se importa se eu entrar neste restaurante para abrir a mangueira?

Falei:

— Ei, Eddie, eu não sabia que você andava com uma mangueira. Nunca vi. Vai lá, nem se preocupa comigo.

Ele parou na frente do restaurante e saiu do carro, ainda com a chave na ignição e o motor ligado. Assim que fez isso, pulei no banco da frente e saí com o carro. Mas só virei a esquina, para poder ficar de olho quando ele saísse do restaurante e observar ele mudo, perplexo ao descobrir que seu carro e o astro do filme tinham acabado de ser roubados. Ele ficou olhando ao redor quando, de repente, parei na frente dele e falei:

— Vamos, Eddie! Eu é que vou dirigir pra você agora!

Ele respondeu:

— Seu filho da puta!

E nós dois rimos. Fiz um monte de pegadinhas assim durante aquele filme.

Quando as filmagens de *Serpico* terminaram, fui beber com Charlie num bar chique da Madison Avenue, na esquina de onde eu morava na época. Charlie e eu enchemos a cara, e conheci uma mulher que também estava meio chapada. Era uma garota alta com um vestido preto selvagem e — estávamos exatamente na época desse tipo de moda — saltos de quinze centímetros. Charlie foi para casa, e eu levei a garota para o meu apartamento, onde desmaiei na cama, de roupa e tudo. Ela também, incluindo os saltos de quinze centímetros. Acordei na manhã seguinte e pensei comigo mesmo: Quem é essa pessoa? Onde eu estou?

— Ah, meu Deus — falei, em voz alta. — Estou atrasado. Estou atrasado.

— Atrasado para quê? — perguntou ela.

Falei:

— Vai ter uma exibição de um filme que eu acabei de fazer, e eu tenho que aparecer lá para dar um feedback qualquer.

— Sério?

— Sério, vem comigo. Seria bom ter mais outra opinião.

Eu ainda estava bêbado.

Atravessei a cidade até uma sala de exibição onde estavam prestes a mostrar o primeiro corte bruto de *Serpico*, e cheguei com uma garota de vestidinho preto e saltos de quinze centímetros. E estavam todos lá: Sidney Lumet, Dino De Laurentiis e Dede Allen, a grande editora de cinema que trabalhara em *Desafio à corrupção* e *Bonnie e Clyde*. Marty Bregman estava lá, soltando fogo pelas ventas. Mas Sidney me viu e deu de ombros, como se dizendo: "Ele é ator, é isso que os atores fazem." Ele tinha feito muitos filmes e visto coisa bem pior. A sala ficou escura, o filme passou e, depois, perguntei à garota o que ela havia achado. Não me recordo das palavras exatas, mas lembro que sua atitude foi de indiferença generalizada.

Serpico ACABOU FICANDO BEM BOM. ME RENDEU MINHA SEGUNDA indicação ao Oscar, e Marty Bregman tinha feito tudo por mim e por esse filme, então eu não podia deixar de ir para a cerimônia. Mas ainda estava aterrorizado. Subi no avião com Marty e levei Charlie comigo, além de Diane Keaton, com quem eu estava fazendo *O poderoso chefão: Parte II* na época. Claro que fiquei chapado.

Ao chegar em Los Angeles, fui levado a um banheiro grande e bonito para tomar um banho e ficar apresentável. Tinha acabado de ficar sabendo o que era um "look molhado", e quando saí do banho e vi meu cabelo ainda ensopado e pingando, pensei que ficava bom assim. Bregman viu e ofereceu seu veredito:

— Seu idiota de merda.

Ele ficou lá comigo, secando freneticamente meu cabelo antes do início da premiação. Eu não me embebedava na frente de Bregman com frequência e não sei com certeza se ele tinha consciência de meu problema com álcool na época. Mas eu estava acabado e cheio de Valium na cabeça, morrendo de rir enquanto ele soprava ar quente em mim. Eu estava ridículo. Conforme meu cabelo secava, ficava cada vez mais armado, que nem um suflê. Eu tinha amigos em Nova York que viram o programa pela televisão e disseram que meu cabelo foi a única parte minha que conseguiram ver. Disseram: Al, que merda você tinha na cabeça?

Seguimos para o auditório onde a cerimônia do Oscar estava acontecendo, e as pessoas pareceram chocadas por eu estar lá. Uma das primeiras pessoas que vi foi Jack Valenti, chefe da Motion Picture Association, que havia trabalhado para o Lyndon Johnson. Ele estava com uma cara de choque, tipo, o que você está fazendo aqui? Pensei: Bom, eu sou ator e fui indicado, é por isso que estou aqui, não para fazer faxina. Posso fazer isso mais tarde, depois que eu perder. Então, por que esse cara está me olhando assim? Isso faz cinquenta anos, e eu não conseguia entender. Mas, desde que percebi o quanto Hollywood me julgou por achar que eu estava desdenhando da minha primeira indicação ao Oscar, hoje entendo.

Quando me sentei na plateia, todos aqueles sentimentos voltaram com tudo, a sensação de estar num lugar onde nunca senti que me encaixava de verdade. Nunca daria para saber o que estava se passando pela minha cabeça. Aquele é o tipo de cara que se faz nessas situações.

Eu estava sentado com Diane à minha direita, fazendo piadinhas sobre o show, e ela estava rindo. Mas, aí, as piadas começaram a ficar meio cansativas, e toma-lhe mais Valium esperando alguma coisa. À minha esquerda, estava Jeff Bridges. Naquela altura, eu ainda tinha noção do tempo. Olhei meu relógio e pensei: Que loucura. Ainda não estão nem perto do prêmio de Melhor Ator. Então, me virei para Jeff, que eu viria a conhecer no futuro como uma das pessoas mais maravilhosas do mundo e um ótimo ator. Mas, na época, eu não o conhecia nem um pouco, e acho que a iminente dissipação do meu estado alterado me levou a dizer:

— Oi, licença.

Jeff olhou para mim como se eu fosse uma pulga.

Continuei:

— O tempo da premiação já está acabando. Pelo jeito eles não vão chegar no Melhor Ator.

Ele me encarou como se eu fosse um pobre coitado ridículo.

— Tem três horas de duração, cara. *Três horas.*

E eu respondi:

— Ah. Obrigado.

Fiquei entorpecido depois disso.

Eu estava vagamente consciente quando chegou a hora de anunciar minha categoria. Dopado. Em tal estado que o que precisava era ir a algum lugar, me sentar quietinho e receber um bom tratamento de choque. Pensei: Isso não pode acontecer. Não posso vencer neste momento. Estou indicado junto com Robert Redford, Jack Nicholson, Marlon Brando e Jack Lemmon. Eu não tinha preparado discurso nenhum, porque tinha muita certeza de que não ia ganhar. Estava mais certo disso do que de qualquer coisa.

Mas aí veio outro pensamento. Ele simplesmente começou a me atravessar. Você conhece essa voz: "E se eu *ganhar*?" Vivi uma vida em que coisas terríveis assim aconteceram comigo. Era possível, sim, que anunciassem meu nome. Eles são muito vingativos, esse pessoal da Academia. Provavelmente iam me dar o prêmio só para me foder. Aí comecei a tremer. Estava pirado de Valium e com medo de tudo. Os nomes dos indicados foram anunciados. E aí ouvi — como se uma luz estivesse brilhando no céu e o paraíso estivesse sussurrando para mim — o apresentador dizer as palavras:

— Jack Lemmon, por *Sonhos do passado*.

Eu só sorri e gritei de alegria por dentro. Se alguém estava prestando atenção em mim pela televisão, provavelmente não percebeu. Viram apenas meu olhar apático. Mas por dentro o sentimento era de verdade. Era alívio de verdade.

Eu com meus pais.
Pela minha expressão,
parece que fui sequestrado.

Tenho certeza de que essa pelúcia era bem confortável.

Meu pai e minha mãe no centro. Não conheço as outras pessoas.

Mamãe. Acho que puxei minha boa aparência dela.

Eu e meu pai. Chamavam-no de “Ty”, porque se parecia com Tyrone Power.

Não tenha medo — arma descarregada.

Meus avós paternos: o pai do meu pai, meu homônimo, e minha angelical avó, que salvou minha vida.

Meus avós maternos: meus adorados, que me criaram e são o motivo de eu ainda estar aqui.

Mamãe e a gangue. Estou embaixo, ao lado da criança de suspensórios.

Bryant Avenue, nº 1685. Nós escalávamos esses malditos telhados, acredita?

Eu e meu primo querido — adivinha quem é quem?

Vovó e eu. Geralmente, sou mais animado, mas não gosto de festas.

Eu na minha primeira comunhão. Minha mãe e avó ao meu lado, eu logo abaixo.

Eu, minha mãe, meu primo Mark e a mãe dele, e nosso avô. Eu estava começando a ficar bonito aqui.

Essa é a escola em que fui escolhido como Aluno com Maiores Chances de Fazer Sucesso.

Com cerca de 15 anos.
Este é o rosto que
Tchékhov salvou.

Um momento da vida que
jamais esquecerei. Aos 22 anos,
no palco da Actors Gallery,
em *O pagamento final*,
de August Strindberg.

The Indian Wants the Bronx, com John Cazale e Matthew Cowles. A virada.

Meu primeiro e único Obie Award, por *Indian*. Eu não pareço tão agradecido quanto deveria.

Minha estreia na Broadway, *Does a Tiger Wear a Necktie?* O *New York Times* escreveu: "Como uma casa em chamas. E o fogo é Al Pacino?"

Com Kitty Winn em *Os viciados*. O primeiro filme em que fui protagonista, um filme excelente.

Eu e Diane, nós combinamos como dois canudos e uma Coca.

Os homens da família Corleone em *O poderoso chefão*. Minha família do cinema, amo todos eles.

A cena que salvou meu papel em *O poderoso chefão*.

Sei que estou adulterado, espero que a arma não esteja.

Com Francis Ford Coppola e Marlon Brando. Parece que Francis está dizendo "Caras, precisamos ficar juntos nessa, cumprimente-o, Al, ele é seu pai".

Na estreia de *O poderoso chefão* com Jill Clayburgh. O retrato de um rapaz embriagado. Ela tem 25 anos e ainda assim eu pareço ser seu filho.

Parece o fim de um dia no set de *Serpico*. Não consigo acreditar no tamanho dos meus braços. O que houve com minhas pernas?

Ricardo III na Broadway. Ao menos tiraram uma boa foto. Eu pareço alguém que fez Shakespeare regredir cinquenta anos?

Eu e Gene Hackman em *Espantalho*.

O poderoso chefão: Parte II. John Cazale era um grande amigo e eu o adorava.

Com Lee Strasberg. Vista uma camisa, por favor? Você está me constrangendo.

Um dia de cão.
Acho que essa
é a cara de ladrões
de banco.

Um momento, uma vida,
com Marthe Keller.
Eu sabia que estava
destinado a ser
modelo.

Meu amigo e mentor
Charlie Laughton.
"Você chegou lá, Al."

6

O trabalho que escolhemos

Mario Puzo era alguém que eu podia ter certeza que sempre seria sincero comigo. Uma noite, ele me chamou para encontrá-lo no Ginger Man. Era para permitir que eu desse a primeira olhada no seu roteiro para *O poderoso chefão: Parte II*. Por cima da mesa, ele me passou uma cópia para eu poder levar para casa e ler quando tivesse tempo, enquanto contemplava a pesada proposta de voltar ao papel de Michael Corleone e todas as obrigações que vinham com ele. Antes de começar, havia uma coisa em especial que ele queria que eu soubesse.

— É uma merda — declarou. — Não acho que o roteiro esteja muito bom. Mas eles me mandaram te entregar. Eu só queria te deixar avisado.

Então, agradeci. E li. E Mario tinha razão. Pensei: Não posso fazer isso. Não está bom.

Como eu descobriria mais tarde, a Paramount tinha feito Mario começar o roteiro da *Parte II* antes mesmo do início das filmagens de *O poderoso chefão* original. Era só para o caso de decidirem mais tarde que queriam fazer uma continuação, se o filme acabasse sendo um sucesso. Era só para proteger a posição deles. Nada de bom é produzido dessa forma.

Mas nada naquilo me parecia *O poderoso chefão*. Francis não queria estar envolvido. Ele tinha recusado, apesar de continuarem atrás dele. Eles me queriam também, porque meu personagem ainda estava vivo no fim do primeiro filme. Ficavam vindo até mim com ofertas, e as ofertas não paravam de subir. Primeiro cem mil dólares. Depois duzentos mil. Aí chegou a seiscentos mil. Na época, era dinheiro para valer. Mas eu não gostei do roteiro. Mario era um escritor excelente e ia dar um jeito, mas eles queriam que eu me comprometesse com algo que ainda não estava bom o bastante.

Um produtor do filme me chamou para uma reunião em seu escritório em Nova York, colocou uma grande garrafa de uísque na mesa, e eu pensei: Uau, esse cara vai me embebedar. Nós nos dávamos muito bem, e comecei a falar enquanto ele me servia uma dose. Finalmente, passamos aos negócios.

— Al — começou ele —, que tal fazer a *Parte II*?

Respondi:

— Bom, a questão é sempre o roteiro, né?

E aí ele pôs a mão na gaveta da escrivaninha, puxou uma maleta de metal e me disse:

— Al, e se eu te dissesse que tem um milhão de dólares em dinheiro nesta maleta?

Eu estava começando a sacar a mensagem. Perguntei:

— Posso dar uma cheirada? Que tal eu segurar?

Eu só queria saber como era a sensação. O produtor estava me olhando e sorrindo, mas podia ser qualquer quantia ou qualquer coisa naquela caixa. Podia haver um milhão de dólares ali ou nada além de pacotes de açúcar, ou podia até estar vazia. Estava tudo fora do meu alcance. Era uma abstração. E não fazia nenhuma diferença.

Aí, eles convenceram Coppola, dando a ele o papel de produtor também. Coppola me conhecia. Na hora ele deve ter dito para o estúdio:

— Parem de aumentar o salário do Al. O cara não quer dinheiro. Ele só quer um roteiro. Ele vai aceitar.

Então, recebi um roteiro com umas modificações em relação àquele que Mario tinha me entregado, mas que ainda não era algo com que eu podia me comprometer de imediato. Não estava finalizado. Charlie e eu lemos e achamos que continuava verde. Francis ficou irritado:

— O que você está fazendo? Você está me empatando aqui.

Falei:

— Não, não estou te empatando. Eu só quero um roteiro melhor.

Então, Charlie e eu fomos para San Francisco, entramos num quarto do Fairmont Hotel e trabalhamos juntos. Falávamos com Francis, ele escrevia, trazia de volta, conversávamos de novo, escrevia, trazia de volta. Não tenho a menor ideia de como escrever um roteiro — só sabia que os móveis já estavam lá, era preciso apenas chamar os funcionários da mudança para carregá-los para dentro de casa, e era esse o meu papel e de Charlie. Havia elos faltando na história. Francis ficava dizendo:

— Podemos resolver isso.

Eu sabia que, com Francis, estávamos trabalhando com um roteirista excepcional e uma pessoa disposta a fazer um ótimo filme. E tomara que tenha sido útil para ele ter um colega do outro lado com que pudesse discutir as páginas, os objetivos aos quais ele estava almejando e o ponto a que a história estava se encaminhando. Era trabalhoso, e demos duro, por seis dias e seis noites, num roteiro que estava quase lá. Fiquei grato por ele permitir que esse tipo de coisa acontecesse e por ele ter esse dom, ser capaz de pegar o que dizíamos e fazer com que se tornasse realidade.

Quando saímos do hotel no fim da semana, Charlie olhou o número do quarto, 617.

— Acho que fizemos história aqui, Al — comentou.

E demos o fora.

Coppola certa vez me explicou que *O poderoso chefão: Parte II* era meio que uma metáfora para o que acontecia com os ítalo-americanos de segunda geração, e com certeza isso é verdade também em relação a outras nacionalidades e grupos étnicos. Um sacrifício foi feito pelos pais — a primeira geração, a geração que emigrou — para que a segunda geração pudesse ter uma chance dentro do estilo de vida americano, e isso é desconcertante para os filhos. Eles nasceram aqui, nasceram americanos, e tiveram que descobrir como se ajustar sem ajuda.

Michael não tinha essas noções sobre seu pai, Vito, cujo caráter tinha sido forjado por sua vida na Itália e nos rigores da pobreza, superando as dificuldades por si próprio. E, apesar de Michael ter sido trazido para o brutal domínio de sua família pela força das circunstâncias, ele era capaz de navegar ali com fluência. Essa é a pessoa que vemos no primeiro *O poderoso chefão*, descobrindo que ele tem esse dom, se é que dá para chamar assim.

A *Parte II* mostra um Michael diferente. No fim da *Parte II*, Michael está tão retraído que está praticamente mumificado. Mas, para levá-lo àquele estado, eu precisava me reconectar com o lugar onde tinha deixado Michael no fim do primeiro filme, quando ele virou aquela figura repentinamente intimidadora, capaz de fazer outros homens se enfileirarem de bom grado para beijar seu anel. A imagem que ele projeta no fim do primeiro *O poderoso chefão* é simplesmente: "Quem é esse cara? Eu é que não quero chegar perto dele." Pelo menos era o que eu estava tentando fazer — retratá-lo como alguém enigmático e perigoso na mesma medida. Para mim, o perigo era a tarefa que estava por vir, retornar ao ponto em que Michael se encontrava no final daquela jornada anterior, e me esforçar para descobrir aonde eu o levaria a seguir.

UMA DAS CRIAÇÕES BRILHANTES DE FRANCIS E MARIO PARA A *PARTE II* foi um novo rival para Michael, um gângster veterano e antigo sócio de seu pai chamado Hyman Roth, que vai até ele disfarçado de aliado e parceiro. Veja, é com aqueles de quem você menos suspeita que você deve tomar cuidado, pelo menos nesse ramo profissional. Hyman Roth era uma interpretação de Meyer Lansky, pensado para ser tão inteligente quanto Michael, se não mais. Francis queria que fosse interpretado por Elia Kazan, mas Kazan recusou e, apesar de eu ter feito a leitura com alguns outros candidatos incomuns, como Samuel Fuller, o diretor e roteirista, ninguém parecia realmente se encaixar.

Foi Charlie que sugeriu Lee Strasberg. Antes de ser professor de atuação, quando ainda era ator, Charlie tinha estudado com Lee e sempre o admirara, da mesma forma que eu o admirava.

Francis ainda precisava ser convencido, então eu o levei a uma grande comemoração em homenagem ao Actors Studio. Era num salão de baile, com um grupo de palestrantes todos sentados no palco. Quando foi a vez de Lee se dirigir à plateia, ele falou com muita argúcia e humor, e nós ficamos lá escutando com atenção. Tinha sido um estimado instrutor de Marilyn Monroe e Dustin Hoffman, mas, quando queria, podia ser tão engraçado quanto Groucho Marx. Francis então foi conquistado e lhe deu o papel, e pensei em como ia ser incrível — agora Lee e eu íamos trabalhar juntos, e eu ia conhecê-lo um pouco melhor.

Imagino que se possa dizer que isso adicionou uma dimensão edipiana à história da *Parte II*. Eu já pensava em Lee como um avô. Para Michael, Hyman Roth era um pai substituto, que ele teria que matar em nome da própria sobrevivência.

Eu parecia ter encontrado e acumulado figuras desse tipo durante toda a minha vida, representantes do pai que nunca tive. Agora, eu tinha três ao mesmo tempo: havia Charlie; havia meu gerente, Marty Bregman; e havia Lee Strasberg. Se eles sentiam alguma possessividade em relação a mim, não consigo precisar, mas só posso imaginar que sim. Eles ocupavam espaços diferentes. Marty cuidava do meu progresso profissional, meu sucesso, minha fama e todas as regalias que vinham junto. Charlie tinha mais a ver com a realidade do meu trabalho e a pessoa que ele me tornava. Acho que Charlie e Marty mantinham certa distância diplomática um do outro. Charlie entendia Marty e o respeitava, reconhecia seu poder e sua inteligência. Marty sabia que Charlie era importante para meu desenvolvimento como ator e era bom para minha alma. Com certeza, cada um tinha sua própria leitura do outro, e ambos eram diplomáticos o bastante para não ventilar isso na minha frente.

A entrada de Lee nessa equação não necessariamente complicava as coisas. Lee tinha um peso bem diferente. Ele sempre me deu muita força, e eu gostava de sua companhia. Eu tinha interesse nele assim como tenho em todas as pessoas com o mesmo tipo de alcance intelectual e pontos de vista imprevisíveis. Havia uma brevidade e franqueza na forma de Lee se expressar. Ele tinha uma casa em Fire Island, para onde ia com a família no verão. E, segundo contam, todos foram nadar num dia de calor, todos menos Lee, que só ficou lá sentado, assistindo.

A família dele ficava chamando-o:

— Entra na água! Está ótima, está quentinha! Por que você não entra na água?

Ele respondeu:

— Eu não tenho nada contra a água. Só não quero me envolver.

Eu considerava Lee um amigo, mas, quando coloco isso na ponta do lápis, vejo que não era verdade. Eu era membro do Actors Studio e fiz ali algumas obras que ele viu, mas não era seu pupilo favorito nem nada do tipo. Ele representava para mim certo ideal artístico e algo familiar, me dando conselhos enigmáticos do tipo: "Você é muito sensível, então, precisa cuidar do que come." Mas Lee me enxergava de uma forma muito precisa.

QUANDO TRABALHAMOS JUNTOS EM *O PODEROSO CHEFÃO*, FRANCIS E eu éramos mais novos e menos experientes, e isso fez com que muitos dos erros que cometemos e os conflitos que às vezes tínhamos fossem perdoados. Foi diferente com a *Parte II*. Depois de Francis concordar em dirigir o filme também, eu vi como muito da responsabilidade pelo sucesso do filme recaía sobre os ombros dele. Tivemos dificuldades em *Parte II*, mas eu ainda o admirava muito, e queríamos fazer todo o possível para que as coisas dessem certo.

Quando iniciamos as filmagens em Lake Tahoe, começamos com as cenas da festa da primeira comunhão do filho de Michael. Estávamos no frio certa noite, todos nós sentados em redor da mesa com Mike Gazzo, que estava magnífico como Frank Pentangeli. Estava tão frio que colocávamos gelo na boca para não sair fumaça quando falávamos. Eles tinham terminado de gravar os meus lados de uma cena de festa e agora estavam filmando Mike Gazzo. Na tomada em que a câmera estava nele, Mike gritou:

— Ah, *vaffanculo*!

E derrubou uma garrafa de vinho. Então, ei, todo mundo ficou feliz, terminamos. As pessoas na cena começaram a ir embora para casa, e iniciaram os preparativos para desmontar os equipamentos. Estamos todos naquele frio de rachar. E eu disse:

— Não, Francis, ele não fez isso na minha tomada. Precisamos voltar e só pegar a reação de Michael a isso.

Precisávamos ver Michael avaliando Frank mentalmente. É um cara que trabalha para ele. Em que estado ele está? Está bêbado? É confiável? Isso dá uma ideia de como Michael administra suas operações.

Vou te contar: dava para ver Francis trincar os dentes de leve quando eu falei isso, e eu estava trincando os dentes por precisar mencionar. Significava que todo mundo tinha que voltar a seu lugar na cena, todos os equipamentos que já tinham começado a ser desmontados precisavam ser montados de novo, e outras tomadas teriam que ser filmadas. Não me cabia mesmo pedir nada disso. Mas Francis sabia que aquele pedido indicava o quanto eu estava profundamente mergulhado no papel, pensando nas coisas do ponto de vista do personagem. Se alguém se comporta dessa forma numa mesa, Michael Corleone vai reagir? Claro. Francis fez o que eu falei, porque sabia que era o necessário. É isso que é trabalhar junto.

Enquanto filmávamos em Tahoe, colocaram um cara como meu guarda-costas. Ele era extremamente baixo e magro como um palito, o tipo de cara que chamávamos de carcaju. Era um cara do Oeste de verdade, cujas raízes deviam datar de muito tempo, desde antes da Guerra Civil norte-americana. Ele usava um distintivo de delegado, apesar de eu não achar que tivesse sido nada do tipo, e trazia na lateral do corpo uma arma com metade do seu tamanho. Completava o look com um chapéu de caubói. Por algum motivo, eu mesmo tinha desenvolvido esse hábito, e quando saíamos para bares em Nova York, Charlie tinha que me cutucar e dizer:

— O chapéu, Al. Melhor tirar. A gente pode arrumar confusão aqui.

Porque isso encorajaria uma rixa. A briga de bar era sempre uma possibilidade nos lugares que frequentávamos, e de fato entramos em alguns conflitos às vezes, ainda que tentássemos evitar.

Meu guarda-costas fumava um cigarro atrás do outro o tempo todo e me disse que nunca dormia. Passei a amá-lo. Uma vez, Charlie e eu, num estupor de bebida, inventamos uma história sobre como meu camarada tinha se animado um dia e atirado em um dos atores do filme, um cara que era meio que um pé no saco, com aquela arma dele, e precisaram fechar o set por um tempo. O que inspirou essa história para começo de conversa é que tínhamos entrado num daqueles bares da região, onde estava um pessoal que chamaríamos de "bear-men": caras com a barba por fazer vestindo casacos de lã pesada e fumando cigarros que pareciam charutos, procurando o que quer que chamassem de confusão naquelas bandas. Quando Charlie e eu bebíamos, caíamos em espasmos de gargalhada que nos rendiam olhares desconfiados. Mas, quando meu guarda-costas entrava naquele bar, com aquele chapéu, aquela arma e aquele distintivo, aqueles caras ficavam muito quietos, quase como gambás. Ao verem que ele estava conosco, estávamos seguros. Ele era famoso naquela parte do estado, o que era compreensível, e tinha um rosto feroz; era capaz de encarar uma parede até a tinta cair. Ele não hesitaria um segundo em atirar, e sabíamos disso.

Algumas semanas depois do início das filmagens, convidaram alguns de nós para ver um copião das tomadas que já tínhamos gravado. Fui para uma sala de exibição com Francis, Diane Keaton, Robert Duvall e Gordy Willis, nosso grande diretor de fotografia. Era uma cena de Michael e Tom Hagen falando de como reagiriam à tentativa fracassada de assassinar Michael. E, enquanto assistíamos, fiz o que sempre fazia: chegar perto de Diane e começar a contar piadas. Cochichei no ouvido dela:

— Acho que vão ter que adicionar uma fala aqui.

Ela disse:

— Quê?

— Eu vou ter que perguntar para o Bob Duvall nessa cena: "Não me importo de ficar no escuro, Tom, mas eu precisava falar com você desse jeito."

Ela começou a rir, porque a tomada estava tão escura que não dava para ver nada do que estava acontecendo na cena.

Quando as luzes voltaram a se acender na sala de exibição, todo mundo estava quieto. Sem falar uma palavra, Robert Duvall se levantou, saiu pela porta e entrou no cômodo ao lado, uma sala de recreação que tinha a própria cozinha. No silêncio, dava para ouvir os sons dos gritos abafados e de pratos quebrando. Imaginei que ele estivesse tendo uma espécie de minichilique. Olhei para Francis, que estava impassível, e Gordy Willis, bem ali ao lado dele. Perguntei:

— Francis, o que vamos fazer? Não dá para enxergar nada do negócio.

Ele disse:

— Está ótimo.

Eu insisti:

— Sério?

— Sim, está ótimo.

— Não está não, Francis. Não dá para ficar com a cena assim.

Eu estava muito aborrecido.

Diane e eu voltamos para a minha casa e começamos a beber. Liguei para Robert Duvall, querendo me lamentar, e falei:

— O que estamos fazendo aqui, Robert? Que porra é essa que está acontecendo?

Robert respondeu — e isso aconteceu de verdade, Diane é minha testemunha —, dizendo:

— Aquele filho da puta do meu maquiador.

— Bob, você está dizendo que viu sua maquiagem naquela cena? Eu não consegui enxergar porcaria nenhuma.

Achei que ele estivesse passando por uma transferência de sentimentos ou coisa do tipo. Estava muito irritado, mas não conseguia culpar Francis nem Gordy Willis. Tinha que culpar alguém, então culpou o maquiador.

A situação toda era importante demais e idiota demais. Pensei: Como posso resolver isso? E Diane via as coisas de modo parecido. Falei:

— O que eu faço? Ligo para a Paramount?

Mas não precisei. Pouco tempo depois, ficamos sabendo que íamos regravar a cena — algo que não gosto de fazer, mas era necessário. O estúdio também deve ter visto a gravação, então não precisou da minha cutucada. Acho que foi bom esperar.

De vez em quando, eu usava música no filme, talvez em algumas cenas, para encontrar meu caminho de volta a Michael. Eu entrava num camarim, colocava fones de ouvido e aumentava o som enquanto ouvia Stravinski, Beethoven ou Mozart. Simplesmente inundava meu cérebro com a música, aí emergia e fazia a cena. Foi um processo que criei para poder ensinar a mim mesmo aonde minha mente deveria ir — aonde todo o meu espírito deveria ir — e para ter uma memória sensorial ao filmar a cena. Enquanto as câmeras estavam rolando, eu não precisava mais ouvir a música — podia só ir àquele lugar na minha cabeça e lá estava. Já vi atores fazerem isso com animais, estudando a essência de um buldogue ou um cisne e tentando achar um elemento disso em si mesmos. Era só uma intuição que eu tinha em relação à música, de modo que não precisava bater em mesas ou saltar no ar, e pareceu servir bem ao papel. Não era uma técnica que eu tivesse usado no primeiro *O poderoso chefão* nem em qualquer outro dos papéis que fiz. Mas era o que eu precisava para Michael na época. Eu nunca entrego esses segredos, mas as pessoas gostam de saber desse tipo de coisa.

Diane e eu sempre tivemos um carinho mútuo e curtimos a companhia um do outro. Nos conhecemos por causa de *O poderoso chefão*, mas, por algum motivo, na *Parte II*, as coisas tinham mudado e eu não conseguia recuperar aquela mesma conexão com ela. Ainda estava carregando a mágoa de terminar com Tuesday, que eu amava, de quem ainda tinha saudade e por quem sofria, ainda enfrentando aquele término. Estava muito mergulhado em álcool e drogas, ficando chapado e me entorpecendo. Eu preferia estar num estado de semiconsciência. Charlie passou alguns dias comigo em Tahoe, mas, quando foi embora, fiquei sozinho. O que eu estava passando não era algo tão severo quanto uma depressão, mas havia certa melancolia instalada em mim.

Muito provavelmente também tinha a ver com o personagem que eu estava fazendo. Pensei que estava me envolvendo com o papel, mas estava num transe de Michael Corleone, e interpretá-lo exigiu muito de mim. Eu de fato entendia Michael, felizmente, por tê-lo feito no primeiro *O poderoso chefão*. Mas, na *Parte II*, eu estava lidando com uma versão diferente do personagem — no mesmo espectro, mas com questões diferentes, complexidades e dimensões diferentes. Ele foi a certos lugares de si mesmo, e chegar até ali exigiu algum esforço. Eu me coloquei no personagem, soltei as rédeas e o controle, e achei que iria só voar com aquilo. Achei benéfico ver o jovem Michael no fim da *Parte II*, no início de sua vida, mais jovem do que ele era na *Parte I*. Dá para entender a essência dele e o tipo de pessoa que ele era, o que lhe permitia absorver a vida em que estava e sobreviver a ela. Seu pai sabia que ele era capaz. Foi por isso que Michael foi escolhido.

O arco dele na *Parte II* é um desprendimento de uma camada após a outra, até ele estar só ali sentado, olhando para longe, se perguntando: Como fiquei tão isolado? Como estou tão sozinho? Certamente eu não via ali contentamento nem resignação — só uma espécie de desespero. Podemos dizer que Michael é um dos verdadeiros heróis trágicos.

O negócio da atuação é que não é de verdade, mas, mesmo assim, é real. É esse o fenômeno. É esse o paradoxo. Nós, atores, temos que passar por esses sentimentos para encontrá-los em nós mesmos, e é assim que conseguimos reproduzi-los. Em Tahoe, me forcei a me distanciar de Diane e de todos os outros que importavam para mim. E em seguida o filme foi para Santo Domingo, e eu fiquei sem eles.

As gravações em Santo Domingo — a capital da República Dominicana estava servindo de cenário como a Havana do fim de 1958 — não foram muito alegres. No filme, Hyman Roth e os outros chefes das famílias do crime organizado se reuniram para dividir Cuba entre eles, mas Michael não tem tanta certeza, porque recentemente viu um revolucionário se explodir nas ruas e ficou se perguntando se a Cuba que eles querem ainda vai ser a mesma. E logo o governo é derrubado, e Michael e seus comparsas precisam dar o fora — é cada um por si. Também é em Cuba que Michael tem que confrontar o terrível fato de que seu irmão Fredo ajudou a armar a tentativa de assassinato dele e de toda a sua família em Tahoe.

Eu me sentia isolado. Não sei bem por quê, mas o set era estranho, e os dias pareciam se estender, intermináveis. Às vezes, levávamos quatro dias para gravar uma cena, esperando horas até que a luz estivesse correta. Eu era jovem, só tinha trinta e quatro anos, mas foi penoso para mim. Enquanto isso, eu estava carregando os sentimentos de um homem que descobriu que seu próprio irmão tentou matá-lo. Era pesado. Como ator, era para eu estar acostumado a isso. Sempre faço personagens que estão lidando com circunstâncias pesadas. Eu tenho o papel, eu faço o papel. Desde então, aprendi a lidar com a arte de forma um pouco melhor, para que o papel não exija mais tanto de mim. Mas era muito difícil conviver com Michael Corleone, era um lugar muito difícil de encontrar em minha própria alma.

Então, eu me sentia cada vez mais sozinho e retraído. Na época, não sabia dizer o que era e, tantos anos depois, ainda não consigo definir exatamente. A dinâmica com Francis no set parecia menos amigável, mas, se eu estava reagindo a ele ou ele a mim, quem pode dizer — essas coisas podem se retroalimentar indefinidamente, em especial em ambientes extremos.

Gravamos a cena em que Fredo leva Michael para ver a apresentação decadente na casa noturna, e Michael escuta o irmão escorregar e dizer algo que o faz entender que Fredo estava em conluio com Hyman Roth desde o começo. Dá para ver que Michael quase desaba com o peso dessa compreensão. Eu precisava conseguir o momento em que ele ouve. Mas só aconteceu comigo em uma das tomadas. Fiz outras, mas falei:

— Não vou chegar lá de novo, Francis.

E é a que está no filme, essa única vez em que cheguei lá.

E tem ainda o momento em que os irmãos se encontram na pista da festa de Ano-Novo, e Michael agarra Fredo e dá um beijo nele, sussurrando que sabe que foi traído. Ele beija o próprio irmão na boca, o beijo da morte. Isso estava no roteiro e foi dirigido e executado de forma lindíssima. Às vezes, você diz a si mesmo: Cara, só espero que tenham conseguido filmar isso, e fica grato quando conseguem. Me lembrou do que John Barrymore disse quando precisou matar o irmão, Lionel, num filme. Perguntaram a ele:

— Como você conseguiu fazer aquilo com tanto comprometimento?

E ele respondeu:

— Eu odiava muito o cheiro do creme de cabelo dele.

Às vezes, é só o que dá para dizer como explicação da própria interpretação.

Mas, quando não estávamos gravando, eu me via solitário e em busca de companhia. John Cazale e eu, claro, éramos amigos de longa data, mas ele tinha levado a namorada para as filmagens. Eu ia à piscina com os filhos de Lee Strasberg, e nós nadávamos juntos e brincávamos, mas eles eram muito novos na época, e na verdade estavam lá para ficar com a mãe e o pai. Eu estava bebendo, mas não a ponto de isso interferir no meu trabalho. Isso eu nunca fazia. Mas havia uma nuvem sombria sobre mim.

Meu gene social simplesmente ainda não tinha se desenvolvido. Eu ficava me esquivando dessa coisa da fama e de tudo o que vinha com ela. Eu não era um poço de tristeza o tempo todo. Estávamos em Santo Domingo quando fiquei sabendo de minha indicação ao Oscar por *Serpico*, e dei uma festa para comemorar, convidando a equipe inteira e todo mundo que estava por lá. Então, naquele momento, eu estava feliz.

Havia um certo sentimento em *O poderoso chefão: Parte II* e ao redor dele. Lá estava eu, fazendo aquele personagem que era como um poderoso semideus, e lá estava Francis, no ápice de seus poderes cinematográficos e do show business. Por causa de *O poderoso chefão*, agora tínhamos posições de poder e notoriedade no mundo, e ambos estávamos ali, na República Dominicana, despidos das vidas e das pessoas que conhecíamos. Concordávamos sobre o roteiro, a interpretação de Michael e a forma como o personagem estava evoluindo.

Havia uma tensão constante entre nós. Talvez fosse só o elemento de familiaridade e a falta de comunicação, ou talvez viesse daqueles seis dias e noites passados trabalhando no roteiro com Charlie. Eu via o quanto era importante para Francis que eu fizesse o papel de Michael, ainda mais importante do que para mim. Ele me via no papel, me dera uma grande oportunidade e lutara por mim. E, mesmo assim, estávamos em mundos diferentes. Cheguei a procurá-lo recentemente para perguntar sobre aquela época da nossa vida durante *O poderoso chefão: Parte II*. Ele não conseguia lembrar e não sabia dizer direito. Mas eu me lembro de ser um período em que estávamos meio distantes um do outro e eu sou muito grato por não ter durado muito.

Francis e eu víamos muitas coisas da mesma forma, e eu o admiro muitíssimo. Ele tem uma mente brilhante e um talento de proporções épicas, e gosto de ouvir a opinião dele sobre qualquer assunto. Ele tinha feito um filme incrível e agora estávamos tentando terminar um segundo.

Eu assisti à *Parte II* alguns meses antes, logo antes de estrear, numa sala de exibição com Charlie. Achei que Francis fez um ótimo trabalho. Eu me lembro de pensar que Bob de Niro também estava muito bem;

fiquei impressionado com seu Vito, pelo qual ele ganhou um Oscar. Deus sabe que meu retrato de Michael naquele filme talvez seja uma das melhores interpretações da minha vida.

Ouço muitas comparações entre *O poderoso chefão* e *O poderoso chefão: Parte II*. Para mim, eles têm tons diferentes. Ambos são filmes de grande valor, embora o primeiro tenha mais apelo popular. Além disso, tinha Marlon Brando e isso nunca poderia ser duplicado. O que eu poderia fazer na *Parte II* que se comparasse àquilo? O que Michael tem a oferecer ao público nesse nível? Ao longo do filme, há sinais claros de que ele não é uma pessoa completa. Porém, a *Parte II* leva o personagem de Michael a um lugar mais complexo e tem algo mais profundo a dizer sobre sua condição. É por isso que aquela cena de flashback no fim — a festa de aniversário para Vito, escrita por Francis e Mario — tem tanto impacto. Foi muito divertido filmar, me reunir com caras do primeiro filme, como Jimmy Caan e Abe Vigoda, e tentando conjurar um pouco do jovem Michael antes mesmo de ele entrar para o Exército — voltar e ser aquele garoto, tão idealista e pronto para lutar contra o Eixo, tão certo do que é o bem e do que é o mal e de como derrotá-lo. Era assim que ele era. O que aconteceu com aquela pessoa?

No fim da *Parte II*, a trajetória de Michael se resolveu. Sua queda estava completa. Ele tinha se transformado cem por cento em pedra. Eu não conseguia me ver interpretando-o novamente.

7

Velocidade máxima

Eu encarava fixamente a cortina roxa do quarto chique do hotel em que estava hospedado em Londres. Observava enquanto um rato corria pelo tecido acima e aí, como se vindo do nada, um morcego desceu voando e o atacou. Eu não sabia se o que estava vendo era real, uma alucinação ou um flashback daquela exibição de *Farrapo humano* a que minha mãe me levara quando eu tinha cinco anos. Eu estava pirando.

Olhei para longe com hesitação e consegui perceber que Charlie estava lá comigo, sentado na outra ponta de uma longa mesa, cada um de nós com uma garrafa grande de destilado ao lado. Pensei que podia ver meu futuro: ficar tão bêbado que começaria a ver coisas que não existiam. Eu tinha o potencial de desenvolver o que chamavam de DT — *delirium tremens*. Quando tinha uns vinte e poucos anos, enquanto me recuperava de uma cirurgia num hospital de Nova York, recebi morfina para dor e, quando voltei a mim, achei que estava flutuando acima do Central Park. Agora ali estava eu, em Londres, e, olhando de uma suíte de luxo do sexto andar para o St. James's Park, me perguntei se uma sensação similar me dominaria e me levaria pela janela.

Comecei a desabafar com Charlie, dizendo que não queria fazer o tal novo filme que Marty Bregman havia conseguido para mim. O que eu estava fazendo com minha vida? Queria mesmo estar lá de novo, segurando uma arma e cometendo crimes? Tendo estrelado já em quatro filmes, talvez eu só não quisesse mais ser ator de cinema.

Charlie foi muito compreensivo e apoiou minha decisão. Ele disse:

— Eu sei, Al. O que fazemos agora?

Eu estava revoltado e cansado de tudo. Falei:

— O que eu vou fazer é não fazer esse filme. É isso que eu vou fazer.

Não sou imune a surtos ocasionais de ansiedade. Me declaro culpado de ser inconsistente e fazer escolhas bizarras. A névoa dos holofotes ainda era nova para mim, e a ansiedade gerada por toda essa atenção tinha infestado minha cabeça. Meu processo de tomada de decisão também estava anuviado pelo consumo de álcool e drogas. Agora meu cérebro estava me dando um sinal de alerta, e achei que era melhor prestar atenção.

Frank Pierson tinha escrito um senhor roteiro sobre um assalto a banco fracassado que tinha se transformado numa situação de reféns no Brooklyn alguns verões antes. Marty Bregman se esforçara muito para que várias das pessoas reais envolvidas no assalto vendessem os direitos da história. Bregman havia chamado Pierson para escrever o roteiro e estava com Sidney Lumet, nosso prodígio de *Serpico*, alinhado para dirigir. Naturalmente, ele queria que eu fosse a estrela. Naturalmente, eu recusei.

Após recusar o projeto, eu estava de volta a Nova York quando recebi uma ligação de Bregman num momento muito oportuno. Sabiamente, ele esperou até confirmar que eu não estava bebendo e perguntou se eu estaria disposto a ler de novo *Um dia de cão*. Achei absurdo. E ele disse:

— Você não está doidão agora, está?

E eu respondi:

— Não. Estou normal. Estou bem.

Com uma delicadeza incomum, ele falou:

— Por que você não lê de novo, por mim? Faz isso por mim. Eu preciso muito que você leia.

Concordei, meio relutante. Mas eu o respeitava e confiava nele. Então li, liguei imediatamente de volta para ele e perguntei:

— Por que eu não vou fazer esse filme?

E ele disse:

— Era só isso que eu queria ouvir.

E lá fomos nós.

Lumet nos deu três semanas para ensaiar *Um dia de cão* — era o tempo que eu podia usar para entender meu personagem, que se chamava Sonny Wortzik. Então comecei a gravar no primeiro dia de filmagens. Por algum motivo, depois fui até a sala de edição para ver as imagens, o que quase nunca faço na maioria dos trabalhos. Mas algo me levou a fazer isso. E, quando vi o que tínhamos gravado, pensei: Não estou interpretando ninguém. Eu não tenho um personagem. Preciso ser alguém aqui, porque não vejo uma pessoa. Ao sair da sala de exibição, sussurrei no ouvido de Marty Bregman:

— Precisamos filmar isso de novo.

Em seguida saí voando da sala. Ele gritou atrás de mim:

— Como assim?

Mas eu já tinha saído.

Eu tinha um apartamentinho numa vizinhança excelente, no Upper East Side, na 68th Street com a Madison. A região era tranquila, familiar e rica, e o prédio era bem reservado, como eu gostava. Não tinha porteiro nem lobby pelo qual eu precisasse passar ou lidar com outras pessoas. O apartamento pertencia à atriz Candice Bergen, mas naquele momento era meu. O aluguel era relativamente baixo, e o lugar tinha apenas um quarto pequeno, uma sala, com um sofá e uma lareira, e uma cozinha minúscula, com uma janela que me lembrava aquela em que minha avó costumava se pendurar enquanto limpava. O espaço funcionava bem para mim, me mantendo protegido da loucura da cidade, exceto por uma senhora que eu escutava gritar noite sim, noite não. Ela estava passando por algo extremo. Era algo que podia levar alguém a se mudar, mas eu aguentei e fiquei.

Na véspera das refilmagens de algumas cenas de *Um dia de cão*, eu me vi no apartamento sozinho com meio galão de vinho branco. Talvez eu tenha passado metade da noite andando de lá para cá, bebendo e tentando descobrir em que direção iria com o papel principal do filme. Parecia que eu estava tentando compor uma sonata ou escrever um conto. Em minha solidão, eu estava sofrendo para encontrar um lugar aonde pudesse ir, uma pista em que pudesse trafegar, que motivasse meu personagem e levasse a alguma espontaneidade. Precisava pensar em algo rápido.

Cheguei na manhã seguinte interpretando meu personagem de um jeito um pouco diferente. Ele era inquieto, animado e agitado. Houve sussurros de amigos meus no elenco:

— Será que o Al está tendo um surto nervoso?

Mas eu sabia que não estava. Eu ainda descobriria o que era um surto nervoso, e não era aquilo. Eu não tinha mudado drasticamente minha abordagem, mas foi o suficiente. Havia encontrado certa mentalidade que permitia que o personagem desabrochasse e desse frutos sem forçar. Continuei assim durante as seis semanas de filmagem.

Desta vez, eu tomei o cuidado de, quando possível, escalar para o filme atores com quem já tinha trabalhado, gente que conhecia meu verdadeiro eu, não só a imagem. Penny Allen fez uma das inabaláveis caixas do banco, e Charlie Durning era o sargento de polícia que tentava negociar com os assaltantes. A mãe do meu personagem era interpretada por Judith Malina, um ídolo meu, cofundadora do Living Theatre, que fumava um baseado atrás do outro no set e de vez em quando me dava uns tragos. O suado gerente do banco era Sully Boyar, um ator especializado em personagens estranhos e excêntricos que eu conhecia desde meus dezessete anos. Ele mesmo era meio excêntrico, mas tinha um grande senso de humor.

Certa vez, perguntei a ele:

— Ei, Sully, por que você não conseguiu fazer sucesso e eu sim?

Ele respondeu:

— Você achou uma porta que estava só um pouquinho entreaberta e passou por ela.

— E por que você não?

— Eu estava comendo um cachorro-quente.

Foi Charlie quem sugeriu que trouxéssemos John Cazale para fazer meu cúmplice. Apesar de Sidney Lumet querer alguém mais jovem, Charlie tinha toda a razão — John foi um pilar definitivo naquele filme, e a relação entre nossos personagens era uma inversão brilhante da retratada nos filmes *O poderoso chefão*. Qualquer um que chegasse esperando ver uma repetição de Michael e Fredo Corleone teria uma grande surpresa.

Quando as gravações terminaram, o meu personagem simplesmente me abandonou na hora. Eu tinha estado possuído, e aí acabou. Até Sidney comentou comigo que o viu indo embora, como um espírito. Então, quando voltamos mais tarde para regravar algumas coisas, o espírito não voltou. Fizemos as refilmagens, e eu sobrevivi. Não fiquei satisfeito com o resultado de alguns desses momentos, mas eu tinha feito o suficiente durante o filme para me safar. Duvido que qualquer espectador consiga saber quais partes vieram das regravações, porque, quando eu mesmo vejo o filme, não consigo perceber a diferença. Às vezes, temos essas ideias sobre nós mesmos que são completamente tortas.

A SEXUALIDADE DO MEU PERSONAGEM EM *UM DIA DE CÃO* É UMA COISA complexa. O que eu interpreto do roteiro é que ele é um homem com esposa e filhos que por acaso também tem um caso com uma pessoa que se identifica como mulher e que hoje entenderíamos como transgênero. Mas saber disso a seu respeito não me animou nem me incomodou; não fez o papel parecer mais atraente nem mais arriscado. Apesar de ser um garoto que começou no sul do Bronx, eu morava no Village desde a adolescência. Tinha amigos, colegas de apartamento e conhecidos que sentiam atração por pessoas diferentes das que me atraíam, e nada disso jamais me pareceu algo rebelde ou inovador ou incomum. Só *era* um fato.

Talvez na época de *Um dia de cão* fosse algo incomum ter um protagonista num filme de Hollywood que era gay ou *queer* e que também era tratado como herói ou digno da afeição do público — mesmo que roubasse bancos. Mas é preciso entender que nada disso entra em minhas considerações. Sou um ator representando um personagem num filme. Faço o papel porque acho que posso adicionar algo a ele. No que me dizia respeito, *Um dia de cão* era simplesmente uma continuação bacana do trabalho que eu passara a vida fazendo. Era inevitável que o público tivesse determinados sentimentos em relação a mim por causa das escolhas que eu fazia, e as pedradas continuariam vindo de qualquer jeito. Tento ficar longe de questões polêmicas, mas mesmo assim me vejo em controvérsias. Se as pessoas acharem que ajudei no progresso de uma questão específica de representatividade, tudo bem. Se há crédito ou culpa a atribuir, não me sinto merecedor de nem uma coisa, nem outra. Tudo o que sei é que eu atuo para encontrar nos papéis o máximo de humanidade que seja capaz retratar.

Uma coisa me incomodava. O roteiro originalmente dizia que, no meio de toda aquela crise de reféns, o amante de Sonny, Leon, interpretado por

Chris Sarandon, vai ao banco vestido de Marilyn Monroe, e eles se beijam na frente de todo mundo. Pensei: Que coisa absurda. Não foi isso que aconteceu. Acho que os cineastas queriam fazer um maior alarde com a situação, mas era uma palhaçada. Não só não era verdade como também era extremamente exagerado — uma encenação satírica que de certa forma minimizava a situação. Tivemos uma grande briga por causa daquilo. Para um grupo que incluía Bregman, Pierson e Lumet, falei:

— Estamos lidando com seres humanos, sejam eles hétero ou gays. Somos apenas seres humanos.

Pensei: Por que estamos falando disso? Os policiais teriam deixado esse tipo de coisa acontecer?

No filme, a polícia permite que Sonny e Leon conversem em um telefonema no qual efetivamente os dois se despedem. O filme, afinal, era baseado numa história real, e eu fiz a pesquisa e descobri que eles fizeram mesmo uma ligação. Não se beijaram, sequer se tocaram. Ninguém estava vestido de Marylin Monroe. Isso nunca aconteceu. Como Sidney Lumet era brilhante e sabia que Chris Sarandon e eu estávamos convivendo com nossos personagens já fazia um tempo — tínhamos ensaiado juntos e estávamos filmando havia várias semanas àquela altura —, ele nos deixou fazer o diálogo daquela ligação no improviso, que ele então utilizou para escrever a cena. Essa é a magia de Lumet. Sidney trouxe microfones e nos gravou. Fizemos três diferentes tomadas de improviso, e Lumet então as editou com Chris e eu para criar a cena. Aquela ligação telefônica que você vê no filme era o resultado da improvisação. Era como voar sem rede de segurança, mas aquele filme todo era voar sem rede de segurança. Como me disse Sidney Lumet a certo ponto enquanto filmávamos, depois de ter passado o dia em cima de uma escada conversando com uma multidão de quinhentos figurantes:

— O negócio saiu do nosso controle, Al.

Ou, como certa vez definiu Charlie:

— Você acabou de puxar o pino, meu querido, e soltar essa granada.

O momento mais poderoso de todo o filme foi uma invenção espontânea. Em uma cena, enquanto estou saindo para a rua para conversar com a multidão, o assistente de direção de Lumet, Burtt Harris, sussurrou no meu ouvido:

— Fala "Attica".

Eu perguntei:

— Como assim?

Ele repetiu:

— Fala "Attica". Fala "Attica".

Ele estava falando de uma prisão no norte de Nova York que, poucos meses antes, tinha sido cenário de uma rebelião brutalmente reprimida pelo governador, pelos agentes penitenciários e pela polícia. Então eu saí para a rua e comecei a conversar com a multidão. De repente, soltei:

— Lembram de Attica?

E as pessoas começaram a surtar pra cacete. E pensei comigo mesmo: É isso que o cinema pode ser. Vai lá, vai com tudo. Algo talvez aconteça. E era isso que Burtt Harris sabia. E, claro, fomos com tudo e lá está. É Attica. Bravo, Burtt Harris!

NORMAN ORNELLAS ERA UM DOS MEUS MELHORES AMIGOS NA COMUNIDADE de atores. Ele estivera comigo em vários de meus marcos profissionais, e eu sentia que o conhecia bem. Mas só conheci o pai dele num hospital quando Norman estava morrendo de câncer. Norman tinha trinta e cinco anos, jovem demais para estar à beira da morte. Era um ator maravilhoso do Actors Studio; passara um tempo na prisão e tinha uma impetuosidade e uma espécie de rebeldia. Mas era muito inteligente e talentoso, e eu o amava. Ele havia aparecido em *Serpico* e atuado no palco comigo em *Ricardo III* e *A resistível ascensão de Arturo Ui*, e acabara de fazer sua estreia na Broadway alguns meses antes, numa peça dirigida por Joe Papp. Depois de receber seu diagnóstico, Norman começou os tratamentos; estava neles há algumas semanas quando nos sentamos para almoçar no Ginger Man, onde me contou o que estava acontecendo. Na conversa, ele me disse:

— Sabe, Al, três meses, trinta anos. Não faz diferença.

Ele parecia ter alguma sabedoria profunda. É assim que olhamos para o tempo quando ele está se esvaindo, e ele passa numa velocidade que não dá para controlar. Na época, eu não entendi direito, mas sem dúvida nenhuma passaria a compreender o que ele queria dizer.

O pai de Norman era um português que tinha criado a família no Havaí e tinha uma relação muito próxima com o filho. Uma vez, nos cruzamos no corredor do hospital. Naquela época, Norman tinha perdido muito peso e estava próximo da morte. O pai dele me olhou e falou, sem deixar dúvidas:

— Você consegue trazer o Norman de volta?

Ele estava fazendo uma súplica direta para que eu ajudasse seu filho.

Talvez parecesse um pedido absurdo de seu pobre pai, mas não era mais disparatado do que algumas das coisas que eu havia tentado fazer para ajudar Norman conforme ele ficava cada vez mais doente. Fiquei bem desesperado em minha própria busca por respostas, me voltando a médiuns, videntes e pessoas que faziam sessões espíritas, charlatões que prometiam panaceias ridículas — basicamente qualquer método que alegasse ser capaz de livrá-lo do câncer. O que quer que seja, você pensa consigo mesmo, por que não tentar, pelo menos? No fim, você simplesmente se dá conta de que tudo está fora do nosso controle.

O pai de Norman nunca teria me feito essa pergunta se eu fosse um desconhecido. Eu talvez tivesse conexões com um bom médico, um bom hospital, alguém capaz de ajudar, coisas que não eram simples, só porque eu havia sido elevado ao estrelato. O que essa carreira me deu, a realidade desproporcional que eu ocupava — eu vi nos olhos daquele lindo homem que estava estendendo a mão para uma celebridade porque achava que eu podia ajudar seu filho moribundo.

Enquanto eu refletia sobre isso, o pai de Norman seguiu falando. Ele disse:

— Eu trocaria de lugar com ele. Tem alguma forma de você me ajudar com isso?

Eu sabia que ele estava falando sério. Será que eu já havia amado alguém o suficiente para querer trocar de lugar com a pessoa? Conseguiria fazer algo assim? Eu conhecera o amor com meus avós e com minha mãe. Sentia amor por meu primo e meus amigos. Nunca tive isso com meu pai, apesar de ter visto em meu avô, depois da morte da minha mãe, quando ele estava sentado naquela cadeira, só batendo os pés. Naquele momento, ele nem era mais meu avô — havia sido tomado por uma sensação que nunca vi em toda a minha vida. Agora, ao observar o pai de Norman, eu percebia o que era o amor de um pai por um filho. Há uma profundidade nesse tipo de amor, e eu estava vendo aquilo bem na minha frente. Mais tarde, eu passaria a conhecê-lo também.

Estávamos falando de fundar um teatro juntos, eu, Norman e John Cazale. Joe Papp estava envolvido, e estávamos discutindo com ele a ideia de fazer um teatro nacional dos Estados Unidos, que seria subsidiado pelo governo, como existe na Inglaterra, e envolveríamos outros atores como Meryl Streep, com quem John estava namorando na época. Mas acontece que é muito difícil ter um teatro nacional em Nova York, porque a indústria cinematográfica fica na Costa Oeste. É possível existir um teatro nacional em Londres porque todos os atores moram lá. Mas, nos Estados Unidos, os atores não ficam em uma cidade só — eles se dividem entre Nova York e Los Angeles, a quase cinco mil quilômetros de onde queríamos fazer o projeto. Eu também estava vivendo num mundo de sonhos, porque estava virando um astro. Pensei: Não posso entrar nisso e ficar trancado no teatro quando achava ter outra vida à frente.

John Cazale nunca visitou Norman no hospital, o que me surpreendeu. Não sei se John já sabia que ele mesmo estava com câncer. John era uma pessoa sensível e entendia como atores são profetas e videntes. Acho que não queria aquela profecia do que poderia acontecer com ele. Eu sabia que John não desejava ter filhos, e talvez fosse por isso.

Quando John recebeu seu diagnóstico de câncer e começou a contar às pessoas, eu às vezes ia com ele ao consultório de seu médico fazer os tratamentos. John era um grande artista e confidente, e eu queria trabalhar com ele o tempo todo. Uma vez ele me disse, como piada:

— Eu estou o tempo todo com *você*. Preciso trabalhar com outras pessoas, não? Preciso me expor e fazer outras coisas.

Dei risada. Eu amava.

Quando ele começou a ficar muito doente, vi como Bob De Niro e seus outros colegas de *O franco atirador* ofereceram os próprios salários para cobrir o seguro caso John, por algum motivo, não conseguisse completar o filme. Foi um gesto tocante e de muito peso. Mas o que achei incrível foi como Meryl Streep ficou ao lado de John todos os dias até o fim. Ela é uma das maiores atrizes da história, e seu ânimo e sua dedicação a John me tocaram de uma maneira muito profunda. Ela passou por aquilo tudo com ele, e simplesmente a amei demais por isso. Eu a amo até hoje.

Em um intervalo de cerca de três anos, John e Norman se foram. Como Cliffy, Bruce e Petey. Ainda bem que eu sabia ficar sozinho, porque aquilo estava se tornando um hábito ruim.

Um dia de cão foi um sucesso, e eu estava em uma fase ótima, esticando a improvável série de filmes que tive com *O poderoso chefão*, *Serpico* e *O poderoso chefão: Parte II*. Outro sucesso de crítica. Outro hit nas bilheterias. Outra indicação ao Oscar para a qual não apareci. (Todo mundo me disse que eu não tinha chance contra Jack Nicholson em *Um estranho no ninho*, e, acredite, eu não tinha condições psicológicas para ir, independentemente de Jack ser uma aposta certa ou não.)

Minha fama não só ficou maior depois de *Um dia de cão*, ficou mais intensa. Isso às vezes acontece com certas pessoas, por motivos que têm a ver com as circunstância e o timing, portas se abrindo e se fechando. Por acaso, aquele era o momento certo para alguém como eu. Mas toda essa atenção estava me deixando isolado e me afetando de maneiras profundas.

Com esse tipo de coisa, você basicamente precisa se virar sozinho. Não há muita gente por perto que possa lhe dizer: olha, é assim que se lida com isso, é assim que se faz as pazes com isso — essa nova intensidade de uma vida transformada, que leva a uma solidão desesperadora e a uma estranha forma de existir apartado do mundo. Quando pedi conselhos a Lee Strasberg, ele me disse: "Querido, você simplesmente tem que se adaptar." Até onde sei, essa continua sendo uma pergunta sem resposta. E a forma como eu lidei com isso foi usando drogas e bebendo. Eu não estava vivendo uma vida de luxo. Minha maneira de lidar era mais discreta e reservada. Tentei fazer teatro de novo. Voltei ao Actors Studio e experimentei algumas coisas. Mas estava sofrendo com uma ansiedade tremenda. Nervosismo. E tinha muitos problemas com a bebida. E tudo isso, tudo isso, sozinho num apartamento pequeno.

Comecei a me perguntar: será que mereço esse grande presente que me foi dado, a fama? Como chego a um lugar de aceitação em tudo isso? Como conviver com a sensação de não se encaixar entre as outras pessoas quando você já sente que não se encaixa consigo mesmo? É uma questão difícil de resolver. Os astros de cinema de antigamente lidavam com a fama convivendo entre os seus — a eles era concedido um estilo de vida que era bancado pelos poderosos estúdios de cinema de sua época. Eu não vivi essa época — você precisa entender que agora é muito diferente, e já ouvi outras celebridades expressarem suas dificuldades em relação a isso. Em determinado momento, lidar com a fama passa a ser uma questão egocêntrica, e a pessoa provavelmente deveria ficar calada. Por outro lado, aqui estou eu falando sobre isso agora, então estou começando a sentir que devo manter minha boca fechada também. Alô.

Charlie tinha finalmente largado a bebida, porque sabia que era alcoólatra. Ele e eu bebíamos o tempo todo. Acho que Bregman olhava para a gente e pensava: É só o que esses dois fazem. Como falei, eu raramente ficava bêbado na frente dele. Bregman nem sabia que eu tinha um problema com isso. *Eu* não sabia que tinha um problema com isso. Mas Charlie sabia, e sabia que eu não sabia. Eu achava que estava bem. Não bebia quando trabalhava — esse era meu grande negócio. O trabalho sempre vinha em primeiro lugar. Era o que me dava identidade e consolo, fazia com que eu me sentisse mais próximo ao meu verdadeiro eu.

Mas, meu Deus, beber era um estilo de vida para mim. Foi o que Charlie finalmente me disse:

— Al, você só bebe. Você nem sabe, acha que todo mundo bebe assim.

Eu ficava chocado quando alguém na minha mesa não queria um drinque. A pessoa me parecia bizarra. Agora, muitos anos depois, recebo esse olhar de outras pessoas, como se dissessem: Qual é o problema desse cara? E penso comigo mesmo: Que merda aconteceu comigo? Quando eu parei de me divertir? Frank Sinatra me lançou esse olhar uma vez, a primeira vez que saí com ele. Era um olhar que dizia: Como assim, você não bebe? Pensei: Ele também vê e não entende. Era assim que eu olhava as pessoas que não participavam do meu mundo do álcool e de bebedeiras.

Mas Charlie sabia que beber iria me trazer problemas, problemas grandes. Era ele quem acabava mal — eu tinha o que chamam de controle. Gostava da minha cerveja Heineken e tinha uma baixa tolerância, então precisava de muito pouco para ficar alto. Não precisava chegar ao ponto de abusar do meu corpo. E então comecei a acordar tendo esquecido as coisas que fizera na noite anterior. Eu estava tendo apagões, e isso me assustava. Depois de alguns ataques de pânico, soube que precisava de ajuda.

Fui aos Alcoólicos Anônimos por um tempo. Tive um gostinho, mas, para mim, não era anônimo. Eu também não me identificava com aquele ambiente, mas entendo o seu valor, e o serviço que presta às pessoas que precisam é incrível. Simplesmente me sentia deslocado ali, então fui embora.

Começar a fazer terapia ajudou. Me ajudou a seguir em frente e me ajudou a parar de beber. Quase sinto que é algo obrigatório na minha posição. Sério, cara, você precisa ter sua cabeça analisada. Porque ela fica grande demais e há muita coisa lá dentro que tem que ser controlada. Você precisa ir a um cara que vai lhe falar o que você já sabe sobre si mesmo e prestar atenção em você por uma hora inteira. Todo mundo gosta disso. Todos precisamos de um pouco de atenção.

A primeira vez que eu cogitei fazer terapia foi em Boston, durante minha temporada com *Ricardo III*. Passei alguns dias hospedado na casa do nosso diretor, David Wheeler, e ele entrou no meu quarto uma manhã para me dar as boas notícias.

— Ei, Al! Você acabou de ganhar o National Board of Review!

Era meu primeiro grande prêmio cinematográfico por *O poderoso chefão*. Eu respondi a ele, na voz mais suave que conseguia conjurar:

— Eu ia te perguntar, David, você tem alguma indicação de psiquiatra? Porque eu preciso de um.

Essa foi minha resposta a ele. Não que não estivesse feliz por ganhar um prêmio tão importante, mas é que eu tinha outras coisas na cabeça.

Primeiro eu fui ver um psiquiatra em Boston, depois consegui um cara em Nova York. Fiquei apaixonado pelo processo e cheguei a um ponto em que fazia terapia cinco vezes por semana em alguns momentos. Recomendo demais, se você tem alguma inclinação a isso. Talvez não precise ir cinco vezes por semana, mas vale experimentar. Tem aquela velha história: uma mulher vai a um terapeuta por anos e aquela é sua última consulta, porque ela sente que está muito bem em sua vida e pronta para seguir em frente. Ela quer parabenizar seu terapeuta e se despedir. Então diz: "Você me fez tão bem. Eu amo tanto meu marido. Cada dia com meus filhos é uma alegria. Meu trabalho está maravilhoso. Estou vendo um lado totalmente novo da vida. Você foi tão maravilhoso. Você nunca fala nada. Só absorve tudo. Por favor, me diz como consegue?" O terapeuta olha para ela e diz: "*No hablo inglés.*" Essa é uma interpretação da terapia também; é preciso falar e deixar tudo sair. Quando eu morava com Jill, antes mesmo de começar a fazer terapia, eu ficava sentado sozinho na banheira, falando das coisas. Eu limpava minha mente comigo mesmo.

É um relacionamento incomum que você forja quando encontra um bom médico, alguém que você sente que tem esse tipo de comprometimento com você. E, aí, essa pessoa tira um tempão de folga e você não a vê o verão inteiro. Eu tive um desses episódios em que não conseguia encontrar meu médico. Podia ter me poupado uns vinte anos de aborrecimento se conseguisse evitar isso. Quando seu psiquiatra viaja, é uma boa ideia você saber onde ele está e poder telefonar quando está com problemas. Eles também precisam de descanso. Consigo lidar com: "Ei, minha filha está se formando na faculdade, vou viajar por uns dias." Mas subir uma porra de um rio em algum lugar e não ficar disponível por tipo seis semanas? Francamente, minha vida podia sair dos trilhos em muito menos tempo do que isso.

Eu tinha sonhos recorrentes em que ia ao consultório do meu psiquiatra, mas não conseguia encontrá-lo em lugar nenhum. Ele estava no prédio, mas indisponível. Eu estava na porta, mas não havia nenhuma campainha que eu pudesse apertar para avisá-lo que estava ali nem maneira de me deixarem entrar. Era esse o meu sonho. Agora, tenho essa sensação em relação ao meu agente.

COMECEI A DIMINUIR O ÁLCOOL E, AOS POUCOS, SAÍ DESSA. O PRIMEIRO filme que fiz depois foi *Um momento, uma vida*, que continua sendo para mim uma de minhas interpretações mais reveladoras. Eu estava tentando entrar em um personagem que é uma pessoa isolada e aterrorizada pela morte, mas que a enfrenta todos os dias. A escolha de vida de Bobby Deerfield é dirigir carros de Fórmula 1 mais rápido que qualquer um, uma profissão em que qualquer erro pode ser fatal. Ele é perseguido por fãs que o adoram, mas está desiludido com sua fama, e já desistiu da família e de sua antiga vida quando um acidente numa corrida mata um piloto e paralisa outro. A situação o deixa em uma espécie de coma desperto.

Enquanto visita o piloto que sobreviveu no hospital, Bobby conhece uma mulher diagnosticada com uma doença fatal. Ela está tentando sentir a vida de alguma forma, experimentá-la e se entregar a ela. Não se impressiona com a carreira dele nem está ciente de sua fama, e apesar de seu destino trágico e por causa de sua juventude, ela tenta superar o que acontece quando dizem a uma pessoa jovem que ela não vai viver muito tempo. Bobby entra em contato com isso e fica mexido.

Por mais que eu não quisesse fazer o filme, Charlie não parava de me falar para ir à Europa e fazer. Mas minha resposta de sempre era:

— Não vou sair do meu apartamento de jeito nenhum.

Eu sei que o filme tinha sido desenvolvido inicialmente para Paul Newman, e quando ele se retirou, acho que o estúdio queria Robert Redford. Mas eu entraria com todo os meus estranhos resíduos — a dor e a depressão desse período, o que eu achava que podia ser interessante. Achei que era possível expressar o que sentia que o personagem de Bobby Deerfield estava passando, e colocar nele muito daquilo com que eu estava lidando.

É também um filme muito pessoal, eu acho, para Sydney Pollack, que era um grande diretor. Para ele, foi como um exercício para lidar com questões de sua vida que ele acreditava estarem refletidas no filme.

Certamente não havia nada como dirigir aquele carro de corrida. Você não viveu até ter visto um desses carros fazer a curva a 270 quilômetros por hora. Não parece possível, e mesmo assim acontece. Pude conhecer alguns dos grandes pilotos da época, Clay Regazzoni e Jackie Stewart, e aprender com eles em Le Mans. É muito difícil ficar atrás do volante e fazer o que eles fazem, e é complicado de capturar num filme.

Agora, eu tinha coragem de levar aquele carro a 190 quilômetros por hora? De forma alguma. Tem quinze marchas naquele negócio. Eu tinha sorte se conseguisse chegar a trinta quilômetros por hora. Tinha um medo enorme de cair de um precipício. Mas pude conhecer os caras e estudar o que eles fazem. A equipe tinha um time de pilotos especialistas que eram usados para filmar todas as cenas difíceis de corrida, e elas eram inseridas no filme. Benditas sejam as inserções.

Havia algumas atrizes que o estúdio e Sydney Pollack queriam para ser o par romântico no filme. Conheci algumas mulheres que me pareciam ok. Mas, aí, escolheram Marthe Keller, uma grande atriz que também tinha feito *Maratona da morte* e *Domingo negro*. Marthe era suíça e muito sofisticada, uma mulher que estudara nos grandes teatros de Berlim e falava inglês com um leve sotaque. Ela era totalmente estrangeira para mim. Mas me apaixonei por ela. E, por algum motivo, ela se apaixonou por mim.

Não de imediato. Eu não estava interessado nela nem ela em mim. Ela nunca me deu nenhum sinal. Eu sempre achei que ela ficou um pouco decepcionada por Redford não ter feito o filme. Eu entendia perfeitamente. Mas estava em um lugar difícil quando a conheci, e é possível que alguma parte dela se sentisse atraída pelo Bobby Deerfield em mim. Eu nunca havia conhecido ninguém como ela, e ela certamente nunca havia conhecido ninguém como eu. Era uma europeia alta, elegante, refinada. E eu era um cara do sul do Bronx, autodidata e talvez, segundo os padrões dela, um pouco bruto. E, às vezes, é isso que cria um relacionamento.

O selvagem e excêntrico gênio Charlie Bluhdorn, que comandava a Paramount Pictures, era meu amigo por causa do sucesso de *O poderoso chefão*. Encontrei com ele em uma das festas mais sofisticadas de Nova York, para a qual eu e Marthe fomos convidados — o tipo de festa na qual você pode acabar apertando as mãos de gente tão diferente quanto Andy Warhol e Henry Kissinger. Bem, Charlie Bluhdorn viu Marthe e eu juntos nessa festa, deu uma olhada em nós e cunhou a frase que nos descrevia perfeitamente: o Estranho Casal.

De *Um momento, uma vida* em diante, eu parei de beber, parei totalmente, e cada encontro que tive depois foi levemente marcado por certo distanciamento e timidez. Esse parecia ser o semblante que eu tinha depois que larguei a bebida, que era o meu remédio. Depois disso, era como se eu estivesse sempre em um estado de desequilíbrio. Eu me sinto feliz por ter superado isso, e Marthe me ajudou bastante a atravessar esse período. Havia muito amor ali. Nosso relacionamento perdurou ao longo dos anos e assumiu muitas formas diferentes, principalmente como amigos, mas sou muito grato a ela.

Um momento, uma vida não é um filme excelente. É ok. Tem uma boa atuação de Marthe e uma atuação relativamente boa minha, mas acho que Pollack perdeu algumas oportunidades. O filme simplesmente seguiu numa corrente romântica suave e nunca se arriscou a fazer grandes ondas. *Um momento, uma vida* foi amplamente promovido com meu nome e meu rosto, e foi o primeiro filme que eu fiz que foi rejeitado de verdade, tanto por críticos quanto pelo público em geral, me preparando para outros dez anos desse tipo de reação.

Não sei o que as críticas disseram sobre *Um momento, uma vida*, mas com certeza foram coisas negativas. Sempre dá para saber quando se faz um filme. Depois de sair, recebi um bilhete de uma amiga dizendo o quanto estava chateada com as críticas cáusticas sobre mim. Eu não tinha lido nada, claro, mas agora sabia. As intenções dela eram boas, mas eu preferiria não ficar sabendo. Então eu mesmo fiquei com uma visão negativa do filme.

Quando estreou em Nova York, os estúdios fizeram uma grande festa no Tavern on the Green. Eu nem fui. Isso me causou muito problema. Por algum motivo, eu sabia que, se fosse, não ia gostar. Não era minha praia, ainda mais por achar que o filme não tinha dado certo. O estúdio chegou a me dar um carro esportivo de presente, um Alfa Romeo. Mas tinha câmbio manual, e eu não sabia dirigir. Aí, *Um momento, uma vida* foi um fracasso tão grande que eles pegaram o carro de volta.

Então eu fui lá e comprei um novo. Charlie e eu fomos parar em uma concessionária da BMW, onde fiquei contemplando um sedan branco--porcelana, top de linha, custando talvez trinta mil dólares na época. Eu achava que o carro não combinava comigo, mas pensei: Vamos experimentar, e eu e Charlie saímos da concessionária dirigindo. Passeamos pelas ruas da cidade e atravessamos o Central Park até voltar ao meu apartamento na 68th Street e tomar um café. Por sorte, encontrei uma vaga de estacionamento bem na frente do prédio, coisa que nunca acontece. Quando Charlie e eu saímos do carro e entramos no prédio, enquanto subia as escadas, olhei para trás, para o carro, e tive a sensação de que havia algo errado com ele.

Depois de uma ou duas horas, decidimos ir para outro lugar, provavelmente para deixar Charlie no centro da cidade, onde ele morava. Pegamos o elevador e saímos para a rua. Assim que abri o grande portão de ferro do prédio, vi que o carro tinha sumido. Tinha sido roubado. Lá estava eu, pensando que aquele carro não era para mim, e aí — *puf* — ele desaparece. Não, eu não acho que o universo funcione assim, e tenho certeza de que não éramos as primeiras pessoas a passar por isso. Isso foi antes dos alarmes de carro e dispositivos de rastreamento. Os ladrões tinham um esquema em que simplesmente esperavam as pessoas saírem da concessionária com os carros novos e seguiam o dono até sua casa, sabendo que teriam tempo suficiente para entrar no carro e fugir com ele. Lá estava eu, parado em frente à vaga vazia, sem ter mais aquele BMW branco-porcelana para dirigir, então Charlie e eu rimos da situação e fomos dar uma volta. Eu sabia que o carro tinha seguro e que seria resolvido. Havia outras coisas com as quais eu estava mais preocupado em perder — minha sanidade, por exemplo.

Passei vinte e cinco ou trinta anos sem assistir a *Um momento, uma vida*. Até que alguém me disse para revê-lo. Pensei: é irregular e não tem certeza do que está dizendo, mas, em alguns momentos, ele se destaca. Sydney Pollack se destaca. Marthe Keller, uma grande atriz e artista, se destaca.

Acho que parte do motivo de eu ter medo de revisitá-lo era por achar que fosse me lembrar do que eu estava passando em minha vida pessoal na época. Mas, quando o vi anos depois, reconheci alguém que estava exorcizando a si mesmo por meio do trabalho. Coloquei muito das minhas inquietações no personagem, onde achei que seria apropriado. Foi gratificante poder usar isso, mas poderia ter colocado um pouco mais de objetividade, o que talvez tivesse ajudado a atrair um público maior e torná-lo mais atraente.

Fazer os filmes longe da bebida não foi a única coisa que me trouxe de volta ao mundo, mas foi um passo. Logo depois, comecei a visitar universidades, em Los Angeles, no Bronx e em todo o país. Não recebi nenhum pagamento por essas aparições; eu fazia como uma contribuição para essas escolas, e eu teria pago por isso, porque foi terapêutico e muito valioso para mim sair e falar para os alunos. Eu lia, declamando poesia ou apresentando papéis de peças que fiz. Já não estava me isolando. Depois, fazia sessões de perguntas e respostas em que eu interagia com a plateia. Uma vez, em uma dessas ocasiões, uma jovem me perguntou:

— Por que você não gosta do seu público?

Fiquei chocado. Falei:

— Quê? Não, meu público é o motivo de eu estar aqui. Eles vão aos meus filmes. Veem minhas peças. Por que eu não gostaria deles?

Mas o que eu transmitia ao não dar entrevistas ou participar de determinados eventos era interpretado como não gostar do meu público.

Eu disse à moça que perguntara aquilo que tinha dificuldades para aceitar a atenção midiática. Eu não havia entendido que a mídia na verdade está servindo ao público — está dando ao público o que ele quer, e o público quer saber mais das várias pessoas que se apresentam para ele. Sendo tímido, eu não gostava de toda essa atenção da mídia, e certamente não gostava que os paparazzi interferissem na minha vida, embora tenha aprendido desde então que a mídia e os paparazzi, bem, eles também precisam comer. E não sabia como lidar com eles na época. Mas, agora, eu estava começando a me reconectar com o mundo, e era bom. Parecia quase uma questão de sobrevivência.

Ao visitar as universidades, eu estava revivendo algo em mim que vinha do teatro e que se conectava com o público. Acho que foi isso que me levou ao meu projeto seguinte, a excelente peça de David Rabe, *The Basic Training of Pavlo Hummel*. Joe Papp a havia apresentado no Public com outros atores, e eu a encenara em Boston anos antes, por isso a reencenei na Broadway. *Pavlo* é sobre um soldado que é morto no Vietnã; é um grande espetáculo, com um elenco de cerca de vinte e cinco ou trinta pessoas, e todos nós trabalhamos juntos, como uma equipe. A direção brilhante foi de David Wheeler, e eu ganhei meu segundo prêmio Tony naquele verão.

Acho que a peça ainda estaria em cartaz se eu não tivesse saído, mas eu tinha meu relacionamento transatlântico com Marthe, o que é uma situação difícil. Paramos a peça por duas semanas no meio de agosto para que eu pudesse ir vê-la em Munique, onde ela estava trabalhando, o que não é uma boa ideia quando algo está tendo tanto sucesso, mas eu me vi impulsionado pelo meu caso de amor. Voltei ao *Pavlo* por mais algumas semanas depois disso, mas em certo momento precisei voltar a trabalhar no cinema, então encerramos a peça, e essa parte da minha vida acabou. Mas parecia que eu estava pronto para seguir em frente mais uma vez.

8

Todo dia acima do chão é um bom dia

Eu estava no pronto-socorro de um hospital de Santa Monica parecendo alguém que já tinha morrido. Estava esperando para ser tratado por um médico. Meus olhos estavam débeis e acinzentados, minha pele, encharcada de suor. Minhas roupas estavam rasgadas e manchadas de sangue. Tinham me mandado manter os braços erguidos, porque a metralhadora que eu estava usando havia se fundido à minha mão. Uma enfermeira me chamou e disse:

— Vem comigo. A gente precisa ir por aqui.

Enquanto caminhávamos pelo corredor do hospital, ela se virou e me olhou com mais atenção. Ela falou:

— Ei. Você é o Al Pacino?

Respondi:

— Sou.

— Ah, achei que você fosse algum traste qualquer.

Poucas horas antes eu estava no set esfumaçado de uma mansão onde o insano Tony Montana, louco de cocaína, fazia seu confronto final. Eu tinha acabado de disparar trinta balas do meu "amiguinho" num tiroteio com o pequeno exército que tinha vindo me derrubar. Com balas voando para todo lado, a cena pedia que eu levasse um tiro no torso, me fazendo cair para trás. Petardos dentro do meu figurino explodiam com tinta vermelha e eu era derrubado no chão. No estado induzido por drogas de meu personagem, eu agarrava o cano pelando da metralhadora que tinha disparado e largado ao meu lado. E, de repente, minha mão não se mexia — estava presa ao cano.

Eu teria que tirar duas semanas de folga das filmagens de *Scarface* enquanto me recuperava da queimadura e a pele de minha mão se regenerava. Durante a recuperação, Brian De Palma filmaria aquele tiroteio de todos os ângulos imagináveis, sem parar, adicionando mais balas, mais corpos, mais carnificina, convidando outros diretores para ajudar a tornar a sequência mais longa e absurda. Até Steven Spielberg foi lá por um dia supervisionar umas explosões. Enquanto isso, onde eu estava? Em casa, de cama.

PAUL MUNI PARECIA CONSEGUIR FAZER QUALQUER COISA NA TELA AO interpretar Tony Camonte no *Scarface* original, que estreou em 1932. Quando vi Muni naquele filme, escrito por Ben Hecht e dirigido por Howard Hawks, eu já não era um garoto sentado ao lado da minha mãe num antigo cinema no sul do Bronx. Já era um adulto e um ator bem-sucedido. Muni me inspirava. Eu queria imitá-lo. Queria ser ele. Eu disse a mim mesmo: "Acho que consigo fazer *Scarface*. Acho que podemos refilmar isso."

Levaria mais alguns anos para fazermos nossa versão de *Scarface*, que foi lançada em 1983. Tinha o roteiro de Oliver Stone, a direção de Brian De Palma e a visão de Marty Bregman. Era agressivo, provocativo, como o original. E era nossa forma de lidar com uma ideia que, nos anos 1980, já estava em toda parte antes de dizermos no filme: "Primeiro você consegue o dinheiro, depois consegue o poder, e aí consegue a mulher." Era algo tão norte-americano quanto a bandeira dos Estados Unidos. Dependendo de como se olha, é possível dizer que *Scarface* foi o filme de maior sucesso que já fiz. Mas não foi de imediato, longe disso. Aliás, ele fez parte de uma série de filmes que me levou a abandonar o cinema por quase quatro anos. Fui destruído por causa deles e, depois daquilo, eu estava acabado, nocauteado.

Bregman sempre esteve ao meu lado, sólido como uma rocha, mas, em 1978, nos desentendemos por causa de um projeto, e eu fui longe demais. Nós terminamos. Ficamos separados por alguns anos. E, no meio-tempo, comecei a ter problemas.

Nessa época, eu estava trabalhando em *Justiça para todos*. Não é de forma alguma um filme ruim; tinha algumas coisas boas e funciona. Ainda hoje é divertido e agradável de assistir. Eu até recebi uma indicação ao Oscar. Foi dirigido por Norman Jewison, um diretor icônico, que havia feito alguns filmes muito bons. Mas ele e eu não nos demos bem.

A cena de clímax do filme, que provavelmente foi o que me rendeu a indicação ao Oscar, é quando meu personagem, um advogado de defesa de Baltimore, tem que defender um juiz que sabe ser culpado de estupro e abuso sexual. Em vez disso, ele para na frente do júri e de todo o tribunal para dizer-lhes que seu próprio cliente devia ir para a porra da cadeia, num discurso incrivelmente emocionante. Essa explosão virou parte da cultura de uma forma que o filme em si não virou. Até hoje, as pessoas ainda gritam "*Você* é que não tem decoro! Este tribunal todo não tem decoro!",[7] sem saber que veio daí.

Tínhamos passado semanas fazendo o filme em Baltimore e vários dias só nessa cena. Quando a sequência do tribunal fosse finalizada, a produção iria se mudar para Los Angeles. Depois de alguns dias gravando aquela cena de tribunal, Jewison decidiu que tinha acabado e que agora precisávamos ir para Los Angeles e filmar o resto do filme. Eu falei:

— Não acho que acabou.

Ele respondeu:

— O quê?

— Eu simplesmente não acho que acabou, Norman. Está faltando alguma coisa.

Ele ficou puto comigo. Na cabeça dele, a cena estava finalizada.

Continuamos discutindo no escritório dele e eu falei, com cautela:

— Olha, você está gritando comigo e não importa. Isso não muda o que precisamos. Precisamos ficar e trabalhar. Não está pronta.

Ele disse:

— Está, e ponto-final.

Então, voltamos a Los Angeles para filmar o resto do filme, e eu procurei meu agente da época, Stan Kamen, que cuidava do departamento de cinema da William Morris. Stan era elegante e falava com suavidade, era um diplomata que sabia como dizer coisas às pessoas. Falei para Stan:

— Isto não está certo. A gente deixou lá em Baltimore e não está finalizada.

Então, Stan procurou Jewison e disse a ele:

7 No original: "*You're* out of order! This whole court is out of order!" (N. da T.)

— O Al tem opiniões próprias sobre as coisas e às vezes está errado. Às vezes está certo.

Ele convenceu Jewison a marcar uma exibição particular da cena para nós três e deixar a coisa toda rolar.

Nós nos reunimos numa sala de exibição num lote de estúdio. Norman, Stan e eu nos sentamos na plateia, assistindo à cena. Quando acabou, Stan olhou para Norman e disse:

— Acho que o Al tem razão. Não acho que funciona bem, Norman.

Jewison sabia. Tínhamos que voltar a Baltimore e finalizar a cena.

Só que notei isso acontecendo cada vez mais nos filmes: quando havia atrasos causados por disputas criativas — não estou falando de um astro de cinema se recusando a trabalhar por querer um trailer maior, mas de uma discordância genuína sobre como algo está sendo executado —, os atores e atrizes estavam levando a maior parte da culpa. Senti isso durante minha carreira toda. O ator é rotulado como uma pessoa difícil.

Agora, o que é difícil? Alguém está dizendo: estou interessado em fazer esse filme. Estou interessado em como construímos o mundo do filme e como ele é mostrado. As pessoas responsáveis pela grana dizem que estamos fazendo elas ficarem loucas quando fazemos esse tipo de coisa, mas essa é nossa sanidade. Fazemos pelo bem do filme. Se está lutando pela melhoria do filme, você não está sendo difícil. Não está num filme pelos benefícios. O tamanho de um trailer, catorze assistentes, pausas para lanchar a cada cinco minutos, exigências que não têm nenhuma relação com o trabalho que se está fazendo: isso é ser difícil.

Há uma ironia interessante aqui: se eu não tivesse estado em Los Angeles na época, porque Jewison precisava voltar para lá naquele exato momento, talvez tivesse perdido algo extraordinário. Eu estava em West Hollywood com um grupo de amigos de *Justiça para todos*, apenas caminhando pela Sunset Boulevard, quando passamos pelo Tiffany Theatre, uma casa de revival que exibia filmes antigos. E lá, na marquise, em letras maiúsculas, estava a palavra "SCARFACE". Reconheci o título na hora — eu sabia que era um filme clássico de gângsteres e amado por Bertolt Brecht, que se inspirou em filmes assim para escrever sua peça *A resistível ascensão de Arturo Ui*.

Na época em que foi feito, o *Scarface* de Muni era um filme favorito de muita gente, incluindo meu avô; eu tinha crescido ouvindo-o falar de George Raft jogando casualmente sua moeda de cinquenta centavos em todas as cenas, tornando aquilo uma marca de mafiosos em cena. Eu nunca vira antes e levei nosso grupinho para o cinema para dar uma olhada.

Era uma produção cinematográfica sensacional, de um dos maiores diretores de todos os tempos, Howard Hawks. O *Scarface* original era um comentário insano sobre os excessos e fracassos da era da Grande Depressão. Era cheio de violência, e parecia desculpá-la declarando-se, no próprio intertítulo, "uma denúncia do domínio das gangues nos Estados Unidos e da indiferença cruel dos governos a essa ameaça crescente e constante à nossa segurança e liberdade". E, em seu cerne, estava Paul Muni, que parecia intocável. Era como Brando em *O selvagem*, uma figura sem nenhuma restrição imposta por limites ou convenções. Ele me fazia sentir alguma coisa. Ele era livre.

MAS O FILME QUE FIZ DEPOIS DE *JUSTIÇA PARA TODOS* FOI *PARCEIROS da noite*, e não encontrei ali essa liberdade. Billy Friedkin, que escreveu e dirigiu, falava de ser uma visão sombria. Eu tinha feito a coisa de policial disfarçado, e ele tinha feito *Operação França* e *O exorcista*, então topei. Quando li, achei o roteiro bom, sobre um assassino desconhecido que está ameaçando homens nas boates gays de Manhattan. Achei que explorava algo, expressava um insight verdadeiro e fazia algumas perguntas ao mundo. Eu estava também num ponto da vida em que ainda andava meio inconsciente, mas interessado em desafiar os limites de uma forma que eu esperava lançar uma luz sobre certos assuntos, que abrisse a porta para uma maior compreensão de um cenário em constante mudança e revelasse como a nossa aceitação estava evoluindo — eu esperava um certo esclarecimento, tanto para o público quanto para mim.

Mas *Parceiros da noite* ficou polêmico demais durante a produção. Tivemos muitos problemas durante a filmagem, que aconteceu no verão de

1979, com manifestantes aparecendo em nossas locações quase todo dia. Eles acreditavam que iríamos apresentar pessoas gays de forma injusta e estereotipada. Recebi ameaças de bomba e tive que ser protegido por guarda-costas. Eu já não funciono bem em meio a controvérsias, em especial quando sou o suposto astro do filme e dizem que tenho todo o poder, mas não é verdade. Sempre achei que a melhor coisa a fazer nessas situações é ficar quieto, porque, quando você começa a abrir a boca, tudo piora. Você precisa aceitar as porradas. É a natureza da fera.

Era, porém, um filme exploratório. Eu não via assim enquanto estava fazendo. Quando aceitei, achei que fosse ser um thriller de investigação de assassinato, com alguma ousadia. Mas não fui tão sensível quanto poderia em relação à estigmatização da comunidade gay e como aquele material a representava. E, quando vi o filme, percebi que era exploratório. Como na época nunca fazia eventos de divulgação, vamos ser sinceros, eu fiquei quieto. Recebi uma ligação de um dos produtores dizendo:

— Al, dá para falar *alguma coisa* sobre o filme?

Eu respondi:

— Eu não sinto nada em relação a ele.

Ele começou a me atormentar:

— Só fala que foi interessante. Misterioso. Tinha umas cenas poderosas.

Eu concordei com falar algo porque, afinal, tinham me pagado muito dinheiro e eu não ia deixá-los na mão. Mas queria ir a algum lugar bem longe da loucura. Estava de saco cheio.

Eu não fiquei com o pagamento por *Parceiros da noite*. Peguei o cheque, e era muito dinheiro, e pus num fundo fiduciário, o que significava que, uma vez que eu o doasse, não daria para voltar atrás. Doei a instituições de caridade e, com os juros, durou algumas décadas. Não sei se tranquilizou minha consciência, mas, pelo menos, fez algum bem. Sempre era doado de forma anônima, porque eu não queria que fosse um truque de relações públicas — só queria que uma coisa positiva saísse de toda aquela experiência.

Dois anos depois, eu fiz *Autor em família*. Eu não podia falar não a Israel Horovitz, que escreveu o roteiro e tinha escrito *The Indian Wants the Bronx*. Aquela peça me deu um estilo de vida — uma carreira, se quiser chamar assim. Vamos admitir, deu mesmo. *Autor em família* era uma comédia que tentava abordar a maneira como as pessoas criam filhos em famílias desestruturadas, como lidam com o divórcio e o drama e o trauma que isso acarreta para elas e seus filhos. E eu amei conviver com aquelas crianças no filme.

Mas eu e Arthur Hiller, diretor do filme, não estávamos, como se pode dizer, em sintonia. (Talvez você esteja percebendo um padrão.) Eu estava atrasado para uma cena no meio do inverno em Gloucester, Massachusetts, justamente lá. Estava um gelo e o tempo todo a neve começava a cair e parava, e eu estava no meu quarto, esperando que me chamassem para o set. Então, foi um erro de comunicação, nada mais. Mas eu estava atrasado, e isso deu a Hiller a chance de desabafar o que estava fermentado nele há seis semanas. Ele pirou, falando mal de mim para a equipe e me condenando na frente de todo mundo. Então, entrei no meu carro e fui embora. Eu estava com um dos figurões do filme, que tinha aquele tipo de olhar assustador. Ele me disse:

— Você precisa voltar. Ou vai pagar por isso.

Fiquei abalado de verdade. Eu sabia que estava sendo ameaçado. Pensei comigo mesmo: *Você está indo atrás do cara errado aqui, camarada.* Mas, aí, reconsiderei: Não, Pacino, mantenha a cabeça fria. Se você for embora, isso significa pagar. Significa precisar ligar para advogados. Significa ir a julgamento. Significa matérias negativas. Eu não quero fazer jogos com essas pessoas, então falei que ia voltar. Eu estava só tentando terminar esse filme.

Autor em família foi recebido com um desdém venenoso. Estava evidente. Eu me sentia deslizando para a obscuridade. Como seria isso? E por que eu a estava recebendo tão bem?

É CLARO QUE EXISTE A CRENÇA GERAL DE QUE SOU OU FUI VICIADO EM cocaína. Talvez você se surpreenda ao saber que nunca toquei nisso. No entanto, sempre tive muita energia — estou sempre animado, e Tony Montana me permitiu colocar isso no personagem. Ele me oferecia também certa liberação. Ele viu um anúncio de outdoor na lateral de um dirigível dizendo

O MUNDO É SEU e acreditou de verdade naquilo. Era isso que me inspirava nele e o que eu tirava dele.

Nosso *Scarface* não se passava em meio ao sofrimento da Grande Depressão, o mundo dos Bowery Boys e as peças de Clifford Odets, quando tudo era escasso e ninguém parecia ter um tostão furado. Nosso *Scarface* era sobre a ganância de nossos dias atuais, a época em que o fizemos, a era Reagan, quando tudo era abundante e, mesmo assim, fora de alcance de alguma forma. Estávamos zombando de toda a ideia da economia de gotejamento e a filosofia de "pegue o que puder" daquele momento. Oliver Stone mais tarde resumiria em apenas três palavras — "Ganância é bom" — em seu filme *Wall Street: poder e cobiça*. Olhe ao redor hoje. Sabíamos que este mundo estava chegando. Queríamos denunciar a avareza que testemunhamos e ainda fazer com que fosse divertido.

O tempo que Marty Bregman e eu tínhamos passado separados acabou sendo saudável para nós. Ele queria fazer filmes sozinho, longe de mim. E, quando o procurei para falar de *Scarface*, ele entrou em ação de imediato, como se não houvesse passado tempo algum. Imediatamente começou a trabalhar em um acordo com a Universal pelos direitos de regravar o filme e a reunir os talentos. Bregman trouxe nosso velho colega Sidney Lumet para dirigir e David Rabe tentou uma versão do roteiro mais próxima do filme original, mas não funcionou. Então, Bregman chamou Oliver Stone, agora vencedor do Oscar por *O expresso da meia-noite*, para escrever.

Lumet sabiamente deu a ideia de modernizar nosso *Scarface*, fazendo-o se passar durante o êxodo de Mariel e tornando Tony Montana um dos milhares de refugiados cubanos que vieram para os Estados Unidos como um presente zombeteiro de Fidel Castro. Mas Bregman queria ficar longe de qualquer coisa que lembrasse *Serpico* ou *Um dia de cão*, enquanto Lumet queria que o filme fosse embasado e realista, investindo em temas de consciência social. Bregman disse que já tínhamos visto isso antes. Logo, os dois estavam brigando e Bregman fez Lumet ser cortado do projeto. O Don tinha atacado outra vez. Entrou em cena De Palma, que queria que o filme tivesse um estilo operístico, colorido e insanamente divertido, que também era como Bregman o via.

Oliver estava energizado com a natureza política de nossa história — ele simplesmente não é escritor se não estiver sendo político — e o comentário que isso lhe permitia fazer. Eu amava Oliver e continuo amando; via-o como um louco cuja loucura ia e vinha em ondas. Levei-o a minha casa de campo em Nova York para falar de seu roteiro de *Scarface*. Ele me contava histórias que tinha reunido com criminosos e traficantes de verdade que conhecera ao investigar o submundo na pesquisa do roteiro. Ele tinha ouvido falar de um gângster que havia ficado chapado com o próprio suprimento e, enquanto estava sendo baleado num tiroteio, fazia gestos como se estivesse jogando as balas de volta. Achei essa imagem espetacular — a ferocidade e insanidade da coisa; o nível de cocaína que essa pessoa devia ter consumido para chegar ao ponto de fazer uma coisa dessas. Outro traficante anônimo forneceu uma citação que virou a epígrafe do roteiro de *Scarface*: "Cada dia acima do chão é um bom dia."

Mas quem não ia querer interpretar um cara como Tony Montana, que, quando está enfrentando um rival que poderia fazê-lo em pedacinhos com uma motosserra, se vira para o homem que o está ameaçando e diz: "Por que você não tenta enfiar a cabeça no próprio rabo? Vê se cabe."

Com Tony Montana, o que você vê é o que ele é, e vai se foder. A bidimensionalidade dele, para mim, é sua beleza. Se quisesse entrar em Tony, não seria preciso cavar muito fundo em mim. Da forma como o interpretei, o personagem nunca tem nenhum conflito interno até o momento em que mata o melhor amigo, Manny, depois de encontrar sua irmã nos braços dele. É a única vez que o vemos perplexo, em autoanálise, meio confuso pelo que fez. É aí que ele vai para aquela terceira dimensão, mas só por um tempinho — o tanto que alguém consegue ir cheirando aquele monte de cocaína. Dá para saber que, depois disso, não há nada exceto a morte.

Passei o verão me preparando para *Scarface* no Outrigger, um grande condomínio em Malibu Beach, me aprofundando no papel de Tony e descobrindo o máximo que podia sobre ele. Não tenho certeza, mas quase consigo jurar que estavam fazendo um filme pornô no quarto do lado. De vez em quando, eu ouvia barulhos selvagens e via meus vizinhos entrando e saindo com poucas peças de roupa que davam pistas sobre suas ambições cinematográficas. Mas, no meu quarto, com sua vista do oceano Pacífico, eu estava me reunindo com os responsáveis por figurino, cabelo e maquiagem para falar do meu personagem. *E a cicatriz? Como ele conseguiu? Até onde ela vai?* Tive uma ideia. Falei: quero uma cicatriz que atravesse a sobrancelha dele até o rosto. Isso diz tudo de cara. É isso, *caos*. Esse é o Tony Montana. É só olhar para ele.

Fui colocado numa dieta especial e num programa de exercícios, incluindo rodadas diárias de raquetebol, para conseguir aquele visual esguio e feroz. Treinei de perto com um cara que era especialista em combate com faca e trabalhei em meu sotaque com um professor de dialeto, Bob Easton, e meu colega no filme, Steve "Rocky" Bauer, nativo de Cuba que estava fazendo o papel de Manny. É interessante como os sotaques ajudam a criar um personagem. Você nunca vai conseguir um sotaque autêntico a não ser que tenha crescido com ele. De Palma descreveu o filme como uma ópera, porque era grandioso e tudo nele era exagerado, então eu apliquei isso ao sotaque.

Eu me inspirei no sofrimento da subclasse da qual vinha Tony Montana, as pessoas marginalizadas às quais ele pertencia, porque eu sentia que também fazia parte disso, devido ao meu passado e minha criação. Isso me deu a oportunidade de desvendar eu mesmo essa subclasse.

Do meu próprio jeito, eu estava expressando o que havia aprendido até aquela altura dos meus quarenta e um anos, aplicado ao mundo do filme. Atores são como pintores — pintores loucos e selvagens que pintam personagens. Era isso que eu era em *Scarface*.

Tivemos alguns problemas de produção no início, quando começamos a filmar em Miami naquele outono. Havia um contingente conservador que estava incomodado com a maneira como podíamos retratar os cubanos em nosso filme — será que os exploraríamos, que seríamos preconceituosos, que seríamos pró-Castro? —, e que de vez em quando tentava criar confusão com a gente nas locações. Em geral, quando você escava esse tipo de coisa a fundo, descobre que há alguns políticos tentando ganhar pontos ou que a mão de alguém deixou de ser molhada. Mas logo o maior vilão do set seria eu.

Um dia, fui trabalhar na cena em que Tony Montana causa uma confusão num restaurante muito elegante. Enquanto está sendo expulso de um lugar em que provavelmente nunca devia ter tido permissão de entrar, ele percebe que tem a atenção de todos do salão e anuncia, com sua bravata de sempre:

— Digam boa-noite ao bandido.

Era crucial para a cena que eu e meus comparsas usássemos smokings, para enfatizar o quanto estávamos deslocados entre os mais elegantes da alta sociedade. Por baixo daquilo tudo, ainda éramos animais selvagens.

Quando entrei em meu camarim, vi todas as minhas outras roupas bem conhecidas — camisas havaianas, ternos brancos —, mas nada de smoking. Falei:

— O que eu vou usar hoje?

E me falaram que seria o figurino de sempre do Tony Montana, porque a cena agora tinha sido movida para a casa noturna a qual Tony e os outros membros da gangue sempre vão. Pensei: isso não se encaixa lá. Tem que acontecer num restaurante chique, com a classe privilegiada. Se acontecer na casa noturna, não tem impacto. Não tem contraste. Perguntei ao assistente de direção por que estávamos fazendo aquilo. E, claro, a questão toda era o dinheiro. Eles queriam uma locação a menos no orçamento. Brian estava indo longe demais com os custos do filme, e, cortando uma locação, eles achavam que podiam economizar uns trocados.

Então, decidi tomar uma posição. Chamei Bregman e Brian em meu camarim, ambos, compreensivelmente, preocupados com o dinheiro. E, com todo o respeito a eles, falei:

— Vocês não podem fazer isso. Não é o que o Oliver escreveu. Está até nas indicações de cena, ele disse que tem que ser com roupa formal. Não era assim que a cena deveria ser feita. Vai perder o significado.

Acho que falei por quase quarenta e cinco minutos. Quando terminei, os dois me olharam e disseram:

— Agora, estamos todos encrencados.

Respondi:

— Eu estou sempre encrencado, gente. Fazendo ou não, eu estou encrencado. Mas o que é que podemos fazer?

Eles eram inteligentes. Concordaram que a cena tinha que ser feita no restaurante. Mas perderíamos um dia de gravações a um custo de duzentos mil dólares. E, assim, virou uma mancha em minha reputação. Pronto, ele é difícil. *Dá para acreditar no que ele fez? Ele se recusou a gravar.* Mesmo que eu estivesse fazendo a coisa certa pelo filme, seguindo o que estava no roteiro, o estúdio nunca te perdoa por esse tipo de coisa.

Eu era muito grato por meu maravilhoso relacionamento com Kathleen Quinlan na época. Eu havia conhecido Kathleen numa festa na casa de Lee Strasberg no Central Park West, onde, nas noites de domingo, Lee reunia pessoas e dava palestras sobre música, teatro e as artes. Bob De Niro estava lá comigo e, a certo ponto, por acaso vi Kathleen de relance. Ela se virou e me olhou. Eu a olhei de volta e foi isso. O raio havia me atingido.

Bob e eu estávamos parados no longo corredor do apartamento de Lee, olhando as fotografias e os retratos de grandes atores, artistas, diretores e escritores de séculos de história de teatro pendurados pelas paredes. Falei para Bob:

— Acabou de me acontecer uma coisa.

Bob, sempre muito amável, disse:

— Como assim? O que houve?

— Aquela mulher me atravessou completamente.

Ele disse:

— Ah, ok.

E sorriu. Acho que ele viu, de certa forma, que eu estava tendo uma espécie de episódio. Eu era um adulto agindo como se tivesse visto algo pela primeira vez na vida.

Acontece que Kathleen tinha namorado, e qualquer mulher com namorado ou marido está fora de cogitação. Eu simplesmente me recuso a entrar nessa. Suponho que esteja em algum lugar em minhas raízes ancestrais, quem pode explicar? Eu podia ter me esquecido dela, mas de vez em quando fazia umas leituras com outros atores, um grupo que se reunia e lia peças ou roteiros de cinema que nos interessavam. Fui a uma dessas leituras, de *Otelo*, de Shakespeare, num apartamento de porão, e lá estava Kathleen, lendo o papel de Desdêmona. A certo ponto da leitura, levantei os olhos para aquela janela do porão e vi o namorado dela agachado e espiando a leitura da calçada. Eu simplesmente tive uma sensação de que ele estava ali pairando, conferindo como ela estava, como se tivesse medo de que alguém fosse chegar e agarrar sua linda namorada.

Quis o destino que, em algum momento, eles terminassem. Descobri durante *Scarface*, porque meu camarada Rocky Bauer ficou sabendo pela então esposa, Melanie Griffith. Ele disse:

— Eu sei de alguém que gosta de você, uma garota chamada Kathleen.

Infelizmente, na época eu tinha outra namorada, um relacionamento a distância que estava desmoronando aos poucos.

Kathleen e eu começamos a sair casualmente. Ela era de outro mundo, Mill Valley, uma linda cidade nos arredores de San Francisco, e, apesar de ser uma ótima atriz, também curtia caiaque e ginástica artística. Talvez ter só um pé em sua vocação de atriz tenha lhe dado um colorido interessante. Ofereciam a ela papéis muito grandes e importantes, e ela recusava, e outras estrelas ficavam com eles. Kathleen queria ir em outra direção. Que dom ela tem. Fiquei muito impressionado com ela em *I Never Promised You a Rose Garden*; se você viu, sabe do que estou falando.

Depois de alguns meses de namoro, Kathleen e eu fomos jantar no Beverly Wilshire Hotel, onde me hospedei durante *Scarface* para ficar mais perto do set. Ela estava conversando comigo naquele jantar, me contando uma história sobre sua vida, se revelando muito mais e me dizendo coisas que realmente me faziam enxergá-la. Estava falando de sua vida e seus sentimentos de uma forma que me levava a entender o que senti intuitivamente da primeira vez que a vi. E aí aconteceu: o raio voltou. Levei alguns meses para entender essa. Depois disso, ficamos juntos por alguns anos. E havia muito amor naquela parceria.

Kathleen foi meu conforto durante *Scarface*. Era uma alegria ir para casa toda noite e encontrar alguém que eu amava e que me contava sobre seu dia, no que tinha trabalhado, com quem tinha conversado, quais aborrecimentos tinha encontrado. Isso ajudava a me distrair de meu próprio trabalho, aquele lugar em que *Scarface* me colocava, dias passados tomando os golpes daquele personagem maluco, a fumaça e o sangue e a metralhadora de cento e trinta quilos. Nós ficamos juntos depois que terminei o *Scarface*. Até fizemos uma grande viagem para a Europa, que cruzamos de van, quase como caroneiros. Foi uma época gloriosa e parecia tão simples — sem complicações, sem muita pompa. Ela era uma boa viajante e cuidava de muitas coisas que eu era e ainda sou incapaz de fazer. Também estávamos morando juntos, o que era, de certa forma, emancipador. Nossa vida a dois funcionava bem e era fácil.

Meu tempo com Kathleen foi a coisa mais próxima que tive de um casamento. Sempre fugi de casamento. Acho que não via como aquilo poderia ajudar em alguma coisa. Eu queria evitar o que na época eu achava inevitável, uma entrada no caminho da dor.

Agradeço a Deus por Kathleen ainda ser minha amiga e eu a amar. Mas não foi fácil dizer não a um casamento com uma mulher que eu amava. Ela sabia o que queria e conseguiu, só que com outra pessoa. Quando ela foi embora, doeu, e carreguei a dor comigo por anos.

MEU TRABALHO EM *SCARFACE* FOI FEITO ENTRE TEMPORADAS DA GRANde peça de David Mamet, *Búfalo americano*. Passei alguns anos fazendo a peça off-Broadway esporadicamente, no Circle in the Square, desde sua estreia, em 1981. Estávamos nos apresentando na arena, mas nos preparando para levar a peça a uma temporada que nos levaria a San Francisco, Washington, Boston e Londres, onde havia teatros de proscênio. Isso queria dizer que precisávamos de um teatro de proscênio para ensaiar, e nem sempre é fácil achar isso em Nova York. Mas, em 1983, pouco antes da estreia de *Scarface*, nos ofereceram uma grande oportunidade no Booth Theatre, uma linda casa na Broadway.

Na época, eu não lia resenhas, mas, quando estávamos nos apresentando no centro, em geral o feedback era positivo, e, quando fomos para a Broadway, pareceu que as pessoas não estavam tão entusiasmadas. Por algum motivo, havia uma ideia de que estávamos usando a Broadway como degrau a caminho de uma turnê maior e que eu só estava fazendo a peça para ganhar dinheiro. Era uma das muitas suposições falsas sobre o assunto. Mas, para deixar registrado, eu estava recebendo um salário mínimo, para que eu pudesse fazer apenas seis apresentações por semana, em vez das oito que costumam ser exigidas.

Também pareceram atacar com força meu colega de elenco na peça, meu querido e amado amigo Jimmy Hayden, que estava fazendo uma interpretação muito especial. Jimmy era um ótimo ator e um garoto muito bonito. Ele tinha vinte e poucos anos e não tinha família, mas eu o amava como se fôssemos parentes. Por acaso, também era dependente químico. Mas ele tinha o dom. Tinha o visual e o talento. Tinha tudo. Conheci pessoas assim minha vida toda, que simplesmente têm em si aquela grandeza e rebeldia. Elas são vulneráveis.

Búfalo americano era uma vitrine viva, pulsante para Jimmy — qualquer um que entrasse iria notá-lo. Durante a temporada na Broadway, perdemos Jimmy para as drogas; mais uma vez, foi assim. É claro que isso partiu nossos corações, e até hoje isso me perturba. Quando você está tão próximo de alguém e se dá conta da perda, isso dói e não há nada que se possa fazer ou dizer a respeito. Jimmy iria longe e, naquela época, todos pensavam assim.

Mesmo assim, ainda conseguimos levar a peça a Londres, sem Jimmy, substituindo-o por Bruce MacVittie, um ator e amigo maravilhoso. Depois de algumas semanas do início da temporada londrina, estávamos fazendo a peça. Estávamos no meio do primeiro ato, falando de um roubo que vamos fazer, quando uma mulher veio pelo corredor. Ela estava meio alegrinha e, ao caminhar até a beirada do proscênio, olhou para nós no palco e estendeu um cigarro. Com um sotaque *cockney* forte, ela me disse:

— Vocês têm isqueiro?

Ainda no personagem, sem sair do ritmo, respondemos:

— Estamos trabalhando aqui! Estamos tentando planejar um assalto. Você está interrompendo, moça.

Pensei: este é o teatro sofisticado de Londres de que ouvi falar a vida toda? Mas, nesse ponto, o segurança do teatro havia segurado delicadamente o braço da mulher e a levado de volta pelo corredor.

Às vezes, uma plateia não sabe exatamente o que está vendo de imediato e precisa de tempo para entender e absorver. Foi uma lição que aprendi com *Búfalo americano* e também com *Scarface*. No início, *Scarface* foi um fracasso — não comercial, mas criticamente. Artisticamente. Espiritualmente.

Houve uma estreia do filme em Nova York em que algumas pessoas saíram no meio. Fui direto de uma apresentação de *Búfalo americano* na Broadway para a festa pós-exibição no Sardi's. Quem quer que tenha escolhido a lista de convidados claramente havia calculado mal, porque estavam lá sentadas aquelas várias pessoas sofisticadas de alto escalão, todas elas num modo totalmente zumbi. Assim que eu entrei, Liza Minnelli veio falar comigo. Ela nem tinha assistido ao filme ainda — só estava lá para a festa — e disse:

— Essa gente acabou de ver seu filme. Que porra você fez com eles?

Eu respondi:

— Eu sou só um ator, Liza. Melhor você perguntar aos cientistas.

Saí de fininho pelos fundos do Sardi's com Charlie, e daquela enorme multidão de rostos frios e antipáticos surgiu Eddie Murphy com aquele sorrisão dele. Ele veio direto para mim e falou:

— Al, foi fantástico!

E me deu um abraço. Acho que foi o único daquela sala toda que entendeu o filme e gostou dele.

Nós, que tínhamos trabalhado em *Scarface*, ficamos arrasados por dias. Oliver Stone tinha visto o filme sozinho, entre as pessoas comuns, num cinema da Times Square, e relatado, animado, a reação da plateia.

— Sabe o que é isso, Al? — ele me disse. — É anarquia. Eles estavam dançando nos corredores.

Ele parecia esperar a reação polarizada, mas Brian De Palma não levou numa boa, nem Marty Bregman. Minha cabeça estava girando. Eu ficava me perguntando: por que o filme está recebendo essa reação? Por semanas a fio, alguns dos melhores diretores do mundo — até Lumet — ficaram me atordoando falando de como era ruim. Milos Forman me disse:

— Você fez *Um dia de cão* e aí vai e faz um filme desses? Como você faz uma coisa assim?

Warren Beaty teve mais compaixão. Ele me falou:

— Sabe, a gente começou mal com *Bonnie e Clyde*. Dê um tempo ao filme, Al.

Ele tinha razão.

Quando você tem confiança em algo, às vezes é mais fácil de aceitar a crítica. Essas coisas podem acontecer quando se faz filmes. Alguns deles acabam sendo polêmicos e são condenados por uma parte do público, e não consigo mesmo entender por que outros trabalhos conseguem deixar isso para trás e ter uma sobrevida. Eu nunca tinha lido uma manchete de jornal em letras maiúsculas e negrito dizendo PACINO FRACASSA MISERAVELMENTE COMO SCARFACE, até recebê-la de uma mulher, muito animada para me ver no camarim, depois de uma apresentação de *Búfalo americano*. Ela queria meu autógrafo e foi isso que pegou para eu assinar. Agora, se esse tipo de manchete não bagunça o seu cérebro, não sei o que mais poderia fazer isso. Mas, para aquela mulher, a resenha pouco importava. Ela conseguia ver o futuro.

Rocky Bauer e eu fomos indicados para Globos de Ouro, mas *Scarface* não recebeu atenção alguma do Oscar. O trabalho que Brian De Palma fez em *Scarface*, mapeando o filme e carregando-o com tamanha dinâmica e alcance, é simplesmente incrível. Ele levou tudo ao limite. Eu vou sempre me perguntar por que ele não foi reconhecido. Naquele dia, quando anunciaram os indicados e não houve indicações para minha atuação ou para as contribuições de qualquer outra pessoa em *Scarface*, eu estava fazendo *Búfalo americano* em San Francisco, no Curran Theatre, onde tínhamos policiais a cavalo ajudando a administrar as multidões que esperavam depois de cada espetáculo. No dia do anúncio, quando eu não fui incluído, um grupo de fãs veio depois da matinê e ultrapassou a polícia para me dar um Oscar caseiro que haviam construído para compensar esse suposto lapso. Parecia um Oscar de verdade, só que maior. Era exatamente o tipo certo de prêmio, um troféu do povo, e o guardo até hoje.

Não sei por que foi uma surpresa para qualquer pessoa envolvida em *Scarface* o fato de ele não ter sido bem recebido pelo *establishment* quando foi lançado pela primeira vez. O filme inteiro era uma denúncia flagrante do que foi a década de 1980 e ia na direção oposta do *status quo* — a campanha "Apenas diga não" de Nancy Reagan e o *establishment* da época. Ele certamente também não se encaixava nos moldes de Hollywood.

Com o tempo, *Scarface* seria abraçado pela geração do hip-hop, que se identificava com a mitologia de Tony Montana e lhe dava credibilidade. Não se pode esquecer que Tony Montana subiu em direção ao sol como Ícaro e voou cada vez mais alto até explodir. Artistas de rap e seus fãs adotaram o filme. Eles o entendiam e embarcavam na metáfora. Reconheciam o filme como uma parábola, uma história sobre como você vê o mundo quando lhe ensinam que a vida é barata e dispensável. Foram o catalisador e a mola para o sucesso posterior do filme, porque, uma vez que eles compraram a ideia, o mundo começou a comprá-la.

Gente de todo tipo passou a encontrar o filme. Algumas pessoas vinham de classes mais baixas, outras eram da elite — universitários, detentos e atletas profissionais. Virou contracultura. A lenda de Tony Montana se espalhou pelo mundo inteiro. Tony Montana permite que as pessoas se libertem de si mesmas e de suas situações — se libertem de sua rotina, se libertem da vida que lhes mandaram viver. Tem algo doce na jornada. É por isso que as pessoas que realmente vinham do mundo do filme, que de fato caminharam por aquele território, se identificavam e sobreviviam àquilo. Elas sabiam diferenciar a piada do drama.

Quando *Scarface* fez trinta e cinco anos, em 2018, houve um grande evento de reencontro no Beacon Theatre em Manhattan. Foi a última vez que vi Marty Bregman, que tinha noventa e dois anos e estava de cadeira de rodas; ele morreu poucas semanas depois. Os ingressos para a plateia estavam esgotados, milhares de pessoas, a maioria das quais já tinha visto o filme antes, mas nunca na telona. Também convidei alguns dos meus amigos que eu sabia que não eram fãs do filme. Eu os amo, admiro e respeito, e eles ainda são meus amigos. Falei para eles:

— Gostaria que vocês vissem com uma plateia. — Eu não fiz grande alarde. Só disse: — Só deem uma chance. Por mim.

Quando o filme começou naquela linda tela grande, foi como se estivesse explodindo para fora da estratosfera. A magnitude e a magnificência ficaram claras como o toque de uma trombeta. Até gente como De Palma sentiu mais o filme. Meus amigos que antes não gostavam de *Scarface* não saíram dizendo que era o melhor filme que já tinham visto, veja bem. Mas perceberam que havia nele uma riqueza. Aceitaram o espírito da coisa, o que eu sabia que aconteceria quando assistissem com uma plateia. Eles puderam entender onde estavam as risadas, onde estavam as sutilezas e o drama também. *Ah, é isso que esse filme significa.* A plateia, de certa forma, foi a legenda deles, fornecendo-lhes a linguagem interna da obra.

Até hoje, ainda é o maior filme que eu fiz. Os pagamentos residuais ainda me sustentam. Posso viver deles. Quer dizer, poderia, se vivesse como uma pessoa normal. Mas contribui, vamos dizer assim.

Acho que, se fossem lançar *Scarface* amanhã, ele receberia a mesma reação, causaria a mesma controvérsia. É simplesmente difícil demais de controlar. Só isso.

9

Acabou

Eu estava fora. Minha carreira no cinema estava acabada. O que eu havia construído, papel por papel, se fora, desperdiçado em alguns poucos anos. Cada fracasso consecutivo parecia um peso maior em meu peito. Comecei a questionar a própria essência do que eu estava fazendo e por quê. Eu me sentia preso, criativamente drenado, distante de qualquer conexão com o motivo pelo qual tinha me tornado ator para começo de conversa.

Então eu parei. Sem aviso prévio, sem declaração. Simplesmente deixei de aceitar papéis em cinema. Eu não ligava. Disse: Está tudo bem. Ainda tenho muitas coisas pelas quais ser grato. Posso ler peças o dia todo e ainda tenho escolha sobre o que fazer. Mas, no que dizia respeito a filmes, eu havia chegado ao fim.

Quando parei, cometi alguns erros. Um foi achar que podia voltar na hora que quisesse. Mas as pessoas estão prontas para seguir em frente sem você mais rápido do que imagina. Quando você é descartado, está descartado de vez, e ainda mais se parecer que não se importa em voltar.

POUCO ANTES DE ME RETIRAR, EU ESTAVA TRABALHANDO NO FILME *Revolução*, na Inglaterra. Todo dia, em Norfolk, eu acordava em uma fazenda. Estava a cento e sessenta quilômetros de Londres e longe de qualquer lugar que parecesse um lar. O local não era chique, só uma casa de campo no interior britânico, um pouco desgastada. Pisos que rangiam a cada passo meu. Uma fortuna em móveis de segunda mão. Mas isso também pode ter seu charme. Eu amava acordar com o sol e os sons de animais nos currais. Cavalos, vacas. Não aquelas porras de gansos. Mas cavalos e vacas, sim.

Eu tinha ido para lá para fugir. A reação a *Scarface* não havia exatamente aquecido meu coração, e aí Kathleen e eu terminamos, o que foi muitíssimo duro para os dois. Eu precisava de algo que me afastasse de tudo isso — estavam rolando alguns projetos de filmes, e esse me oferecia uma espécie de período sabático. Eu já estava pensando que sabia que não ia durar neste ramo.

Não sei o que deu errado com *Revolução*. Às vezes, são só os culpados de sempre. Devo admitir que gostava do diretor, Hugh Hudson, o cineasta britânico que havia pouco vencera o Oscar por *Carruagens de fogo*. Ele usou uma bela lábia ao conversar comigo sobre o projeto. O filme *Revolução* contaria a história de um homem rude que foi maltratado pela vida e chega com o jovem filho a Nova York no dia que os Estados Unidos declararam sua independência da Grã-Bretanha. Hudson prometeu uma recriação vívida e nada sentimental da vida colonial, e tive longas discussões sobre o roteiro com Charlie, que me encorajou a fazer o filme.

Hugh era o tipo de artista que fazia o que queria. Ainda estava em meio a uma euforia do tipo "posso fazer o que quiser" e pedia muito de sua equipe, como transformar uma humilde praça municipal de Norfolk na Wall Street de 1776 ou construir todo um acampamento militar no interior britânico. Os custos foram uma enorme pressão financeira na Goldcrest Films, o estúdio britânico que estava bancando, e Hugh também me fez trabalhar muito, me mandando correr atrás de carroças puxadas a cavalo, empurrar maquinário pesado e carregar o jovem ator que fazia meu filho nos ombros por horas.

Quando enfim juntaram um copião do filme e me mostraram, falei:

— Hugh, o filme não está pronto. Tem uma grandeza nele, mas, se for lançado assim, não vai fazer sucesso.

Ele pareceu entender a necessidade de algumas mudanças, e falamos de adicionar mais narrações em off, mas praticamente só lhe permitiram tempo para isso. A Warner Bros. queria lançar em dezembro, para o filme se qualificar para o Oscar. O estúdio criou uma campanha publicitária que aproveitava minha fama da época. Venderam *Revolução* com meu rosto.

Ao olhar o pôster, só dava para ver minha cabeça com aquele olhar vago, traumatizado. Eu vi e pensei: Isso não é o filme. Infelizmente, acabou sendo um desastre.

Fora me afastar do cinema, *Revolução* deixou uma mancha na carreira de um grande diretor. Hugh Hudson era um artista talentoso, mas tinha alienado os outros com seu dogmatismo e, quando o filme foi uma bomba, a indústria apontou o dedo para ele. Depois disso, sua carreira sofreu. O fracasso permaneceu conosco por muito tempo e acabou com a Goldcrest Films. Por um período de vinte anos após o lançamento de *Revolução*, Hugh Hudson e eu continuamos a nos encontrar, buscando mais formas de trabalhar no filme, colocando coisas que achávamos estar faltando, cortando onde podíamos. Levantamos nosso próprio dinheiro, e pedi para amigos escreverem algumas locuções em off. Depois da morte de Hugh, houve uma exibição especial no Aero Theatre em Santa Monica, para algumas centenas de pessoas, do novo corte do filme, chamado *Revolução revisitada*. Quando se via numa tela daquele tamanho e num cinema com aquela acústica, dava para ver um grande diretor tentando algo mágico. Essas novas mudanças fizeram com que *Revolução* se tornasse um filme mais tolerável e ganhasse certa ressonância que, quarenta anos antes, não houve no público, e isso se deve à narração e edição adicional. E a nova versão ficou ótima naquela tela grande e bonita do Aero.

Em nosso ramo, às vezes você dá de cara com essas portas. É a corda bamba em que se caminha lá em cima. Fazer esse negócio é arriscado — você ousa e pode cair. E aí precisa decidir se vai levantar ou não.

Parecia que toda vez que eu levava algo a público, ao mundo comercial, era analisado de perto e criticado. Eu me sentia perdido nessa arena. Então, tentei ficar dentro da minha zona de conforto, me concentrar em trabalhos que eu tinha começado a desenvolver no Actors Studio e gostava de fazer. Ainda precisava experimentar, então comecei a filmar aqueles trabalhos — fazer filmes de coisas que eu apreciava, sobre as quais eu tinha sentimentos intensos. Era uma forma de me aterrar e voltar à essência da atuação. Mas a única forma de eu fazer esses filmes sem ser eliminado da face da Terra era fazer isso em privado.

Havia quem me dissesse: "Não gaste seu próprio dinheiro para fazer seus próprios filmes. É a regra número um. Não fique chapado com seu próprio suprimento."

Certas pessoas são cautelosas mesmo. Elas nasceram assim. Mas Marty Bregman me deu um dos melhores conselhos que eu já tinha ouvido:

— Não se vai para a parte rica da cidade para fazer isso. Você vai para o centro.

Ou seja, você não pega suas ideias mais complicadas e difíceis, que você mesmo ainda está tentando entender, a coceira que ainda está tentando coçar, e coloca em um filme pelo qual está recebendo milhões de dólares. Você as afasta dessas expectativas e desses julgamentos — coloca numa sacola marcada como LEGADO e torce para algum dia alguém pegar, abrir e ver o que tem dentro. Você faz isso com o próprio dinheiro e acaba quebrado. Um amigo meu me disse:

— O que você está fazendo, Al? Está virando um astro de cinema off-off-Broadway. Isso é um paradoxo.

Mas não importava. Se eu fosse pintor, esse poderia ser um de meus muitos esboços, um tipo de prática em que eu aprenderia alguns fundamentos da cinematografia que ainda não havia entendido como ator. Sou velho demais para fazer escola de cinema e não vou fazer faculdade — não preciso dos créditos. Só estou brincando com ideias e não vou colocar no palco principal. Aliás, não vou colocar em palco nenhum. É só uma válvula de escape para mim mesmo.

Às vezes, você só tem que fazer coisas longe das pressões comerciais e das exigências dos fins de semana de abertura das bilheterias, coisa que eu simplesmente não compreendia. Mas de vez em quando me pergunto: conforme envelheço, quantas ilusões ainda tenho? Charlie e eu dizíamos que, quando colocam você no túmulo, suas ilusões saem de qualquer que seja a caixa em que você as colocou, pairam sobre sua lápide e evaporam no céu. São as últimas a partir.

Sonny Boy

QUANDO ME AFASTEI DOS TRABALHOS COMERCIAIS, VOLTEI ÀS PEÇAS e ideias que me interessavam já bem antes de minha curta permanência em Hollywood. *The Local Stigmatic*, uma peça de um ato de Heathcote Williams, me fascinava quando eu era jovem. Agora, na meia-idade, ela me levava de volta àqueles dias boêmios, ao próprio *éthos* do mundo que me inspirara, quando adolescente, em minhas primeiras idas ao Village. Eu não tinha percebido exatamente o quanto havia me inspirado naquele tempo, em minha época no Living Theatre e outras casas de espetáculos, e queria redescobrir isso e pôr para fora.

Williams só tinha vinte e um anos quando a escreveu. A selvageria do diálogo, a forma turbulenta como ele juntava suas palavras foi algo que nunca superei: "Fama é a primeira desgraça, porque Deus sabe quem você é. Deus sabe quem VOCÊ é?" A ação da peça é muito simples: dois jogadores niilistas, que apostam em corridas de cachorro, entram num bar, onde encontram uma celebridade, um ator que reconhecem. Depois de muita conversa fiada e falas engraçadas, vão caminhando com o ator até a casa dele, e a energia começa a mudar e ficar perigosa. Um dos apostadores começa um monólogo no qual alega que o ator o viu na rua, mas fingiu não o reconhecer. Os homens o jogam no chão e começam a chutá-lo, e, apesar de não o matarem, o marcam com um corte no rosto. A marca é simbólica — é a forma deles de dizer: nós estivemos aqui, nós existimos.

The Local Stigmatic é uma história sobre identidade e inveja. É sobre aqueles que têm necessidade de serem vistos e como isso pode causar inveja nas pessoas. Heathcote estava falando sobre o que isso evoca em certo tipo de gente, que se sente às margens. Ele era só um menino quando escreveu, mas de alguma forma entendia isso e conseguiu articular muito bem na peça. Podem ser ideias difíceis para atores alcançarem e difíceis para plateias abraçarem.

Vi *The Local Stigmatic* ser apresentada antes mesmo de atuar em um filme pela primeira vez. Já havia lido antes de fazer minha primeira peça na Broadway. Quando a interpretei num palco, depois de vencer meu primeiro Tony, não conseguimos transmitir o argumento da peça. A plateia teve uma reação muito ruim. Acho que se conseguissem gente suficiente para um abaixo-assinado teriam nos expulsado de Nova York. Mas o grande Jon Voight viu a montagem e nos deu mil dólares para ficar mais uma semana. Ele tinha acabado de virar um astro de cinema e, aos meus olhos, tornou-se um grande, grande amigo. Então, eu soube que tinha que fazer um filme de *The Local Stigmatic* por conta própria. Tudo de que a peça falava estava se realizando.

Heathcote, de quem fiquei amigo, era um intelectual vibrante e feroz, formado em Oxford, um belíssimo poeta e pintor, além de um completo anarquista político. Era meu Cliffy britânico. Ele amava montar apresentações de mágica. Morava numa casa de árvore e namorava a modelo Jean Shrimpton. Eu andava com ele pelas ruas de Londres enquanto ele carregava duas sacolas de compras, e só Deus sabe o que tinha nelas. Juntos, em algum restaurante pouco convencional, quando sentamos a bunda para tomar chá, encontramos Rudolf Nureyev, talvez o maior bailarino de todos os tempos, que nos contou o quanto tinha gostado de *Scarface*. Aquilo me animou — eu precisava ouvir aquilo. Me fez sobreviver a toda a minha estadia na Inglaterra.

Anos depois, Heathcote me ajudou no filme *Advogado do Diabo*. Para o meu papel como o Diabo, escreveu diálogos para mim, como um em que estou falando de advogados e investidores: "Cada um deles se preparando para foder com as mãos o antigo planeta de Deus, lamber os dedos até ficarem limpos enquanto usam seus imaculados teclados cibernéticos para somar seus honorários." Propus isso a Hollywood e adivinha? Eles toparam. Então Heathcote quis crédito na tela — apenas uma menção, não como um dos escritores principais, é claro, mas isso era impossível para eles. Então paguei Heathcote do meu próprio bolso, o que não foi impossível e valeu muito a pena.

Filmamos *The Local Stigmatic* durante algumas semanas em Atlanta, com David Wheeler como nosso diretor e um elenco principal composto por mim mesmo, Paul Guilfoyle, Joe Maher e Michael Higgins. Quando terminamos, exibimos o filme para pessoas que admirávamos. Tivemos uma grande reunião de artistas e literatos num jantar em Londres. Gente como Tom Stoppard e David Hare, todos sentados a uma mesa comprida. Harold Pinter tinha visto o filme duas vezes neste ponto; ele se sentou à cabeceira da mesa e, quando queria falar com todo mundo, tocava uma sineta e o grupo ficava em silêncio.

— De vez em quando — disse ele —, vemos algo diferente. Entramos em contato com a arte em cinema.

Eu só fiquei ali, atordoado. Heathcote estava na sala, brincando com uma moeda sem olhar para ninguém, fazendo o papel do gênio tímido. Ele havia sido descrito como pupilo de Pinter, mas de fato estar no mesmo cômodo que seu ídolo intelectual pelo jeito deve ter sido demais para ele.

Passei o filme uma vez para Elaine May, a grande atriz e diretora, que me disse:

— Gostei muito. Mas nunca mostre isso ao público. Você não conhece sua fama. Não a entende e não entende como ela é vista. Você precisa reconhecer isso.

E ela estava certa. Você é conhecido demais para esse tipo de coisa. Tem que tomar cuidado, porque vai assustar as pessoas. Não ponha isso num cinema.

Mostrei a Jonas Mekas, o mecenas do cinema independente de Manhattan. Ele exibiu *The Local Stigmatic* em seu Anthology Film Archives e me disse, com algum otimismo, que eu ia ganhar um Oscar pelo filme. Eu não parava de telefonar para Andrew Sarris, o crítico de cinema do *The Village Voice*, pedindo que ele fosse ver. E ele respondeu:

— Para de me perturbar, Al. Eu já vi três vezes. Já te falei o que eu acho. Exibe logo esse negócio.

Eu estava tentando criar confiança para exibir a obra a um público mais amplo. Nunca consegui.

Passei a perceber que, quando faço minhas próprias coisas, ninguém vai. Aquelas influências vanguardistas com que fui criado nunca saíram da minha cabeça. Quando me largam sozinho, é isso que parece sair. É inconveniente. As pessoas chegam com expectativas e vão embora irritadas.

The Local Stigmatic é uma representação muito específica do que eu sou e da minha visão sobre o assunto. É uma mistura intensa que, para algumas pessoas, pode ser forte demais.

Antes de trabalhar em meu próprio filme, eu pouco me importava com a maneira como os filmes eram feitos. Eu era só um ator. Como dizia um amigo meu sobre si mesmo: "Estou só tentando sair do show business." Felizmente, alguns parceiros e colaboradores maravilhosos ouviram meus pedidos de ajuda e se juntaram à minha cruzada delirante. Passei a ter muito carinho e respeito pelos editores testemunhando seus poderes transformadores quando o filme vacila, é rearranjado e de repente ganha vida.

E fiquei uma eternidade editando *The Local Stigmatic*. Estávamos trabalhando com película de 16mm em mesas de edição, em aparelhagem Steenbeck, então vivíamos esperando os rolos de filme serem copiados ou carregados na máquina. Enquanto eu ficava sentado lá no Brill Building e vagava por outras salas de edição, conheci grandes artistas do cinema como Skip Lievsay, engenheiro de som de longa data de Martin Scorsese, e os compositores Howard Shore e Elmer Bernstein, vencedores do Oscar que aparentemente eram responsáveis por criar metade de todas as trilhas sonoras de Hollywood.

E então, um dia, em outra visita a outra sala de edição, eu ouvi. Ouvi a risada que tinha ouvido lá no set de *O poderoso chefão*, quando tínhamos nos convencido de que não estávamos à beira de jogar nossa carreira no lixo. Vi o sorriso que, durante todos aqueles intermináveis testes de tela, me garantiu que eu estava seguro e que alguém estava lá para me proteger, e os olhos que tinham me visto e me conhecido. Lá estava Diane Keaton, trabalhando em seu próprio filme.

Sempre gostei das mulheres, mas, desde que era muito novo, me sentia tímido perto delas. Eu não as conquisto. Não vou atrás delas. Ou as mulheres reagem a você, ou não, e, se elas não dão o primeiro passo comigo, fico meio relutante de tentar outra vez. Mas, com Diane, desta vez as coisas foram diferentes. Sempre tivemos uma conexão. Ela entendia como eu via as coisas, e era reconfortante ter alguém que me compreendia. Então eu fui atrás dela. Saíamos juntos e, depois de um tempo, decidimos namorar. Encontramos um ritmo e uma temperatura certos.

Diane estava trabalhando de forma muito consistente na época, fazendo filmes altamente comerciais. Fazer *Presente de grego* foi um grande sucesso para ela. Ter uma parceira mais bem-sucedida do que eu não me abalava nem me intimidava. Eu não estava particularmente motivado para voltar ao jogo ou mudar minha abordagem em relação a isso. Só desejava a Diane alegria em seu trabalho, coisa que ela sentia. Ela saía para fazer um filme por algumas semanas; eu ficava em casa fazendo a leitura de uma peça. Sabia que artista ela era e admirava todas as diversas formas como aplicava seus talentos de atriz, cantora, escritora e fotógrafa. Ela me provocava carinhosamente me chamando de "carcamano preguiçoso" — um insulto antigo e cafona para italianos —, o que só me fazia rir. Mas ela apoiava muitíssimo *The Local Stigmatic*, achava que era bom para mim e sabia por que eu precisava fazer o filme.

Diane conheceu alguns de meus parentes próximos e ficou tão apegada a minha avó, a que me criou, que começou a fazer um documentário sobre ela. Minha avó nasceu em Nova York, mas a família dela era de Nápoles. Com seu cabelo loiro e olhos azul-claros, ela surpreendia ao falar italiano. Era excêntrica, talvez a pessoa mais ousada que eu já conheci, e foi ela que criou o pequeno Al. O que talvez explicasse por que, em uma de nossas visitas, vovó pegou um envelope de papel pardo e colocou em minhas mãos.

— Pega isso — disse a mim.

Eu abri e dentro tinha setecentos dólares. Eu ajudava a sustentá-la financeiramente havia anos, então não entendi direito para que servia aquele gesto.

— Eu não preciso do dinheiro — respondi.

— Pega — insistiu ela. — Compra umas roupas novas, por favor.

Ela nunca conseguiu aceitar como eu me vestia. Mesmo depois da primeira vez que me viu em *The Indian Wants the Bronx*, comentou — e estou citando:

— Você não pode usar outra roupa?

Desta vez, não consegui fazer vovó pegar o envelope de volta, não importava o que eu tentasse, então só o coloquei discretamente em cima do rack da televisão para ela. Diane achou aquilo divertidíssimo, assim como as opiniões imprevisíveis de vovó sobre tudo. Família funciona assim: você se acostuma com eles, e apesar de às vezes não dar valor, outras pessoas se tornam espelhos para eles. Você aprende a achá-los fascinantes novamente.

Levei Diane ao casamento mais recente do meu pai, em Los Angeles. Ele era um homem muito inteligente e engenhoso que tinha montado o próprio bar, restaurante e casa noturna em West Covina, que chamou — do que mais? — de Pacino's. Quando alguém me dizia:

— Ele está tentando se aproveitar do seu nome.

Eu respondia:

— Ei, babaca: é o nome que eu recebi *dele*. Foi dele primeiro, e ele pode fazer o que quiser com isso.

O casamento foi um verdadeiro caldeirão. Quer dizer, que diversidade — nunca se viu tanta gente e tanta criança de todos os tipos, todos os meus meios-irmãos e meias-irmãs dos casamentos anteriores do meu pai. O homem gostava de formar família. No total, casou-se cinco vezes. Eu, nem uma. Acho que, nesse sentido, nos equilibrávamos.

Diane tinha uma casa na Califórnia, da qual eu gostava. Eu entrava e saía de lá sendo eu mesmo, com minha personalidade sonada e chorosa, e estava bem. Talvez fosse isso que eu deveria ver, um olhar em retrospecto para o que minha vida era antes de eu ser conhecido, quando eu a passava lendo e pensando, andando e conversando. Em Nova York, eu podia caminhar pelo Central Park, como fazia regularmente, e descobri, com o tempo, que as pessoas me olhavam cada vez menos. Precisei me acostumar com isso, mas havia algo nesse fato que me dava paz.

Eu estava um dia andando pelo Central Park, livre como o vento, quando um cara veio até mim, e achei que talvez fosse me pedir informações.

— Ei, Al! — disse ele, de forma amigável e familiar. — Por onde você andou?

Tentei olhá-lo e ver se era alguém que eu conhecia, mas não reconheci seu rosto.

— Na *tela* — explicou ele. — Eu não te vejo num filme há muito tempo. Precisamos de você lá. *Precisamos* de você, cara.

Esse cara não foi a única pessoa que me chamou a atenção para o fato. Um dia, quando Marthe Keller estava me visitando em Nova York, ela também mencionou isso, em uma caminhada pelo Central Park. Era sempre o Central Park, que lugar. Ela disse: "Você precisa voltar a trabalhar. É quem você é." Ela disse isso com um pouco mais de delicadeza e sabedoria do que estou expressando agora, e eu prestei atenção, mas ainda não sentia isso. Eu estava muito feliz.

Acho que fazia um tempo mesmo que eu não atuava em um filme que muita gente pudesse ver. Valorizei o que eles me disseram. Eu estava meio que instigado pela ideia de que minha ausência estava sendo não só notada por algumas pessoas, mas de fato tendo um impacto na vida delas, porque eu me sentia bem, de verdade. Me sentia livre para me envolver, para me arriscar, para viajar, para absorver as coisas que estavam me acontecendo, que haviam estado suspensas pelo que parecia vinte anos. Quando penso nessa época hoje em dia, fico tocado e sinto saudade. Foi um afastamento de algo com que eu não estava me sentindo bem. Estar com Diane tinha muito a ver com minha sensação de paz e conforto. Tinha encontrado aquele tipo de conforto que faz você sentir e pensar junto com o mundo. Eu gostava de ter a habilidade de continuar essa jornada experimental se quisesse. Mas não teria escolha por mais muito tempo.

De algum jeito, eu consegui falir. De repente olhei e não tinha dinheiro. Poderia dizer que tiraram vantagem de mim. Poderia culpar meus contadores. Poderia culpar Marty Bregman, que tinha me colocado em uma espécie de abrigo fiscal que deu errado. Poderia culpar a mim mesmo, mas aí teria que assumir a responsabilidade por minhas próprias ações. Em todo caso, olhei no armário e estava vazio. Eu tinha mais ou menos noventa mil no banco e só. Tinha um estilo de vida a sustentar. Tinha minha casa de campo, da qual não queria abrir mão. Eu estava gastando sem ganhar; estava dando, mas não estava recebendo. Acho que existe uma palavra para isso.

Nem consigo explicar por que eu não ligava para dinheiro. Nunca fui materialista. Não sei de onde tirei isso. Eu gosto das coisas boas da vida tanto quanto qualquer um, e não recuso uma boa refeição ou uma passagem de primeira classe se alguém me oferecer, mas ir atrás disso por conta própria? Aí é outra história.

Eu gostava de minha vida com Diane e gostava de não estar naquele meio. Mas ela sentia que eu estava com problemas financeiros. Eu precisei contar a ela o que estava acontecendo. Falei:

— Me deram um golpe.

Ela me levou para Nova York para consultar meu advogado.

Meu advogado especializado em entretenimento era um homem querido chamado Arthur Klein. Ele sentou comigo e com Diane em seu escritório, com aquela decoração tradicional, cheia de fotos de família e souvenirs de beisebol. Arthur começou a me explicar que eu estava insolvente devido à má administração dos meus ativos. Ele não tinha papel nisso, eu sabia. Mas minha ficha simplesmente não caiu.

Diane, porém, ficou furiosa. Ela se levantou da cadeira e começou a questioná-lo:

— Como isso pôde acontecer?

Ele estava enrolando, bom, sabe, isso e aquilo.

Ela simplesmente explodiu. Foi até Arthur e agora estava cara a cara com ele. Ela o fez recuar até um canto do escritório, apontou para mim e falou:

— Você sabe quem ele é?

Ele respondeu:

— Bom, você sabe.

Ela estava praticamente agarrando o homem pelo colarinho:

— Não, me diz quem ele é. — Ele começou a falar, mas Diane interrompeu de novo: — É, você vai me dizer: "Ah, ele é artista." Não. *Ele. É. Um idiota.*

Eu só fiquei lá parado. O que podia dizer?

Diane continuou:

— Ele é um ignorante. No que diz respeito a esse assunto, você é que tem que cuidar dele.

Ela estava falando das minhas finanças — de onde eu tinha vindo, minha criação, o início da minha vida até aquele exato momento. E tinha razão. Eu não entendia como funcionava o dinheiro mais do que entendia como funcionava uma carreira. Simplesmente era um idioma que eu não falava.

Então, o que eu ia fazer agora? Eu não me importava de ter que começar tudo de novo. Eu tinha apoio. Tinha meus amigos. Tinha Charlie. Sempre soube que tinha o poder de voltar a trabalhar porque recebi ofertas durante os quatro anos que fiquei longe do cinema. O que ficou comigo e me impulsionou foi uma linha reta que conseguia traçar até aquela noite em que subi no palco da Actors Gallery para atuar em *Credores*. Aquele momento que disse a mim mesmo: Agora consigo fazer qualquer coisa. E não preciso ser rico nem famoso. Sei que tenho isso. É o apetite para fazer. Ele vai me servir independentemente de qualquer coisa. Quando você tem apetite, dá um jeito. Eu vou esperar e encontrar o meu pessoal.

Diane me encorajou ainda mais. Ela me disse:

— O que você vai fazer, ficar se lamentando o dia inteiro? Vai voltar ao Village e morar num quartinho e fazer suas pecinhas de arte? É isso que você acha que vai fazer? Fala sério, Al, você não está mais nos anos 1960. Quem pensa que é? Não tem como voltar atrás. Você é rico há tempo demais.

COM O EMPURRÃOZINHO DE DIANE, EU VOLTEI A ME ENVOLVER COM A indústria cinematográfica. Contratei um agente que não podia fazer muito por mim, mas pelo menos tentava. Ele me levou a Los Angeles para uma reunião com um dos chefes dos estúdios. Passamos de carro por um daqueles magníficos portões de segurança, entramos no estacionamento e fomos levados para o escritório dele. Já dava para ver como era um esforço enorme para esse cara se dignar a me encontrar; ele estava atrasado e deixou a gente esperando numa câmara externa — nem foi na antessala dele — por quarenta e cinco minutos antes de resolver dar as caras. Naquela época eu já tinha sido indicado a cinco Oscars, mas meu agente se comportava como se eu estivesse pedindo esmola. Tive vontade de perguntar a ele: Por acaso você trouxe seu chapéu para passar?

Depois de passarmos pela parte das apresentações e amenidades, comecei a contar ao chefe do estúdio algumas ideias minhas. Mas sentia a condescendência e o desdém emanando da nuvem acima de mim em que ele se sentava. Eu disse que queria fazer um filme baseado na peça *K2*, uma história comovente e maravilhosa sobre dois montanhistas. Achei que tinha tudo para ser um grande filme de aventura.

Isso me rendeu uma expressão vaga como resposta.

Falei para ele:

— Eu estava pensando que talvez pudesse estrelar com Dennis Quaid.

— Não, não, pode parar por aí — respondeu ele, muito firme e direto. — Ele já está com muita coisa.

Comecei então a apresentar uma ideia sobre Edmund Kean, o lendário ator britânico do início do século XIX, sua vida insana e tudo o que havia acontecido com ele. Achei que poderia render um filme interessante, engraçado e trágico. Expliquei que havia biografias de Kean e peças de teatro baseadas em suas façanhas, e que ficaria feliz em mostrá-las ao executivo, para que ele pudesse entender melhor como o talento e a vida de Edmund Kean foram indomáveis. O executivo permaneceu em silêncio, e olhava para mim como se eu fosse uma espécie de leproso em recuperação que estava prestes a se tornar contagioso diante de seus olhos. Algumas pessoas têm essa capacidade de expressar as coisas sem dizer uma palavra. Mas, para ser totalmente honesto, eu sabia que não ia dar certo no momento em que pisei no escritório. Essa foi a primeira e última vez que participei de uma reunião assim. Nunca encontrei a linguagem para me expressar naquele ambiente de empresários e pessoas que atuam nessa esfera. Tudo isso é estranho para mim.

Voltei para Nova York de mãos vazias. Sem mais nem menos, Diane fez uma descoberta para mim. Ela é diligente e tinha encontrado um roteiro que praticamente jogou em cima de mim.

— Lê esse negócio. Este é seu filme.

Então, comecei a ler. O roteiro, de Richard Price, contava a história de um investigador de polícia veterano que bebeu demais ao longo dos anos, não se sente valorizado e perdeu qualquer paixão que já teve pelo trabalho há séculos. Eu senti uma conexão com o cara de imediato. Ele investiga um assassinato, que então vira uma série de mortes, e, ao fazer isso, se percebe se apaixonando por uma mulher que talvez seja sua principal suspeita. Chamava *Vítimas de uma paixão*. Quando terminei de ler, levantei os olhos para Diane e falei:

— Acho que eu poderia fazer isso.

Ela respondeu:

— *Acho bom* fazer.

Só havia um problema: outro ator já estava ligado a *Vítimas de uma paixão* — ele havia expressado interesse em estrelar o filme, mas agora estava se fazendo de difícil para entrar de vez. Antes de eu realmente conseguir pensar no que fazer em seguida, minha memória muscular entrou em ação e me vi ligando para Marty Bregman.

Marty e eu não fazíamos um filme juntos desde *Scarface*, que agora estava vários anos no passado, mas ele estava ciente de meus problemas financeiros. Sabia por que eu estava voltando ao trabalho: grana. O conselho financeiro que ele havia me dado era parte do motivo pelo qual eu precisava do filme. Mas, como sempre, voltamos ao nosso ritmo familiar quando começamos a falar de trabalho. Eu disse:

— Ei, cara, quer fazer *Vítimas de uma paixão*?

Depois de tirar um tempo para ler, Bregman concordou:

— Sim, vai ser bom para você.

— Mas está nas mãos de outra pessoa.

Ele só falou:

— Eu cuido disso.

E, como mágica, Marty Bregman assumiu o projeto e *Vítimas de uma paixão* era nosso. É isso que se chama de facilitador. Como sempre, havia algumas pontas soltas a amarrar. O estúdio tinha contratado um diretor que vinha da televisão, escolhido por acreditarem que ia ser o próximo figurão. Ele veio à minha casa de campo e me disse:

— Ouvi dizer que você é um encrenqueiro. — Ele não estava tentando ser charmoso; achou que estava botando ordem na casa antes de começarmos. O cara era um babaca. E completou: — Você sabe que eu gosto de trabalhar de uma certa forma.

Eu respondi:

— Qualquer forma que você trabalhe está ok para mim. Eu não ligo.

Depois que ele começou a relaxar um pouco mais, falou que ia me usar no filme. Mas eu mal tinha decorado o nome do sujeito, e Don já havia se livrado dele. Puft, sumiu. Perguntei para Bregman:

— O que você fez? Você demitiu o cara?

— É, eu contratei um outro, Harold Becker.

Becker tinha feito alguns bons thrillers, como *Assassinato a sangue frio*. Ele era um diretor muito bom e inteligente, como eu descobriria. Viramos amigos. Eu precisava do apoio, porque não fazia um filme assim havia quatro anos.

Passamos aquele verão filmando *Vítimas de uma paixão* em Toronto. Apesar de eu ter feito protagonistas românticos em outros filmes, esse ficou famoso por uma cena de sexo longa e lenta em que Ellen Barkin me segura contra a parede e me faz uma espécie de revista antes de nossos personagens começarem a se atracar. A cena foi brilhantemente coreografada por Becker.

Em geral, não gosto de fazer cenas de amor explícitas e não acho que muitos outros atores gostem também. Pode virar quase um pornô. Percebo que é fútil reclamar que não estamos mais na era de filmes como *Um lugar ao sol*, em que Elizabeth Taylor e Montgomery Clift conseguiam fazer uma plateia inteira vibrar no cinema sem nunca mostrar o corpo nu.

Vítimas de uma paixão é um ótimo filme hollywoodiano, um filme comercial e uma amostra da expertise de Harold Becker. É todo suspenso por um fio finíssimo de verossimilhança. Há alguns *faux pas* na narrativa — algumas pequenas inconsistências, mas não vou te dizer onde estão. Foi um belo estímulo para atores como Richard Jenkins e John Goodman, que na época não eram tão conhecidos. Ellen Barkin estourou na tela, sensual e artisticamente: que interpretação. Tive sorte de fazer parte daquilo.

O filme lucrou cem milhões de dólares do nada. Pela primeira vez em muito tempo, eu fazia parte de um filme de sucesso. Nem ganhei muito dinheiro, porque não tinha uma participação nos lucros adequada — no caso, não tinha participação alguma. Eles sabiam que eu tinha ficado fora do ar por quatro anos, então não precisavam me oferecer um acordo tão generoso. Essa gente sabe quando você está por baixo. Mas eu passei da condição de não ter dinheiro nenhum a estar de volta ao jogo. Surgiram muitas oportunidades para voltar a atuar no cinema e até para fazer mais alguns filmes que eu mesmo produzi e dirigi. Como descobri em Hollywood, às vezes não querer algo é o melhor jeito de conseguir.

10

Quando eu pensei que estava fora

Posso não ter sido modelo da Victoria's Secret, mas sabia posar para a câmera. O fotógrafo da revista *People* estava me tratando como um bebê muito delicado enquanto o obturador clicava e os flashes estouravam.

— Agora brincalhão, sr. Pacino. — *Clique*. — Agora pensativo, sr. Pacino. — *Pop!* — Travesso. Tímido. Tá bom, agora vamos fotografar você de cabeça para baixo.

Eu lhes dava cada posição e expressão que pediam. Rolei no chão como um lutador sem oponente. Estava mais do que feliz em obedecer. O mundo girava tão rápido que, anos atrás, quando a *People* era nova e *Um momento, uma vida* estava estreando, eles tinham me pedido para aparecer na capa e eu recusara. Como alternativa, arrumaram uma foto minha e de Marthe Keller feita por um paparazzo e botaram na capa da revista com uma manchete vulgar que dizia "COPROTAGONISTA É AMANTE FORA DAS TELAS TAMBÉM". Agora, quinze anos depois, eles não só iam me pôr na capa em um ensaio fotográfico classudo, mas também me dar um título grande e distinto para acompanhar. Certamente não era "O homem mais sexy do mundo", mas algo bacana pomposo do tipo. Isso que era sobrevivência do mais forte: eu tinha superado os velhos tempos, e aqueles eram os novos tempos. Eu estava pronto.

Em 1990, ainda estava surfando a onda de *Vítimas de uma paixão*. Estavam fazendo um alarde no ensaio porque *O poderoso chefão: Parte III* estava prestes a ser lançado. Mais de quinze anos depois do segundo e aparentemente último capítulo da saga cinematográfica que me tirou da obscuridade e me jogou na arena com os leões, estava chegando um terceiro. Francis Ford Coppola estava de volta. Eu estava de volta. Michael Corleone voltaria.

E então os editores da *People* viram *O poderoso chefão: Parte III* e, acredite, eu fui tirado da capa da revista. Não teve matéria nenhuma sobre mim. Estava cancelada, nem saiu do papel. O ensaio fotográfico tinha sido descartado. Eu estava recebendo tratamento de tapete vermelho, e, num piscar de olhos, isso se foi. O tempo todo que passei na frente de uma câmera, me contorcendo como um inseto que nem o cara da história do Kafka, a troco de nada.

Mesmo assim, tendo sido quase rejeitado aos olhos de Hollywood, eu estava prestes a vivenciar a proverbial volta por cima. Você sabe como é — todo mundo ama ver alguém cair do pedestal, mas se tem algo que o público ama ainda mais é uma história de retorno triunfal. Talvez seja meu ego idiota, mas eu não considerava uma volta por cima, apesar de ter sido dramatizado dessa forma. Eu só voltei ao trabalho.

O retorno que começou com *Vítimas de uma paixão* quase descarrilhou com *O poderoso chefão: Parte III*. O público teve algumas reservas com o filme, mas, ao longo de quatro filmes seguintes, eu me veria como um homem transformado. Eu tinha amadurecido. No fim dessa temporada, eu estava pronto para parar de fugir de meu passado, abaixar um pouquinho a guarda e aceitar as distinções e o reconhecimento que vinha evitando desde meus primeiros sucessos.

WARREN BEATTY SABIA EXATAMENTE COMO FALAR COMIGO. QUANDO estava fazendo um filme baseado no quadrinho de Dick Tracy e precisava de alguém para fazer um bandido, um gângster presunçoso chamado Alphonse "Big Boy" Caprice, ele me bajulou. É um bom amigo e um incrível artista, basicamente a pessoa mais inteligente que eu já conheci, e ao mesmo tempo tem um jeitinho de sempre conseguir o que quer. Ele começou pedindo minha opinião sobre uma coisa. Quem você acha que seria bom nesse papel? Será que eu conhecia alguém que podia fazê-lo? Ofereci nomes aqui e ali. Aí, ele pronunciou as palavras fatais:

— E você, Al?

Pensei que era o que ele queria desde o começo, então aceitei.

Dick Tracy foi maravilhoso e trabalhar com Warren, uma felicidade total, porque ele deixa você fazer o que quiser. Ele te dá o número de tomadas que você desejar quando está com as rédeas, e sua noção das coisas é muito exata. Ele sempre te faz ficar melhor — você sabe que não tem como dar errado. *Dick Tracy* foi um filme lindo, que ganhou vitalidade com o design de produção de Dick Sylbert e a fotografia de Vittorio Storaro. Eu sentia um apetite renovado de engajar minha imaginação e criar um personagem com uma identidade real. Eu tinha minhas próprias ideias sobre esse cara. Eles o chamavam de Big Boy, "Grandão", porque ele tinha elefantíase. Partes dele eram bizarramente inchadas. Um queixo pontudo. Um nariz bulboso. O maquiador John Caglione Jr. e eu brincamos com todos esses desenhos que mostrávamos a Warren. A certo ponto, fiquei muito grotesco, e Warren me pediu para segurar um pouco a onda.

O filme foi meu breve flerte com a comédia. Big Boy era muito engraçado, vivia citando errado falas que atribuía a grandes líderes da história mundial. "Um homem sem um plano não é um homem — Nietzsche." Ele amarra Glenne Headly a um conjunto de mecanismos gigantes de relógio que estão prestes a esmagá-la e declara, com muita seriedade e empatia:

— Você não vê que eu te amo?

Algumas dessas falas eram improvisos e outras eu tinha trabalhado com meus amigos Fred Kimball e Joe Hindy. Eu me diverti muitíssimo nesse papel. Dancei em cima de uma mesa e cheguei a apalpar a Madonna — só um pouco, só tapinhas de amor.

Ainda era o nascimento da era de personagens dos quadrinhos e tiras de jornal sendo transformados em filmes, e este escapou ao público jovem. Era divertido e teve lucro, mas não atingiu seu suposto potencial de *blockbuster*. Tinha astúcia e sofisticação. Eu nem fui divulgado como protagonista, estava só me divertindo com ele. E recebi uma indicação ao Oscar — minha primeira em mais de uma década. Talvez eu tenha mencionado, mas não foi o único filme que fiz naquele ano.

Quando me pediram para reprisar o papel de Michael Corleone pela primeira vez em *O poderoso chefão: Parte II*, tive dificuldades com a decisão e me questionei muito. Na *Parte III*, não. A escolha não podia ter sido mais fácil. Eu estava falido. Francis estava falido. Nós dois precisávamos do dinheiro. E pensei que seria um desafio interessante tentar encontrar Michael uns vinte anos depois da história do filme anterior e quase o mesmo tempo desde que eu o interpretara pela última vez. Para ser justo com Coppola e Mario, eles escreveram um roteiro que achei muito bom. Colocava Michael viajando ao Vaticano para investigar o assassinato do personagem de Robert Duvall, Tom Hagen.

Na conclusão do filme, Michael seria assassinado na escadaria de uma igreja. Ele rola pelos degraus e para no chão. Kay, sua ex-mulher, corre para seu lado. Ela olha em seus olhos e pergunta:

— Michael, você está morrendo? Você vai morrer?

E Michael levanta os olhos para ela e fala:

— Não.

E aí ele morre. Um final fenomenal. Uma referência brilhante a *O poderoso chefão*, já que Michael chega ao fim de sua vida mentindo uma última vez para Kay.

Os problemas começaram logo depois. Houve uma questão com Robert Duvall, que não queria fazer o filme. Esse tipo de coisa acontece. Na *Parte II*, Richard Castellano, que interpretava Clemenza, não voltou. Conversei com Richard, praticamente implorando para que ele fizesse o papel de Clemenza, pois ele era excelente, e ele recusou. O motivo exato eu nunca soube. E nunca soube por que Duvall não quis voltar também. Em todo caso, sua ausência na *Parte III* foi uma grande falha. Com tanto do filme dependendo de seu personagem, nenhum de nós sabia o que fazer sem ele. Francis e Mario precisaram reconstruir a história, mas eram roteiristas brilhantes e mudaram todo o roteiro. Até o final que eu tanto amava precisou ser descartado — em vez disso, Michael morreria de velhice, solitário, após sua filha, Mary, ser morta na tentativa de assassiná-lo.

Era para Winona Ryder fazer o papel de Mary, mas, quando ela chegou a Roma, estava exausta e desmoronando. Sofia Coppola acabou fazendo o papel. Ela era jovem, só tinha dezenove anos; não era uma atriz experiente, apesar de desde então termos descoberto que é uma diretora muito talentosa.

Mas o resto do elenco estava tentando lidar com isso ao mesmo tempo que absorvíamos todo um novo roteiro para o filme. Tínhamos o grande ator Andy Garcia no papel de Vincent, filho bastardo de Sonny. Era um cara durão e lindo que conseguia mulheres estalando os dedos. Agora, está tentando ir atrás da filha do chefão. E, para piorar tudo, ela é sua prima de primeiro grau. Você acha que Michael Corleone vai simplesmente deixar isso acontecer?

Mas a grande crítica à *Parte III* tinha a ver com a busca de redenção de Michael. Não acho que o público quisesse que ele passasse o filme procurando perdão por seus pecados. Eles queriam que Michael continuasse sendo Michael. Queriam o poderoso chefão. É isso que amamos nele, certo? O cara que vimos no fim da *Parte II* tinha uma armadura de rocha. Eu vi a *Parte III* como o esforço dele de se libertar dessa armadura, buscar uma forma de sair de seu estado quase traumatizado de entorpecimento.

Aquela fala dele meio que ficou lendária, e as pessoas ainda se lembram da *Parte III*, quando ele diz: "Justo quando eu pensei que estava fora, eles me puxam de volta." Isso resume a necessidade de Michael de sair daquele estado, daquelas amarras que o prendem.

Eli Wallach e eu jogávamos grandes partidas de carteado; jogávamos à noite, ao ar livre, nos degraus dos imponentes prédios sicilianos em que estávamos gravando. George Hamilton, que tinha sido inserido no filme como um personagem para substituir Tom Hagen e que por acaso também era um dos melhores seres humanos que já conheci, me levou para Londres numa folga das filmagens. Fiquei largado num hotel por quatro dias me recuperando de uma gripe, exceto por algumas noites em que saí para curtir com George. Fomos a mesas de roleta em alguns cassinos ricos e dançamos até amanhecer. Eu parecia um universitário que havia fugido do alojamento.

Quando voltamos a Roma, eu estava nos fundos dos estúdios Cinecittà, fazendo uma pausa porque eles ainda não tinham chegado às minhas cenas. Estava lá sozinho e senti uma depressão chegando. Eu gostava de chamar de melancolia. Sentia que estava vagando no papel de Michael e meio que tinha perdido o apetite que estava acostumado a ter quando atuava num filme. Essa talvez fosse a fonte da minha depressão. Eu estava procurando uma forma de reavivar meu apetite, meu espírito.

Pensei em *Ricardo III*, em Boston, tantos anos atrás, como a peça tinha me ajudado tanto a desovar o peso do primeiro *O poderoso chefão*. Eu sentia que tinha algo que queria dizer sobre Shakespeare e o que sua obra significa para atores, e achei que entendia Ricardo III, em particular, de um modo que conseguia explorar meus sentimentos através dele. Queria fazer perguntas muito simples, do tipo: Quem é Shakespeare? Qual é a linguagem de Shakespeare? Por que não tem mais americanos indo ver Shakespeare? E por que tantos atores americanos estão se afastando dele, atores mais do que capazes de interpretar sua obra? Grandes atores britânicos me diziam pensar que Shakespeare era ainda mais apropriado para atores nos Estados Unidos que na Grã-Bretanha; que, por algum motivo, os americanos eram mais sintonizados com a era elisabetana em que aquelas peças tinham sido escritas.

A ideia não me abandonava. Então, eu ponderava e ponderava. E então disse a mim mesmo: a única forma de entender o que é isso é fazer. Fazer um filme de *Ricardo III* e interrompê-lo constantemente com vinhetas de pessoas falando dele — atores, escritores famosos, gente nas ruas — enquanto ensaiávamos e apresentávamos a peça. Era uma grande colagem, comigo no centro. Não me considero diretor nem roteirista, mas senti uma necessidade de expressar tudo isso, e até pensar no assunto já estava começando a me animar. A cor estava começando a voltar às minhas bochechas. Se me lembro bem, vi meus próprios cadarços se amarrarem sozinhos. Pensei nisso durante os anos 1990 inteiros. Finalmente, decidi que a única forma de eu conseguir entender seria ir lá e começar a filmar. Mas isso teria que esperar.

Haviam me oferecido o papel de Ricky Roma, o corretor imobiliário proeminente de *O sucesso a qualquer preço*, de David Mamet, quando a peça chegou à Broadway em meados dos anos 1980. Joe Mantegna tinha feito a direção de palco tão bem que ganhou um Tony por seu desempenho. Então, eu tive a sorte de me procurarem de novo, anos depois, para a versão cinematográfica, que foi dirigida por Jamie Foley, também profundamente envolvido na produção de elenco. Quando você faz parte de um grupo que inclui Jack Lemmon, Alec Baldwin, Alan Arkin, Ed Harris, Kevin Spacey e Jonathan Pryce, sabe que vai ser bem cuidado. E eles nos deram três semanas de ensaios antes das filmagens, o que pareceu um presente, e, quando começamos a gravar o filme no Queens, estávamos a toda.

Faz pouco tempo, mostrei *O sucesso a qualquer preço* a meu filho Anton, e a reação dele foi totalmente voltada à linguagem do filme. Ele me perguntou:

— Como ele consegue colocar tantas coisas?

Ou seja, como ele insere tanta informação, tanta energia e tanta veemência em tão poucas palavras? Esse é o segredo de Mamet, acho. É só dizer as palavras que ele escreveu e você vai ficar bem.

MARTY BREST, MEU DIRETOR EM *PERFUME DE MULHER*, ME CHAMAVA de "*el diablo negro*" enquanto estávamos fazendo o filme. Quando eu aparecia no set e ele me via entrando, gritava:

— Ei! É *el diablo negro*!

Nos momentos anteriores à minha entrada, eu ficava andando de lá para cá na frente dos estúdios Kaufman Astoria. Era inverno, e eu estava com um sobretudo com o colarinho para cima enquanto ia de um lado para o outro, subindo e descendo as calçadas gélidas lá fora. Estava me engajando numa espécie de linguagem pessoal de sinais comigo mesmo, movendo os dedos e as mãos, os braços e as pernas, em padrões repetitivos. Hoje, isso provavelmente seria diagnosticado como TOC. Era um padrão de comportamento que eu seguia havia anos, por períodos inteiros da minha vida, que dava carga no meu cérebro e extraía energia do meu corpo.

Nós, atores, somos uma gente esquisita e temos uns rituais peculiares para nos ajudar com o nervosismo. É como um jogador de beisebol que tem suas superstições; ele bate o taco na chuteira ou toca o teto do vestiário certo número de vezes antes de enfrentar uma bola rápida vindo a cento e cinquenta quilômetros por hora. Atores também dependem dessas coisas, especialmente quando estão enfrentando papéis exigentes. Desde então, aprendi outras técnicas para me ajudar a liberar a pressão de dentro de mim mesmo. Mas, se você tivesse me visto em uma daquelas estranhas rondas semiconscientes, não teria dito: "Olha, lá vai o Al Pacino!" E sim: "Quem é aquele homem perturbado cambaleando desse jeito? Será que ele precisa de ajuda? O que ele está fazendo?" O que eu estava fazendo era tentar me recompor para poder parar na base e enfrentar aquela bola rápida.

Marty Brest tinha me contado de *Perfume de mulher*. Marty é uma boa pessoa e um ótimo diretor, que já havia feito *Um tira da pesada* e *Fuga à meia-noite* naquela época. Eu li o novo roteiro de Bo Goldman para a adaptação americana, cheguei até a ler em voz alta a certo ponto. Era um bom roteiro. Eu fiz minha lição de casa. Fiz minha preparação. E aí pus as mãos à obra.

Eu não estava intimidado. Não estava entediado. Não estava sendo petulante. Mas sabe aquela coisa dentro de você que diz: não quero fazer isso? É basicamente minha vocação. Eu nunca quero fazer. Não sei por quê. Gostei de *Os viciados*. Eu era jovem. Era vivaz. Não sabia o que estava fazendo, mas era como se tivesse voltado a ser jovem no sul do Bronx, pulando pelas ruas. Eu gostava das pessoas com quem estava contracenando. Gostei de *Um dia de cão* porque tinha vários amigos meus, apesar de eu estar bebendo mais também. Gostei de *Scarface* e *Dick Tracy*. E curti alguns dos filmes não tão bons que faria depois, me enganando ao pensar que encontraria uma forma de elevá-los de terríveis a medianos. No meio de tanta merda, tinha que ter alguma pérola.

E precisei me obrigar a enfrentar muita coisa para fazer o papel do tenente-coronel Frank Slade, protagonista de *Perfume de mulher*. Ele não calava a boca. Ele era um pé no saco. Um alcoólatra e completo tirano. Simplesmente maluco. E ia se matar. O propósito todo da viagem dele a Nova York, para a qual ele contrata o menino — interpretado pelo maravilhoso Chris O'Donnell — como seu assistente, é poder se despedir das pessoas. Mas ele não é sentimental nem vitimista. Há uma determinação fria e clara no que Slade pretende fazer, o peso daquela depressão, a forma como imagino que a pessoa precise morrer espiritualmente, dentro de si mesmo, antes de se matar. Na verdade, foi Marty Brest que capturou isso — ele era muito bom em me manter controlado e moderar minha interpretação, e é uma joia de ser humano. Naquele papel, eu exagerei mesmo algumas vezes. De vez em quando, eu era grande demais para ele. Ficava descontrolado demais. Hoje em dia, conseguiria fazer melhor.

Enquanto me preparava, como ator eu às vezes recebia verdadeiros presentes e sabia que precisava usá-los. Este foi um deles: um militar estava me ensinando a desmontar e remontar um .45 sendo cego, da forma como alguém sem visão faria. Tente um dia desses. Eu ficava repetindo, sem parar, e, nas raras ocasiões em que fazia bem, quando finalmente fazia aquelas peças se encaixarem direitinho, ele falava:

— *Hoooooo-ah.*

E eu olhei para ele e falei:

— O que é isso?

Ele respondeu:

— Ah, quando as tropas fazem algo que dá certo, soltamos um *hoooooo-ah.*

Era meio que como uma pontuação. Falei a mim mesmo:

— Isso vai para o filme.

Era como Attica mais uma vez. São oportunidades que podem aparecer no ofício do ator.

Jerry Mitchell e Paul Pellicoro me ensinaram a dançar tango. Falei para eles que só queria aprender a fazer *aquele* tango. Não vou aprender a história do tango. Só mapeiem o tango que preciso saber para essa sequência e eu faço. Mapeiem para mim e eu sigo os passos. De outra forma, eu ainda estaria aqui, trinta e cinco anos depois, tentando aprender a dançar tango. Deus sabe que levamos quatro dias para gravar a cena de verdade no filme.

Claro que estudei pessoas cegas, li livros e trabalhei com instituições para aprender o que acontece quando as pessoas perdem a visão, como elas trabalham com ajudantes e interagem com o mundo. Mas todos os atores fazem esse tipo de coisa, essa é a parte fácil.

A melhor lição que recebi sobre a maneira de abordar minha performance talvez tenha vindo de uma garotinha de três anos. Falei para ela:

— Mostra para o papai como você finge que está cega. Faz uma pessoa cega para mim.

E dava para ver de imediato que ela formou na cabeça um conceito de como seria o personagem e atuou de acordo com aquilo. Ela simplesmente seguiu o que era sua imagem mental e se livrou da própria inibição para fazer algo em que ninguém mais pensaria. Eu pensei: Nunca conseguiria fazer isso. Então é melhor achar alguém que me ensine agora. Porque o que ela fez foi para valer. O que os atores tentam conseguir em si mesmos é a genialidade das crianças, mas é claro que uma criança entende isso sem explicações. Ao fazer isso, ela foi milagrosa. E essa era minha filha Julie.

Julie Marie Pacino, minha primeira filha, nasceu em outubro de 1989. Apesar de ter que me ajustar rapidamente aos deveres da paternidade, amei demais ser pai. Quando Julie era bem novinha, ela estudava na Little Red Schoolhouse, no West Village, e, quando seu dia terminava, eu a levava a um restaurante italiano na esquina da escola. Ficávamos sentados do lado de fora e comíamos alguma coisa, e ela me contava o que tinha feito naquele dia. Quando as pessoas passavam e começavam a falar comigo, ela simplesmente desaparecia embaixo da mesa. Eu ficava lá sentado, olhando para os fãs, falando:

— Como posso ajudar? Ah, sim, sim, eu fiz isso.

E as pessoas olhando para Julie. Eu falava:

— Ela está bem. Não se preocupem com ela. — E conversávamos mais um pouco. Eu dizia: — Muito obrigado. Tchau, tchau.

Aí Julie saía de baixo da mesa. Era sua forma de dizer: "Por que eles não estão falando comigo? Que grosseria. Não gosto disso, pai." É como quando Charlie e eu íamos a algum bar juntos e um cara começava a conversar comigo porque eu sou o astro de cinema famoso, e Charlie dizia:

— Eu também estou aqui, sabe.

Julie não falava isso com tantas palavras, mas era o que ela queria dizer.

RECEBI DUAS INDICAÇÕES AO OSCAR NO MESMO ANO: POR *O SUCESSO a qualquer preço*, minha sétima, e por *Perfume de mulher*, minha oitava. Fiquei honrado e grato por isso. Mas então a conversa ao meu redor mudou.

Eu nunca tinha ganhado um Oscar, e as pessoas começaram a falar de mim como se fosse minha vez. Quantas vezes podiam me rejeitar?

Conforme pensava nisso, decidi, sim, vou levar isso a sério. É hora de eu assumir alguma responsabilidade e abraçar o momento com alguma graça também.

Contratei uma excelente relações-públicas chamada Pat Kingsley. Eu nunca tinha tido uma pessoa fazendo esse trabalho para mim antes. Nem sabia direito o que era. Ela me disse:

— Al, vá na Barbara Walters que eles te dão um Oscar.

Falei:

— Acho que não posso fazer isso. Da última vez que fui em um desses programas, tive um colapso.

Eu não dava muitas entrevistas na televisão, especialmente depois de um incidente nos anos 1980, quando fui convencido a fazer um programa matutino para *Scarface*. Mas o cara chegou com uma cara de desdém, pálido que nem fantasma, me perguntando como eu podia ter feito um filme como *Scarface*. Tenta você responder a essa pergunta. Na hora, mantive a tranquilidade, mas agora começava a me perguntar: Como eu conseguiria lidar com Barbara Walters? Comecei a me encontrar com ela em ambientes públicos em Nova York. Fomos juntos a um café. Eu a encontrei nos fundos de uma lanchonete retrô. Ela era muito charmosa e eu gostava muito dela, mas claro que estava tentando me convencer a ir a seu programa. No fim, acabei concordando.

Inicialmente, fiquei horrorizado com os resultados da entrevista. Eu estava lá, mas não estava. Era como alguém se escondendo atrás das cortinas e ao mesmo tempo dando uma entrevista. Pensei: Como é possível estar num programa de entrevistas e não dizer nada? Mas, quando revi recentemente, percebi que não foi tão ruim. Tá bom, eu parecia meio tímido. E ela era muito classuda, e nos levantamos e dançamos tango. E muita gente assistiu e eu estava bonito, devo dizer. Eles viram que eu era humano, e eu fiz coisas humanas. Então, isso foi muito bom.

Quando fui ao Oscar por *Serpico*, eu me senti deslocado. Quando voltei, vinte anos depois, tinha exatamente o mesmo sentimento. Ainda deslocado. Não tinha desenvolvido aquela parte de mim que ganha vida e me permite aceitar o lugar em que estou. Alguém me disse recentemente que Jack Kerouac estava realmente envergonhado por sua fama. Agora, essa é uma ideia complicada, mas tenho pensado que poderia se aplicar a mim. Gostei de ouvir a história sobre Kerouac porque, se alguém como ele pudesse se sentir assim, isso acrescenta um pouco de credibilidade ao meu estado.

Fiquei lá sentado, com o olhar vidrado e entorpecido, enquanto me listavam junto a meus colegas indicados a Melhor Ator. Mas, logo antes de anunciarem meu nome como ganhador, tive uma sensação de que, desta vez, finalmente aconteceria. Joguei a cabeça para trás e soltei um suspiro. Era a primeira vez em oito tentativas que eu enfim ganhava — já tendo perdido pela sétima vez naquela mesma noite —, então, quando subi no palco, comecei meu discurso com uma frase que um amigo havia me sugerido: "Bom, vocês quebraram minha sequência." Isso rendeu uma risada, mas também havia verdade ali. Foi um momento muito poderoso ver toda aquela plateia ficar de pé e me aplaudir, e a gratidão que senti era real.

Eu me certifiquei de agradecer a meus colegas no filme, incluindo Marty Brest, Bo Goldman e Chris O'Donnell, além de mentores de atuação de longa data como Lee Strasberg e Charlie Laughton. Falei de meu envolvimento na SoBro, uma instituição dedicada à melhoria da vida no sul do Bronx, e de uma garota lá que me disse que eu dei forças para ela, só porque nós dois vínhamos do mesmo bairro. Eu, dando forças a outras pessoas… imagina só. E, então, eu não sabia para onde ir. Apenas saí do palco com meu Oscar e lá estava Barbra Streisand na coxia. Ela fez um gesto de OK com a mão e falou:

— Eu votei em você, Al.

E eu disse:

— Obrigado, Barbra.

Há quem ganhe um Oscar e passe o resto da noite festejando a valer, pulando de uma comemoração para outra. Claro que eu também tive vontade de fazer isso, mas não me deixaram. Marty Bregman estava com um jato particular me esperando, porque, na manhã seguinte, eu tinha que estar em Nova York para gravar *O pagamento final*. (De vez em quando, Bregman era um estraga-prazeres. Ele tinha esse talento.) Então, tive que sair direto da cerimônia do Oscar para pegar meu voo.

Entrei direto no carro e fui para o aeroporto, onde me colocaram num avião para Nova York. Nada do resplendor que eu esperava. Mas eu estava num avião grande sozinho, só eu e meu Oscar, e conseguia lidar bem com a solidão. Era como nos velhos tempos, puxando aquele carrinho cheio de jornais *Show Business* pela Sétima Avenida na chuva, cantando a plenos pulmões: "Estou ótimo sozinho/ Com minha garrafa de vinho."

Mas, naquele momento, no avião, fui tomado por uma sensação. Era o equivalente ao que experimentei assim que entrei no Actors Studio, quando era jovem. Eu estava parado numa plataforma de metrô, esperando as portas de um trem se abrirem e olhando meu reflexo na superfície reluzente de metal, e pensei: Eu sou ator, sou um membro do Actors Studio. Sentado sozinho naquele avião, fui invadido por um sentimento de decisão. Foi um presente marcante, e é difícil descrever em palavras, porque o sentimento é muito intenso. Acho que isso é o que significa se sentir bem consigo mesmo — você meio que não sabe por que, mas sente. Foi como eu imagino que seja a sensação de ser um daqueles pilotos de asa-delta que eu via pulando dos penhascos em Montauk — depois de estar no ar há tanto tempo, há um conforto em finalmente pousar, e felizmente não dura muito. Quando você acabou de ganhar um Oscar, aonde quer que vá, as pessoas sabem que você conseguiu algo especial e o tratam dessa forma por mais ou menos uma semana. Acho que é por isso que temos feriados como Dia das Mães ou Dia dos Pais. Precisamos de tapinhas nas costas, algo que faça valer a pena tudo pelo que passamos. Quando se pensa no que a vida tem a oferecer, é provável que gente mais sábia do que eu tenha designado esses espaços de aplausos para todos nós. "Ei, bom trabalho." "Ahh, feliz aniversário", enquanto beliscam suas bochechas, "você está aí há tanto tempo e ainda consegue andar, olha só você." Ou, no Dia dos Pais: "Obrigada, você é um ótimo pai." Acredito que eu tenha isso grudado num Oscar em miniatura que um dos meus filhos me deu. Esse tipo de gesto nos ajuda a sobreviver a uma noite — ou a uma vida.

O velho e amistoso Al.

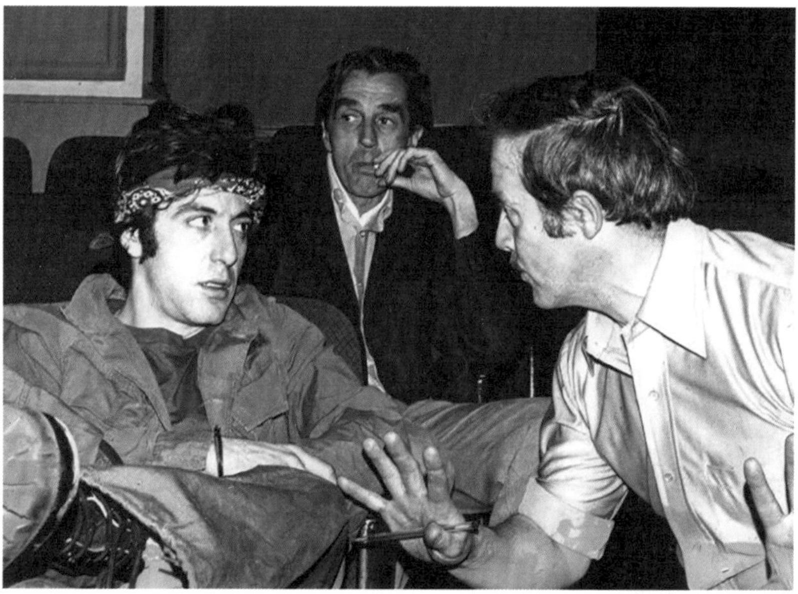

Ensaiando *The Basic Training of Pavlo Hummel,* com David Wheeler.
Charlie Laughton sempre me apoiou.

Búfalo americano. Nem adianta rezar, pois as críticas não serão diferentes.

Justiça para todos. Alguém me tira desse filme!

Um Tony Montana mais contemplativo. Vejo um lampejo de esperança.

Acho que havia química com Michelle Pfeiffer. Bom elenco.

Scarface. Ei, eu pareço levar a sério.

Com Elizabeth Taylor. Amo essa moça! A mais querida.

Revolução, com Dexter Fletcher. Pai e filho lutando para sobreviver.

Vitimas de uma paixão, com Ellen Barkin. Estou prestes a ser dispensado. Adivinha por quê?

Em Roma para *O poderoso chefão: Parte III.* Nós podíamos rir. Os demais tinham que trabalhar.

Na estreia de *Vítimas de uma paixão* com Diane Keaton. Pelo menos ela foi vestida.

Dick Tracy. Alguém precisava ensinar a Madonna a dançar.

Com Suzanne Bertish em *Salomé*, no Circle in the Square. Eu gostava do figurino, principalmente de usar batom.

O sucesso a qualquer preço. Onde está Jack Lemmon? Ele geralmente aparece.

Dançando tango com Gabrielle Anwar. Não se engane, é ela quem está me guiando.

Perfume de mulher. Acho que eu simplesmente gostava de usar uniformes. As medalhas eram excessivas.

Finalmente posso me aposentar.

Ricardo III: um ensaio. Gravou aquela cena? Não posso repeti-la, precisamos avançar.

Com Bob De Niro em *Fogo contra fogo*. Somente a mesa entre nós.

Como Roy Cohn em *Angels in America*, a obra-prima de Tony Kushner.

Donnie Brasco com Johnny Depp, meu Cliffy adulto.

Com Marty Bregman em 2003. Não existe Pacino sem este homem de terno.

Eu e Jack Kevorkian, a quem interpretei em *Você não conhece Jack*. Um homem que eu amei e a pessoa mais a favor da vida que conheci.

O mercador de Veneza, com Lily Rabe, em Shakespeare in the Park. É difícil de imaginar, mas Lily é filha de um dos amores da minha vida.

Wilde Salomé, com Jessica Chastain. Ela estava apenas começando.

Com David Mamet.
Ele sempre tentando
ficar na minha frente.

Com Helen Mirren em *Phil Spector*. As pessoas querem saber por que demiti meu cabeleireiro. Dá uma olhada nisso, cara.

Quando olho para esta foto, eu realmente me assusto.

Com os meus amigos Leo e Brad em *Era uma vez... em Hollywood*. Acho que eles pensam que sou outra pessoa.

No tapete vermelho de *O irlandês*, com Bob De Niro e Marty Scorsese. Estamos sendo entrevistados, então por que estamos cantando?

Casa Gucci. Sou louco pela Gaga.

Está tudo bem. Estou com meus filhos.

Veja quem está pronto para o clique.

11

Quarenta dólares por dia (e todos os donuts que você aguentar)

O que acontece quando você ganha um Oscar depois de vinte e cinco anos no ramo? Nada de mais, para ser sincero. Não entendo bem como muda seu status. A atenção que eu recebia vinha principalmente da rua, onde me davam parabéns com regularidade. Há um impacto financeiro — você de fato ganha mais pelos filmes que faz. Mas as ofertas e oportunidades de fazer filmes já existiam e continuaram chegando. Então, eu podia só seguir como antes: aceitando papéis com os quais eu me conectava. Nos anos seguintes, consegui aparecer em filmes como *Fogo contra fogo*, *Donnie Brasco*, *Advogado do Diabo*, *Um domingo qualquer* e *O informante*, que foram reconhecidos, receberam muita atenção e mais indicações ao Oscar, e me deram a oportunidade de trabalhar com ótimos diretores.

O primeiro filme dessa série foi *O pagamento final*, que era um projeto especial de Marty Bregman. Eu estava de volta em território familiar, filmando em Nova York e de volta com Marty, meu produtor de confiança, e Brian De Palma, um grande diretor; também era minha primeira vez trabalhando com Sean Penn e Penelope Ann Miller, que eram fantásticos. Entre mim, Marty e Brian, foi meio que uma pequena reunião de *Scarface*, mas não estávamos tentando repetir o que havíamos feito naquele filme, e Carlito Brigante, como personagem, não podia estar mais distante de Tony. Ele não usa drogas. Não perde as estribeiras. Mantém a calma. No fim, é vencido por um defeito fatal em sua personalidade, ao mostrar alguma misericórdia a um rival quando provavelmente não devia.

No total, fiz cinco filmes com Marty Bregman: *Serpico*, *Um dia de cão*, *Scarface*, *Vítimas de uma paixão* e *O pagamento final*. Todos foram sucessos, mas *O pagamento final* foi o último que fizemos juntos. Desta vez, não houve término nem desentendimento; simplesmente fomos para lados diferentes.

Ele quis ir atrás de alguns objetivos, e eu quis ir atrás dos meus. Marty dizia sobre mim:

— Quer um filme de sucesso? Coloque Pacino no pôster com uma arma.

Ele também dizia:

— Al Pacino é o cara mais inteligente que eu conheço... dez minutos depois.

Bregman me conhecia. Ele sabia o tipo de ator que eu era e queria ser. Claro que eu também fazia outros tipos de papéis e, apesar de você ter me visto segurando armas em alguns dos papéis que me tornaram famoso, eram todos personagens diferentes, em filmes que contavam histórias muito diferentes.

Mas, desta vez, eu realmente achava que só aceitaria entrar em um filme de gângster se o personagem fosse algo que não havia feito antes. Isso se aplicava a *Donnie Brasco*, que fiz alguns anos depois. Meu personagem, Lefty Ruggiero, tinha uma posição oficial na máfia, e isso não é pouca coisa. Mas Lefty estava num escalão baixo na organização, sem expectativa de subir mais. Carlito Brigante também era um gângster, um cara das ruas, mas era um romântico e um *outsider*. Com Lefty, havia algo quase triste que eu achava nunca ter interpretado antes.

Fazia mais ou menos uns vinte anos que eu não via *Donnie Brasco*, e aí recentemente assisti ao filme e fiquei surpreso ao perceber como era comovente. Mike Newell, nosso diretor, sabia que queria dizer algo sobre o relacionamento entre aqueles dois homens, Donnie e Lefty, como viraram amigos e depois se voltaram um contra o outro. Era um tempo em que filmes sobre parceiros estavam saindo de moda, mas acho que Mike foi sábio ao focar essa dinâmica, porque, no fim, isso fez o filme.

Filmamos *Donnie Brasco* durante algumas semanas gélidas em Nova York, com uma turma excelente que incluía Mike Madsen, Jimmy Russo e Bruno Kirby, que caíam na gargalhada ao ouvir Mike Newell, que é inglês, chamar de "a ma-*fia*". Mas o que tornou aquilo um prazer foi Johnny Depp, que era engraçadíssimo e logo se tornou meu amigo. Ele às vezes me olhava e dizia:

— Al, você sabe que é maluco, certo? Quer dizer, você entende que é clinicamente louco?

Eu falava:

— Ah, é? Você também não é tão ruim, não.

Se tivéssemos a mesma idade numa escola pública, não nos permitiriam ficar na mesma classe juntos. Um Cliffy adulto, enfim. Um fazia o outro rir como duas crianças pequenas costumam fazer. Tínhamos intepretações muito similares das coisas. Isso às vezes acontece com as pessoas, e quando acontece, você nunca mais quer se distanciar.

No ano anterior, eu havia feito *Fogo contra fogo*, meu primeiro filme com Michael Mann. Desta vez, interpretei um policial, um sargento de Los Angeles chamado Vincent Hanna, que tinha problemas como ser humano, problemas na vida. Ele era volátil, nervoso e propenso a enlouquecer. Também usava cocaína de forma recreativa, e eu meio que baseei todo o meu personagem nisso. Gravamos uma cena em que eu entrava num clube, e se via de fato meu personagem dar uma cafungada antes de entrar. Por algum motivo, Michael não colocou essa cena no filme. Explicava muito do comportamento do personagem, e sem essa explicação, vejo como alguns aspectos da minha interpretação pareciam extravagantes. Se o público tivesse visto um ou dois momentos em que Hanna cheirava uma carreira, acho que teria estado mais bem preparado para ver o que eu fiz. Mas, mesmo sem isso, a intensidade da vida dele — como Hanna trabalhava, a forma como lidava com as coisas — lhe permitia essa liberdade de aplicar essa energia. Era quase uma técnica que ele usava como investigador, e funcionava para ele.

Fogo contra fogo foi um filme especial para mim por ser o primeiro em que Bob De Niro e eu finalmente pudemos atuar juntos na tela (ao contrário de *O poderoso chefão: Parte II*, em que nós dois aparecemos, mas não tínhamos cenas juntos). Era uma oportunidade emocionante de solidificar a longa história que compartilhávamos, parte da qual não estava totalmente sob nosso controle.

Ainda me lembro de como conheci Bob, muitos anos atrás, quando Jill Clayburgh e eu morávamos juntos no Village. Estávamos atravessando a 14th Street quando encontramos algumas pessoas que ela conhecia. Uma delas era um jovem que tinha uma intensidade incomum. Havia certa distância nele — ele não encarava ninguém nos olhos —, mas também um carisma que simplesmente irradiava. E aquele era o Bob. Jill nos apresentou e me contou que ele era um grande ator. Eu sabia que ele tinha aquele dom, conseguia ver isso, mesmo só de passagem. Ele parecia conhecer um pouco do trabalho que eu vinha fazendo no teatro. Demos um aperto de mão, nos saudamos e seguimos nosso caminho.

Desde então, Bob virou um querido amigo meu. Ele sempre foi muito íntegro comigo. Nunca lhe pedi nada que ele não tenha feito. E Jill tinha razão, ele é um grande ator. Bob e eu nos conectamos por meio dos filmes — foram os filmes que o despertaram, que lhe deram um meio e uma forma de expressão, e nós dois sentíamos uma conexão com a arte do cinema. E nos unimos em nossas dificuldades com o sucesso e a fama, que frequentemente enfrentávamos ao mesmo tempo — em especial quando éramos mais jovens e tudo era novo.

E tem ainda todas as formas como fomos comparados um ao outro, colocados um ao lado do outro e transformados em concorrentes, só porque somos atores que apareceram na cena mais ou menos na mesma época e de origem semelhante. Embora tenhamos coisas em comum, somos muito diferentes um do outro.

E havia competição entre nós. Claro que havia. Especialmente quando as ofertas que chegavam eram similares; papéis que iriam para um de nós e que qualquer um dos dois seria capaz de fazer. Nesse ponto, e apenas nele, existe a mancha da competição.

Aconteceu também com outro ator, porque, quando comecei a trabalhar no cinema, passei por isso com Dustin Hoffman. Eu não ousava me comparar com ele; eu o amava em *A primeira noite de um homem* e como Ratso Rizzo em *Perdidos na noite*. Sempre achei que Dustin era um ator brilhante, mas não achava que estávamos na mesma sintonia.

Só me lembro de encontrar Dustin uma vez, nas ruas de Nova York, antes de me tornar famoso. Ele estava com a esposa e um cachorro muito, muito grande, e dei oi para ele enquanto as pessoas o paravam para pedir autógrafos. Mencionei que eu também era membro do Actors Studio, e ele foi muito legal comigo. Enquanto continuava dando autógrafos, ele me disse:

— Fique tranquilo. Isso logo vai acontecer com você.

Eu não sabia se devia ficar muito feliz com isso, mas foi uma coisa simpática de dizer.

Pauline Kael, a renomada crítica de cinema, dizia que eu fui influenciado por Dustin Hoffman. Na verdade, o que ela falou de mim em *Serpico* era que eu era "frequentemente indistinguível" de Dustin Hoffman. Devia ter alguma coisa no ar, porque as comparações viam de todos os lados. Chegou a ponto de o grande produtor e empresário teatral Alexander H. Cohen, um cara de quem eu gostava muito, sugerir que Dustin e eu nos reuníssemos no Madison Square Garden e lutássemos um contra o outro numa disputa de boxe, e estava falando sério mesmo. Mas eu disse a Cohen:

— Vou só te dizer logo de uma vez: o Dustin vai me surrar. Ele malha. Vai limpar o chão comigo.

Pensei que seria melhor Alexander procurar a Meryl Streep e pedir para ela brigar comigo. Mas aí fiquei meio preocupado. Merda, e se ela ganhar? Por sorte, a luta nunca foi para a frente.

Houve uma época nos anos 1970 em que Dustin Hoffman, Bob De Niro e eu éramos considerados um grupo, atores de alguma forma intercambiáveis. Um cara como Jack Nicholson ficava à parte de tudo isso. Robert Redford ficava à parte. Mas, embora fôssemos vistos como pessoas capazes de garantir a produção de um filme e seu sucesso na bilheteria, Bob, Dustin e eu éramos considerados três atores de Nova York que tinham chegado lá — apesar de Dustin ter crescido em Los Angeles, nós nos moldamos e conquistamos nosso espaço em Nova York. Era um rótulo que certos atores recebiam.

Ao longo dos anos, Bob e eu tentávamos procurar formas de trabalhar juntos num filme se pudéssemos, mas nunca conseguíamos achar o projeto certo. Quando Bob foi escalado para *Novecento*, de Bernardo Bertolucci, ele me ligou para conversar sobre fazer o filme com ele. Bob estava me encorajando:

— Vamos lá, a gente pode fazer esses papéis juntos.

Mas você sabe no que deu. Fiz o mesmo de sempre. Respondi:

— Bob, não posso. Eu não me conectei com o papel. Não entendi a história. Não sei como fazer.

Quando Michael Mann procurou Bob e eu com o roteiro de *Fogo contra fogo*, falou que podíamos escolher qual dos dois protagonistas queríamos interpretar: Hanna, o policial, ou McCauley, o ladrão. Aconteceu que Bob queria o ladrão e eu queria o policial.

Enquanto nos preparávamos para gravar o filme, passei a maior parte do tempo pensando: Como vou fazer isso? Como vou interpretar esse papel? Aí, fizemos uma leitura do roteiro em que eu estava com Bob, Val Kilmer, Jon Voight e vários outros grandes atores ao redor da mesa. Bob estava fazendo um personagem que era uma verdadeira potência, mas eu via que ele estava oferecendo uma performance mais contida e discreta, intensa e solitária. Era lindo. Eu sabia que iria na direção oposta.

Michael Mann escolheu Bob e eu porque não queria dois caras iguais — ele queria um contraste. Estava elevando a tensão para uma cena no meio do filme em que nos sentamos juntos em um restaurante e conversamos pela primeira vez.

Quando chegou a hora de gravar a cena do restaurante, Bob não quis ensaiar. E eu pensei: Ele tinha razão. Chegamos lá e só começamos. Não pensamos no assunto nem falamos nada a respeito — estava lá. Bob foi sábio em fazer desse jeito.

DESDE O TEMPO EM QUE EU O IMAGINARA PELA PRIMEIRA VEZ, DURANTE *O poderoso chefão: Parte III*, *Ricardo III: um ensaio* tinha começado a virar realidade. Eu consegui fazer da forma que sempre sonhei. Usei meus próprios recursos, para não ter que obedecer a ninguém nem me conformar às várias regras que as pessoas têm quando colocam dinheiro no seu filme e querem recuperá-lo. Um filme de arte é uma aposta, e não dá para esperar que seu investimento volte ou se chatear quando isso não acontece. Eles não são feitos para serem comerciais, servem a um tipo diferente de público.

Para ser o mais sincero possível, parte de mim queria fazer esse filme para exorcizar algo, como os sentimentos em relação a como fui tratado quando fiz *Ricardo III* na Broadway, quando os críticos disseram que eu atrasei Shakespeare cinquenta anos neste país. E parte de mim fez por admiração por artistas como Orson Welles, que era o verdadeiro gênio do meio cinematográfico. Ele fez tudo em sua carreira, e sua vida inteira foi passada fazendo filmes a conta-gotas, tentando o tempo todo levantar dinheiro para os filmes e sem nunca receber a atenção merecida por eles. Eu nunca ousaria me comparar com Welles, mas ele me inspirou, e gosto de pensar que tive uma verdadeira experiência típica de Welles ao fazer *Ricardo III: um ensaio*. Passar por tudo o que se passa ao escrever, dirigir e estrelar num filme — enquanto faz alguns filmes comerciais em meio a tudo isso — exigiu um balé delicado: as disputas e embates de escalar atores que chegavam e saíam em tempos diferentes. Nós gravamos pelo mundo todo.

Trabalhei em *Ricardo III: um ensaio* enquanto estava em meio a *O pagamento final* e continuei trabalhando nele durante *Fogo contra fogo*. Michael Mann, com sua generosidade especial e inteligência excepcional, me deu parte de sua equipe de *Fogo contra fogo* para usar em *Ricardo III: um ensaio* — sem nem piscar, assim, do nada. Que gesto. Nunca esquecerei. Eu estava escolhendo locações. Estava escalando atores. Estava colocando tudo o que podia naquilo. Gravando um filme durante o dia, depois gravando o outro à noite. E então eu voltava no dia seguinte e fazia tudo de novo. Ficava sentado à beira da piscina da minha casa alugada em Los Angeles, repassando a construção das cenas de *Ricardo III: um ensaio*, planejando batalhas, organizando as coisas em minha mente. Às vezes, eu só esperava para conseguir a locação e descobrir aonde ia cada coisa ao chegar lá. Ao longo de tudo isso, cheguei à conclusão de que diretores são mais loucos que atores, e acho que não tenho mais nada a declarar sobre isso.

Tudo isso me revigorou muito. Há uma energia que você sente quando está fazendo algo em que não precisa ficar lá sentado, esperando ser chamado para fazer suas cenas. Quando você assiste a *Ricardo III: um ensaio*, está na verdade me vendo descobrir como dirigir uma cena enquanto estou no meio de interpretá-la. As câmeras estão rodando, a cena, seguindo, e estou atuando nela, estou dirigindo, saindo do quadro para pedir para o câmera se aproximar, enquanto orquestro o movimento de outros atores com sinais de mão e gestos, como um técnico de beisebol. Há um tornado de atuação e direção acontecendo, e estou amando ser a calma no olho desse furacão que estava sendo criado ali.

Um dia, durante a filmagem de *Ricardo III: um ensaio*, eu levei o elenco e a equipe ao Cloisters e à Catedral de São João, o Divino, onde encontrei Philippe Petit, o extraordinário equilibrista, que tinha braços tão fortes que mais pareciam cabos náuticos. Ele tinha caminhado numa corda bamba de um prédio do outro lado da rua até o telhado da catedral, a cinquenta metros de altura, tudo sem rede de segurança. Lembre-se disso. Eu queria levar meus atores de *Ricardo III: um ensaio* para o telhado da igreja, mas então vi todo aquele cocô de pombo ali, e tinha ouvido falar que aquilo era extremamente venenoso. Alguém no set também mencionou isso.

Quando contei a Philippe, ele falou:

— E daí? Tá bom, é veneno. Se um ator morrer, ele morreu pela sua arte.

Respondi:

— Morrer pela sua arte? Literalmente, eu não faria isso. Mas, metaforicamente, sim.

Acabamos achando uma locação para filmar o assassinato de Clarence, irmão de Ricardo, uma cena em que não tinha cocô de pombo por todo lado. Não era a arquitetura gloriosa de São João, o Divino — não fazia com que eu sentisse que estava no reino de Michelangelo, um ambiente onde você sente que é capaz de qualquer coisa. Pensei: Ali é o lugar de Shakespeare. Mas encontramos outro cenário no East Side, que era inclusive melhor. Agora sim, podíamos matar Clarence. As pessoas encarregadas da igreja tiveram a bondade de me permitir filmar lá. Fazer aquelas cenas medievais na cidade foi bastante memorável. Nova York já tinha me dado tanto e agora estava me dando ainda mais. Eu jamais esqueceria isso.

Fazer *Ricardo III: um ensaio* foi incrível para mim. Nunca fui tão feliz. Eu tinha cumprido uma visão pessoal. E, quando terminou, após quatro anos de imersão total, precisávamos vendê-lo. Eis o problema. Meu Deus, o que me esperava. Eu estava num novo mundo. Será que eu estava preparado para os seus meandros? Nem fodendo. Tinha dependido de agentes, empresários e produtores para fazer as negociações. E era um filme de arte — eu sabia que ia ser difícil de convencer. Marty Bregman, cadê você? Socorro!

Algumas pessoas quiseram, sim, comprar o filme de mim e, pelo menos, compensar o dinheiro que eu tinha investido. Então, eu o vendi, o que significava também vender meu controle. O filme foi para Tom Rothman na Fox Searchlight Pictures, a divisão indie da Twentieth Century Fox, que tinha feito alguns filmes muito bacanas. E, assim que comprou, ele foi promovido a chefe da Twentieth Century Fox e saiu voando, inacessível e não mais responsável pelo meu filme. Foi uma perda e tanto — ele não tinha alternativa além de aceitar a promoção, e eu, claro, respeitei sua decisão. Quem colocaram no lugar? Vai continuar anônimo. Se ler este livro, vai saber quem era. Dei uma conferida nele e de fato o conhecia. Tinha sido contrarregra de uma peça que fiz uma vez. Ele continuava sem a mínima noção do que estava fazendo.

Fiz algumas ligações com a Searchlight e por acaso conheci um dos chefes, um executivo, num avião, e discuti o filme com ele. Ele me disse que *Ricardo III: um ensaio* não podia ser indicado a um Oscar porque não era nem um documentário de fato, nem um filme tradicional de ficção, então não havia categoria para ele. Quero contar aqui algo que Sidney Lumet me disse em alto e bom som: Se você grava e está em filme, é um filme. Se vai do ponto A ao ponto B, é um filme. Se tem algo a dizer, é um filme. Eu sei que existe diferença entre documentário e ficção. Bom, aquilo era um pouco de cada coisa. Se não gosta, pode me processar. Pode atirar. Não dá para fazer nada diferente nesta cidade. Eu aprendi um pouco, esqueci um pouco e segui em frente. Não adianta chorar pelo Shakespeare derramado.

Quando tudo desmoronou, o filme estava no estágio de marketing. Apesar de ser ideia minha e eu ter dirigido, escrito e produzido, não consegui arregaçar as mangas, ir lá, me expor e vender. Quando eu era mais jovem, vendia sabonetes que tinham sido embalados por pessoas cegas. Ia de porta em porta no Bronx e, aqui e ali, fazia uma venda. Era o pobre vendendo para os mais pobres. Eu me lembro de uma vez quando uma mulher abriu a porta e eu fiz meu discurso sobre o sabonete. Eu via que tinha olhos convidativos. Não tirei vantagem disso naquela época e sempre meio que me culpei por isso. Mas vender era um trabalho difícil, e eu não durei muito nisso.

Precisamos fazer uma daquelas exibições de pesquisa de mercado para o filme. Agora, não eram só meus amigos vendo; eram desconhecidos completos que tinham sido escolhidos como pessoas que potencialmente podiam gostar daquela coisa maluca que eu tinha feito. Eu não sabia o que eles esperavam ver. Imagine se vaiassem, imagine se simplesmente fossem embora, em reação àquela coisa em que eu investira tanto do meu tempo e da minha alma. Eu só conseguia pensar: Meu filme é muito ruim.

Enquanto estava lá sentado, minha esperança era que, milagrosamente, de alguma forma, enquanto o filme estava indo da sala de edição ao cinema onde estávamos exibindo, fossem feitas algumas mudanças que de fato o tornassem bom. Aí, tive uma ideia melhor: Vou impedir as pessoas de virem até aqui. Depois pensei: Não, não posso fazer isso, mas quer saber o que eu posso fazer? Posso dizer a elas: "Obrigado por terem vindo, mas isto não é sério de verdade. Eu só estava testando umas coisas. Sou só um ator vendo se consigo chegar a algum lugar, e simplesmente não é para vocês. Então, fiquem se quiserem, mas não tem problema se não quiserem." Pelo menos, esses espasmos de pensamento me fizeram rir um pouquinho.

Mostrei o filme na sala de exibição do meu agente, um espaço relativamente grande, onde costumava passar filmes de Pasolini e Visconti, filmes que eu achava tão bons e valiosos, para fazer as pessoas ali verem coisas que normalmente não veriam.

Uma das pessoas que foi a uma dessas exibições de *Ricardo III: um ensaio* era uma mulher de quarenta e poucos anos. Era, acredito, professora; era bonita e exalava inteligência e graça. Assistiu ao filme todo e, no fim, estava chorando. Só fiquei lá sentado, esperando e me perguntando o que era aquilo. As palavras dela foram:

— Eu nunca achei que conseguiria entender Shakespeare, mas agora entendo.

Ela teve uma sensação de revelação. Como se dizendo: *Eu não confio nessa parte de mim mesma.* Era uma pessoa culta, que provavelmente tinha passado a vida inteira com uma certa postura em relação a Shakespeare. Era indiferente a ele e possivelmente se convencera a desdenhar dele. Ela havia chegado às lágrimas porque estava ao mesmo tempo feliz consigo mesma e desconfortável por ser algo que havia perdido em certos momentos da vida.

Ricardo III: um ensaio teve algum reconhecimento, mas seu fracasso em prosperar me magoou, francamente. Não foi só uma decepção. Foi um acontecimento que afetou minha vida. Você pode estar numa posição em que está fazendo algo bem e aí tem aquela experiência de rejeição, e isso ofusca completamente todos os seus sucessos passados. Eu não lidei de verdade com aquela decepção na época, porque é coisa demais para enfrentar quando está acontecendo.

Muitos anos depois, após eu fazer minha mudança de Nova York para Los Angeles para ficar perto de minha ex e dos meus filhos, acabei numa festa na casa vizinha à que eu estava alugando. A anfitriã que morava lá era meio que uma figurona, mas acabei a conhecendo, e ela se mostrou um ser humano bem decente no geral. Certa noite, havia muitas celebridades e produtores conhecidos na casa dela, pessoas que ocupavam uma posição alta na hierarquia de Hollywood. Fui apresentado a alguns deles e descobri que ninguém conhecia *Ricardo III: um ensaio*. Ali estava um filme que eu escrevi, dirigi e estrelei, com um elenco de grandes artistas britânicos e atores americanos que enchiam a tela com seus dons. O Directors Guild of America, associação de diretores, me deu um prêmio de Melhor Diretor pelo filme, e o *New York Times* o elegeu como um dos dez melhores do ano. Mas ali, naquela festa, nenhuma alma o conhecia. Não era só que não tinham visto, nunca tinham ouvido falar dele.

Eu podia filosofar sobre isso. O que foi mais difícil de aceitar era que eu estava lá com um amigo que certa vez chamara o filme de obra-prima, e agora ele se recusava a admitir que tinha assistido, como se fosse de alguma forma comprometê-lo. Eu queria cutucá-lo e dizer: "Ei, cara, fala alguma coisa! Você conhece o filme." Mas ele não falou uma única palavra, não ali, não naquele círculo de Hollywood. Naqueles lugares, você segue o que está na moda. Levei muito tempo para aprender isso. Não demonizo, mas entendo um pouco melhor hoje em dia. Achei que talvez pudesse pegar as latas de filme eu mesmo e exibir o filme na casa daquela mulher, mas na época tinha algumas crianças pequenas para cuidar em casa.

Depois de *Ricardo III: um ensaio*, não fiz mais Shakespeare por quase uma década, até interpretar Shylock numa versão para o cinema de *O mercador de Veneza*, que saiu em 2004. Achei que o diretor, Michael Radford, tinha feito alguns filmes bem bons. E o produtor, Barry Navidi, veio me procurar depois de ter trabalhado em outro projeto com Marlon Brando e Johnny Depp. Eu sentia que Barry tinha uma cabeça boa e uma compreensão inata de atores e da arte do cinema. Ele tinha conhecido Brando bem e disse que ele me recomendara para fazer o papel de Shylock. Como Marlon viu isso em mim, jamais saberei. Mas, quando li o roteiro do filme, só falei:

— Eu entendo e consigo ver aonde vou com o papel. Vou fazer.

Quando percebemos as restrições de tempo, reunimos o elenco em Nova York, onde eu tinha um loft que podíamos usar para ensaiar, e ficamos bem próximos. Conseguimos construir a peça, interpretá-la e encontrar o mundo em que interpretaríamos. Éramos todos gratos por essa experiência, que nos permitiu a liberdade e compreensão de que precisamos muito para qualquer filme, em especial Shakespeare.

Eu sabia que Dustin Hoffman tinha feito Shylock na Broadway e em Londres, mas o que se destacava de forma mais proeminente em *O mercador de Veneza* era um estigma de ser percebido como antissemita. Essa notoriedade datava lá da época de sua criação, há mais de quatrocentos anos, e foi passada desde então. Mas nós mudamos como público. De certa forma, a peça se adapta à era moderna. Entendemos o preconceito a que Shylock está sujeito quando vemos. Muitos de nós se identificam com a experiência dele. Não sou judeu, mas, da minha perspectiva, eu via Shylock como um homem relegado a um gueto, que é abusado por fanáticos. Não só eles o maltratam e cospem nele como roubam sua filha amada, a única coisa que lhe sobrara no mundo. E, mesmo assim, há certa dignidade nele. Ele sente que é uma pessoa justa por causa do que foi feito com ele. Não é um Iago, nem um Ricardo III, nem qualquer outro dos vilões de Shakespeare. Há nele um toque de herói. Ele é um sobrevivente. Achei que nosso mundo hoje tinha espaço para isso e que o filme seria relevante.

Para mim, nosso *O mercador de Veneza* era um filme de Shakespeare bastante bom, e foi apoiado pela comunidade judaica. Eu nunca senti que ele foi abraçado pelos poderosos da Sony, que tinham medo de uma polêmica em torno do personagem de Shylock. Estavam se preparando para algo que não ia acontecer — uma retaliação que nunca chegou. Fizeram uma pré-estreia do filme num cinema da Terceira Avenida, à qual eu fui, mas mal dava para encontrar. Eles estavam escondendo, com certeza. Aquilo foi muito hipócrita e me irritou. Foi aí que eu soube que as pessoas que estavam lançando o filme não iam apoiá-lo, mas me disseram que ele foi muito bem e virou um dos mais lucrativos filmes de Shakespeare.

Eu interpretaria Shylock de novo algumas vezes. Fiz em Shakespeare in the Park e depois na Broadway, ambos dirigidos por Daniel Sullivan. O que tornou nossa produção tão pungente foi um momento em que Shylock está com seu quipá no chão — eles o arrancam da cabeça dele, o colocam na fonte batismal e o batizam para virar católico, após ele ser forçado a mudar de religião. E aí, depois de o puxarem de lá ensopado, ele volta àquele quipá, pega e enfia na cabeça, desafiador. A plateia sempre comemorava. Esse rompante muito provavelmente o faria ser morto, e dava para ver a rebeldia dele. Eu considerava um dos grandes momentos adicionados por Daniel Sullivan à peça e o motivo de eu querer fazê-la.

Levei muitos meses para chegar àquela interpretação — meses de ensaio, depois de eu ter feito um filme e apresentado a peça no Central Park. Acredito que eu tenha me beneficiado de todo o tempo que tive com ela, o que me permitiu certo tipo de liberdade e contribuiu com minha indicação para um Tony, o que foi muito recompensador. Quando eu trabalho em coisas por longos períodos, consigo encontrar o personagem dentro de mim mesmo.

Eu ainda gostaria de fazer de novo o papel de Shylock, talvez lá na Inglaterra. Shylock é um dos grandes papéis para atores — ajudou a criar a reputação do lendário Edmund Kean. Quando ele fez Shylock, as pessoas ficaram tão chocadas que chegaram a sair correndo do teatro durante o espetáculo para chamar os passantes para entrar e dar uma olhada naquilo.

Eu me lembro desse tipo de intensidade quando vi Jonathan Pryce interpretar Hamlet. Naquela produção, quando ele chega à cena em que Hamlet vê o espectro de seu pai, o Hamlet de Jonathan vê o espectro do pai *sair de dentro dele*. Naquele momento, era um exorcismo que fazia a pessoa pular da cadeira. Jonathan fazia os dois papéis, com a voz do espectro do pai dentro dele e saindo da boca de Hamlet. Eu vi com meus próprios olhos, e era Shakespeare levado ao limite. Dava para sentir o terror permeando a plateia. Fiquei hipnotizado ao ver o quanto um ator podia ir longe. Ele não precisava de carros velozes batendo com tudo um no outro, nem de explosões cinematográficas. Não precisava de uma capa de Superman. Era só ele — ele estava voando com as palavras de Shakespeare.

Dá para imaginar esse ensaio? "Ei, olha só uma ideia: e se fizermos o papel do pai de Hamlet ser interpretado por Hamlet e sair do estômago dele? Ele o regurgita." "*Uooooou*, eu quero tentar isso, cara, vamos ver o que acontece."

No fim, fui ao camarim ver Jonathan. Perguntei a ele:

— Como você faz isso oito vezes por semana?

Ele sorriu, tímido, e respondeu:

— É tranquilo. A gente só faz sete.

Entende o que estou dizendo? Atores, cara — não tem nada como atores. Na época e hoje, eles são os maiores seres humanos. Sei que são chamados de loucos, autocentrados, tudo isso. Chegamos a acusá-los de narcisismo. Que absurdo. Estão dizendo que alguém que tem interesses próprios é narcisista? Dá um tempo — todos nós nos encaixamos nessa descrição. Eles são o que eram duzentos anos atrás, doidos de pedra e malucos beleza. Sim, um pouco mais da elite se juntou à multidão de atores, mas, lembre-se, essas pessoas também são piradas.

Acabei sendo indicado a um Tony por fazer Shylock na Broadway, e pude contracenar com Lily Rabe, filha de Jill Clayburgh. Lily é uma atriz maravilhosa, e como foi emocionante estar com uma das filhas de meu antigo amor. Lily e eu tivemos meio que uma troca de pai e filha quando trabalhamos juntos. Para mim, era o que parecia, o que era maravilhoso, como ela. Perdemos Jill para o câncer durante a produção, uma coisa muito triste, e sobrevivemos a isso por toda a temporada.

12

Sempre dá para comprar novos amigos

O ano de 2001 começou com tudo. Beverly D'Angelo e eu tivemos um casal de gêmeos. Eu tinha três filhos no total: meus dois novos, Anton e Olivia, e minha filha adolescente, Julie. Como não amar isso?

Beverly e eu tivemos nossas discussões sobre onde morar. A vida dela era quase que exclusivamente em Los Angeles. Nova York era meu lar, e eu sempre quisera ficar ali. Meu psiquiatra me alertou para não me mudar para L.A. Eu fui mesmo assim.

Lá estava eu, pouco depois dos sessenta anos, fazendo uma nova vida numa nova cidade. Não fazia ideia de como navegar por Los Angeles. Eu não entendia a cena social. Sabia que podia voltar a Nova York o quanto fosse possível.

Em Los Angeles, eu me mudei várias vezes com meus dois filhos pequenos, tentando descobrir onde morar. Todos os lugares alugados acabavam ficando apertados para nós. Beverly e eu estávamos trabalhando em toda a *gestalt* de criar nossos filhos um sem o outro. Havia dias de visita, e as crianças ficavam comigo ou com a mãe por um tempo, até enfim chegarmos à guarda compartilhada de cinquenta por cento do tempo para cada um. Mesmo assim, às vezes meu trabalho me afastava deles. Quando penso no que meus filhos precisaram passar, fico grato por terem se saído tão bem. Eles nem sempre receberam a atenção que desejavam ou mereciam de mim, e apesar de eu tentar estar por perto o máximo possível, uma vez que uma família é desfeita, sempre vai ser mais difícil. Por mais que eu entenda isso agora, queria saber disso na época.

Los Angeles era muito diferente de Nova York, e um nova-iorquino em qualquer lugar fora de Nova York é um estrangeiro. Havia muito mais *interação* em Los Angeles; há um senso de comunidade, mas com certas regras a serem seguidas dependendo da região em que você está. Beverly Hills é vasta, mas alguns de seus bairros são como estar em um clube de campo — um clube enorme, onde há festas e jantares, e você meio que vai tateando, desajeitado, na escuridão. De início, eu morria de medo de sair sozinho, porque invariavelmente me perdia e não conseguia achar o caminho de volta para casa. Mas muitas festas em L.A. eram agradáveis e acolhedoras, e tive a sorte de encontrar pessoas de quem gostava. Meu bom amigo Harold Becker e sua esposa moravam lá, e ambos sempre foram mais do que gentis comigo. Harold me mostrou a cidade.

Charlie também estava morando lá, principalmente porque o clima era melhor para sua esclerose múltipla, e ele e Penny trabalhavam como *coaches* de atores. Alguns dos atores com quem eles trabalhavam eram conhecidos, enquanto outros ainda estavam na luta; fazer isso sempre foi parte do estilo de vida dos dois. Eles viviam em Santa Monica, que eu descobriria ser bem diferente de onde eu estava, em Beverly Hills. Quando cheguei a Los Angeles, eu era meio que um transeunte. Às vezes, eu ia até o centro, onde via alguns pintores e artistas. Fiquei me perguntando como foram as décadas de 1920 e 1930 nesta cidade. Ouvia histórias e tinha alguns pequenos vislumbres do velho mundo, mas a maioria dessas coisas havia desaparecido. O que sobrava era um monte de prédios altos e um trânsito que dava vontade de não ir a lugar nenhum. Comecei a pensar comigo mesmo: Como posso morar aqui?

LOS ANGELES É MEIO PROVINCIANA. É PROVINCIANA COMO OUTROS lugares onde o que importa na sua identidade é a fonte de seu trabalho. E, em Los Angeles, a fonte do trabalho é fazer filmes. É uma cidade da indústria, e essa indústria é o show business. Você nunca está longe das pessoas com quem trabalha, e algumas vão te julgar não só pelo seu trabalho, mas pela reputação que você pode ter acumulado ao longo dos anos.

Demorei um pouco para valorizar as recompensas de Hollywood. Em certos bairros, era preciso tomar cuidado, porque dava para ver que a moeda corrente que se usava era a fofoca. Você recebe a espuma, o creme que vai por cima, mas não tem cappuccino naquela xícara. Há uns vinte anos, talvez, fui a uma festa de aniversário de Harold Becker. Olhei o relógio, era tipo dez da noite, e todo mundo tinha ido embora. Falei:

— Harold, aonde foi toda essa gente? O que aconteceu?

Ele respondeu:

— Ah, você sabe, é Hollywood.

— Como assim, Hollywood? O que isso tem a ver?

— Elas não querem estar aqui depois das dez. Não querem ficar bêbadas e falar a coisa errada para a pessoa errada.

— Ah, sério? — perguntei.

Algumas semanas depois, eu estava em outra festa, um evento pós-Oscar em Century City, num apartamento com vista panorâmica do horizonte de Hollywood. Era um lugar muito chique, e todo mundo estava lá. Eu estava me divertindo de verdade, e tinha muita gente interessante com quem conversar. Inclusive, conheci Oprah Winfrey naquela noite. Estava saindo daquela festa com um amigo quando notei uma mulher que eu conhecia — uma atriz, e bem boa — segurando um drinque e chorando. Não consegui evitar perguntar para ela:

— O que aconteceu? Você está bem?

Ela me olhou, com lágrimas nos olhos, e respondeu:

— Acho que falei a coisa errada para a pessoa errada.

Ela talvez tivesse ofendido alguém capaz de mudar sua vida. Isso pode criar tensão e superficialidade. Se você está falando com alguém e medindo suas palavras, a espontaneidade vai embora. Enquanto olhava para aquela mulher chorando, senti pena dela e pensei: Que sentimento estranho.

A pior coisa é ofender um crítico, e vai saber como isso acontece. Eu gosto de ficar longe de qualquer um que tenha poder. Se você se censura porque não quer magoar alguém, eu consigo aceitar. Mas, quando se censura porque não quer colocar um trabalho ou uma carreira em risco, bom, lá se vai a experiência humana. Como você vai fazer amigos de verdade sendo falso?

Uma vez, encontrei um cara que era dono de uma coisa grande em Hollywood. Chamá-lo de produtor seria eufemismo — ele era o chefe de tudo. Eu não o conhecera antes porque quase nunca estava em Hollywood, então não sabia quem ele era. Para ser cem por cento sincero, nunca sabia com quem estava falando em Los Angeles, a não ser que tivesse visto a pessoa num filme.

Então, uma noite, enquanto curtia a vida num restaurante, conheci um cara. Eu já não bebia mais, mas ainda havia alguma loucura dentro de mim, eu corria certos riscos. Tinha a sensação de estar chapado, conversando, me conectando e me surpreendendo por ainda ser capaz disso com mais de sessenta anos. Eu só o conheci de repente, não sabia quem ele era. Mas acabei tendo uma noite hilária com esse poderoso, e meu apetite por me exibir naquela noite estava particularmente voraz. Eu não estava me esforçando, e às vezes não se esforçar é a melhor maneira de se comportar. Como diz Hickey em *The Iceman Cometh*: "Eu me sentia livre e queria comemorar um pouco." Gostei do cara.

Alguns dias depois, recebi uma ligação do meu agente. Ele me disse que fulano de tal agora queria se encontrar comigo em seu escritório bem lá no alto, no céu de Hollywood — "ele estava com você outra noite e te achou hilário". Pensei: Está falando sério? Eu não sou engraçado de forma ensaiada. Por que devia me encontrar com esse cara? Espero que ele não esteja esperando um repeteco.

AO MESMO TEMPO, EU ENCONTRAVA MANEIRAS DE ME DIVERTIR EM LOS Angeles. Tinha amigos e a vida era ok. Falei: Não quero estar aqui apenas passando o tempo. Há um limite para o quanto dá para jogar tênis. Minha vida estava me custando uma fortuna — minha equipe não parava de aumentar e eu estava cuidando de duas casas, meus apartamentos, um escritório e sustentando as casas dos meus filhos. Gastava trezentos ou quatrocentos mil dólares por mês, o que é muita grana, e eu queria me manter ativo, então fazia uns filmes aqui e ali.

Fiz *Treze homens e um novo segredo*, que era uma franquia, com grandes estrelas e um grande diretor, Steven Soderbergh, então eu sabia que estava em boas mãos. Gostava de George Clooney, Brad Pitt, Don Cheadle, Matt Damon e todos esses caras. Era um grupo muito bom de pessoas, e eu estava muito feliz. Só não sabia nada sobre o filme. Charlie disse que era um bom roteiro, então só fiz meu papel. Eu estava fazendo malabarismo com muita coisa. Tínhamos que ir a Las Vegas por alguns dias de filmagem, e eu perguntava:

— Consigo voltar a Los Angeles no mesmo dia?

Eu tinha as crianças e queria chegar em casa para ficar com elas. Na época eu achava que tinha a energia para isso.

Eu estava girando pratinhos, entre cuidar dos meus filhos, tentar manter minha vida profissional e lidar com o caos habitual que sempre me acompanhou. Era como se eu estivesse o tempo todo correndo e prestes a bater numa parede. O que posso dizer sobre o destino trágico do ser humano? Penso no que Bertolt Brecht me disse numa noite tranquila de verão, enquanto estávamos sentados num balanço duplo. Estávamos levemente chapados, balançando no meio da noite enquanto uma festa rolava a distância.

Ele disse:

— Sabe, Al, qual é o problema do ser humano?

— Não, me conta. Eu quero saber.

— Ele é durável demais, leva tempo demais para morrer.

— Ei, Bertolt, tudo bem se eu roubar essa e usar num livro um dia?

Ele respondeu:

— Sem problemas. Não é como se a gente tivesse se conhecido de verdade. Eu morri em Berlim Oriental enquanto você ainda era adolescente no sul do Bronx.

— Beleza, obrigado pela contribuição. Agora, pode pedir para a garota com quem eu estava sentado neste balanço voltar? Pode trazer ela de volta?

— Claro, rapaz. Preciso escrever um pouco.

Enquanto ele saía andando, gritei:

— Pode escrever uma peça para mim?

Ele não deve ter me ouvido.

Acho que me desviei um pouco. Pelo jeito, eu preciso de um daqueles armários de duzentos quilos para me colocar de volta nos trilhos. Era o que Charlie me dizia, lá nos anos 1960, quando estávamos caminhando pelas ruas de Nova York, por calçadas e pontes, nos balançando como dois andarilhos errantes treinando para uma maratona enquanto da nossa boca jorravam Dylan Thomas ou Allen Ginsberg ou, minha favorita, "Jingle Bells". Ele dizia:

— Precisamos de um armário de duzentos quilos para amarrar você, porque sua energia vive subindo.

Eu sempre tive uma energia alta, e isso é uma coisa boa. O que me falta em inteligência eu compenso em energia.

Depois que fui para Los Angeles, eu ainda precisava satisfazer minhas vontades artísticas, e já sentia de novo essa necessidade. Então, comecei a fazer mais um dos meus filmes, na mesma proposta de *Ricardo III: um ensaio*. Desta vez, pus os olhos numa peça que sempre me intrigou e que eu tinha feito no Circle in the Square, *Salomé*, de Oscar Wilde. Eu amava Wilde e essa peça, por isso comecei uma jornada que durou quase dez anos para criar o filme *Wilde Salomé*, que explorava a vida de Oscar Wilde enquanto eu fazia a peça *Salomé*, no palco, à noite, e filmava uma versão dela em um estúdio durante o dia.

Wilde Salomé diz muito sobre o que estava acontecendo na minha vida na época, enquanto eu criava meus filhos e me ajustava a essa nova localização. Barry Navidi, que produziu o filme *O mercador de Veneza*, agora também estava morando em Los Angeles. Barry é uma pessoa maravilhosa com quem se trabalhar; é aberto e entende de cinema. Também era doido a ponto de se unir a mim e à minha paixão por Oscar Wilde. Levei séculos para filmar em L.A. enquanto atuava em outros filmes. Eu estava fazendo malabarismo enquanto criava meus filhos, que também estão no filme.

Tive a sorte de me deparar com uma ótima atriz, Jessica Chastain, que faz o papel de Salomé. Na época, não fazia tanto tempo que ela havia se formado na Juilliard, e ela era um prodígio. Assim que Jessica começou seu teste, eu vi o talento dela. Virei para o produtor, Robert Fox, e perguntei:

— Estou sonhando?

Qualquer dúvida sobre fazer a versão para cinema se dissipou. Eu soube que aquela era a atriz que interpretaria Salomé.

Meu envolvimento com *Wilde Salomé* foi profundo para mim. É possível pensar nele como um filme caseiro. Mas não estou nem aí para o que ninguém mais diz. Eu estava curtindo minha brincadeira com a peça de Wilde, e colocando muito do meu dinheiro no filme. Trabalhamos nele por anos e o exibimos em privado antes de lançar. Mostramos ao príncipe Charles, que gostou de verdade, e fomos honrados em San Francisco com um dia de homenagem, chamado Dia *Wilde Salomé*, junto com uma exibição especial no Castro Theatre. Foi um prazer fazer esse filme, que ficou meio misturado no meio de tudo e talvez não tenha recebido o devido destaque. Está no mesmo espectro de *The Local Stigmatic*, *Ricardo III: um ensaio* e *Chinese Coffee*. São filmes que não têm a ver com lucro — não têm a ver com nada exceto o filme em si. Eu gosto da intimidade; você só os projeta numa tela pequena e mostra a cinquenta ou sessenta pessoas. É o mais próximo do teatro que o cinema pode chegar.

Além do que eu estava gastando em *Wilde Salomé*, eu estava jogando dinheiro para todos os lados, porque estava sobrando. Pelo menos, eu achava que estava. E meu contador continuava me incentivando. Estava fazendo o mesmo que muitas pessoas fazem quando não entendem nada de dinheiro e são tolas. O pai da amiga da minha filha de sete anos era ator e precisava de dinheiro. Falei:

— Tá bom, do que você precisa?

Dei sessenta e cinco mil dólares para ele. Não esperava nada de volta. Eu fazia muito isso. Não só porque eu queria mostrar que era generoso, simplesmente achava que tinha muito a dar. Para mim, era como quando a gente vence no *Banco Imobiliário*. Não era real. Nada daquilo era real para mim. Mas é real, sim. Eu ia descobrir.

Eu estava começando a receber alertas de que meu contador na época, um cara que tinha muitos clientes famosos, não era confiável.

Em 2011, eu estava sentado na sala da minha casa alugada em Beverly Hills, repassando minhas finanças, coisa que raramente fazia. Pago uma quantia absurda de aluguel em um casarão chique em Beverly Hills porque vivo pensando que é temporário e que vou me mudar para outro lugar ou fazer algo diferente. Claro que nunca aconteceu, e, de algum jeito, acabei alugando esse mesmo lugar por vinte anos. Não é preciso ser contador para perceber que se trata de um desperdício terrível de dinheiro, mas o fato de ele não ter apontando isso devia ter sido um sinal.

Nessa época, quando minhas suspeitas realmente começaram a crescer, meu contador vigarista não veio me ver pessoalmente. Era raro ele aparecer; sempre enviava um de seus subordinados. Fico desconfortável ao redor de coisas que não entendo bem ou com as quais não me sinto muito conectado. Eu estava sentado a uma mesa, repassando as anotações, e o subordinado que representava meu contador estava sentado atrás de mim. E eu falei:

— Isto é impressionante. Eu tenho muito dinheiro.

Eu não andava trabalhando muito na época e tinha acabado de levar minha família a uma viagem pela Europa. Sabia que havia gastado muito dinheiro porque levei meus filhos, as babás e mais algumas pessoas de Los Angeles até Londres, depois à Dinamarca e de volta a Los Angeles num belíssimo Gulfstream 550. Quando as crianças estavam ocupadas, eu me preparava para o papel de Jack Kevorkian antes de começar a filmar *Você não conhece Jack*. Reservei um andar inteiro do hotel Dorchester em Londres, que virou nossa sede, e dali íamos às atrações que as crianças queriam conhecer a cada dia. Voamos para Billund, Dinamarca, lugar de origem do Lego, porque meu filho e minha filha curtiam muito o brinquedo. Inclusive nos hospedamos no hotel Legoland, onde tudo é feito de Lego. Você não sabe o que é viver até ter visto a *Mona Lisa* feita de Lego. Isso que é passar dos limites. Eu só estava fazendo aquilo porque podia e as crianças estavam envolvidas.

Agora, eu estava de volta a Beverly Hills, sentado lá àquela mesa, e me perguntando: Como gastei tanto dinheiro, voltei e tenho mais dinheiro do que quando fui? Achei interessante. E me virei para falar isso para o contador. Eu o estava elogiando. É isso que é ganhar dinheiro? Eu não sabia. Não estava investindo em nada. Olhei para o cara e falei:

— Uau, que legal.

Notei uma expressão no rosto dele. Era uma expressão que nunca vou esquecer. Ele levantou a sobrancelha direita. Só um pouquinho. Como se alguém tivesse ido lá e dito: "Pode fazer aquele negócio que você fazia com a sobrancelha? Ei, Sam, pode fazer de novo, por mim?"

E pensei: É simples. É claro. Eu sei. O tempo parou. *Estou fodido. Não tem como sair desta.* A sobrancelha dele se abaixou de novo, e eu falei:

— Ei, obrigado por isso.

Ele era um cara alegre, meio jovem, e pegou suas coisas e foi embora. O que eu ia fazer agora?

Eu sabia que tinha algo errado, mas não sabia o tamanho do problema nem o que havia acontecido. No dia seguinte, fui a um advogado de Los Angeles e disse:

— Acho que talvez eu esteja com um problema sério. Estou tendo uma sensação.

Contei a história a ele. Depois de ouvir minha narrativa e olhar algumas contas que eu levara, ele falou:

— Eu conheço uma pessoa em Nova York que trabalha para os Rockefeller e acho que você deveria consultá-lo.

Então, fui ver essa pessoa em Nova York. O nome do cara era Shelby Goldgrab — que nome para um contador.[8] Ele tinha um jeito de falar que me deixava muito confortável, e eu sabia que ele também gostava de mim. E ele disse:

— Eu quero conhecer esse seu contador. — E se reuniu com ele, voltou para mim e declarou: — Al, você precisa sair de lá. Não só ele é um vigarista como é um vigarista arrogante.

Eu só conhecia Shelby fazia mais ou menos uma semana, mas ele disse:

— Eu gosto de você. Não quero te ver vendendo lápis na frente do Carnegie Hall.

Comecei a rir. Falei:

— É uma imagem engraçada.

Ele ficou sério. Me deu aquele olhar de Corleone.

— Eu não estou brincando. — Foi quando Shelby me disse: — Fique tranquilo, Al. Vai lá ganhar mais dinheiro, aí você pode comprar novos amigos.

Eu nunca me esqueci disso.

---

8 Goldgrab, em inglês, pode funcionar como um trocadilho: *gold* significa "ouro" e *grab*, "agarrar". (N. da T.)

Eu estava quebrado. Tinha cinquenta milhões de dólares e, de repente, não tinha mais nada. Tinha imóveis, mas não tinha dinheiro nenhum. Neste ramo, quando você ganha dez milhões de dólares por um filme, não são dez milhões. Porque, depois dos advogados, e dos agentes, e da assessoria de imprensa, e dos impostos, não são dez milhões no seu bolso, são quatro milhões e meio. Mas você está gastando acima disso, porque está por cima da carne-seca. E é assim que perde tudo. É muito estranha a forma como acontece. Quanto mais dinheiro você ganha, menos tem. Foi isso que Marty Bregman me disse.

A quantidade de dinheiro que eu estava gastando e para onde ele estava indo era simplesmente uma montagem insana de perdas. A porta estava escancarada, e gente que eu não conhecia estava vivendo às minhas custas. Era: "Venham, venham todos! O Al tem muito e não liga!" E, mesmo depois de eu ter sido ludibriado desse jeito, ainda devia imposto sobre doações de todo aquele dinheiro que eu estava dando para as pessoas. Apesar de só ter dois carros, eu estava de algum jeito pagando por dezesseis, junto com vinte e três celulares que desconhecia. O paisagista estava recebendo quatrocentos mil dólares por ano e, veja bem, pelo paisagismo de uma casa em que eu nem morava. Não estou exagerando nada disso. A coisa não parava. Eu não estava nem assinando meus próprios cheques — era o contador quem assinava, e eu só deixava passar. Eu não estava olhando, e ele não me contava quanto eu tinha nem para onde o dinheiro estava indo, e eu não acompanhava quem recebia o quê. Em resumo, era: Vamos manter esse ator burro feliz, vamos mantê-lo trabalhando e aproveitar. E acabou que esse cara não tinha seguro, então eu não podia processá-lo para receber nada de volta.

Dinheiro era apenas uma coisa que eu recebia junto com tudo aquilo que o sucesso trazia. Eu não queria saber do assunto, porque não queria sentir que precisava aprender cálculo. Eu era velho demais. Levaria tempo demais. E não acho que conseguiria.

Mas nunca me desesperei. Lembro-me de dizer:

— Bom, estou vivo.

Tinha algo libertador naquilo. Numa parte do meu cérebro, eu achava que esse estilo de vida ao meu redor estava tirando vantagem de mim. Eu entrei na onda como se fosse uma pessoa que tinha muito mais dinheiro do que tinha de fato. Minha namorada na época, Lucila, me apoiou muito, assim como muitos amigos e pessoas próximas de mim. Então, comecei a resolver. Entrei numa espécie de modo de sobrevivência, coisa que sou capaz de fazer. Eu tive uma vida que me deu a habilidade de sobreviver. Então, o que fazer? Eu fui trabalhar.

A essa altura, já tinha mais de setenta anos. Não era um jovenzinho e não ia ganhar o mesmo dinheiro de antes atuando em filmes. Os grandes salários aos quais eu estava acostumado simplesmente não vinham mais. O pêndulo tinha ido para o outro lado, e eu via que era mais difícil encontrar papéis. Acho que é o que acontece com todos os atores — conforme envelhecem, vão recebendo menos papéis. Teria que fazer os trabalhos que estavam disponíveis.

Precisei mudar meu orçamento. Eu tinha duas casas e vendi uma delas. Antes, nunca fazia comerciais, mas acabei fazendo um comercial de café em que Barry Levinson me dirigiu. Ele foi para a Austrália, passou na TV algumas vezes e gerou muito dinheiro. Descobri, durante a filmagem daquele comercial, que tinham prendido meu contador e o acusado de liderar um esquema de pirâmide. Ele foi condenado a sete anos e meio de prisão. Apareceu na mídia, mas só um pouco; era outra época, e não ganhou o mesmo destaque que Bernie Madoff, que foi notícia alguns anos antes. Eu também tentei ficar na minha. Quase nada é pior para uma pessoa famosa — existe estar morto, e existe estar falido.

Meus seminários foram outra grande descoberta para mim. Antigamente, eu ia com frequência a universidades conversar com os alunos, de certa forma apenas para fazer uma apresentação para eles. Contava um pouco da minha vida, e eles me faziam perguntas. Eu levava ao palco livros de autores, dramaturgos e poetas que amava. Apresentava uns monólogos e recitava uns poemas. Eu gostava daquilo. Era uma conexão com uma plateia que era importante para mim. Eu me sentia bem compartilhando aquelas coisas. Me levava de volta ao teatro. Eu não recebia nada. Só fazia.

Agora que estava falido, pensei: Por que não volto a fazer isso? Havia mais lugares em que eu poderia ir fazer esses seminários. Não necessariamente universidades — eu sabia que havia um mercado mais amplo. Então, comecei a viajar. E percebi que funcionava. As pessoas iam porque eu ainda era popular. Eu mostrava uma montagem do meu trabalho, depois conversava com um entrevistador e contava histórias. Era divertido, e as plateias queriam ouvir. Fazia leituras de Shakespeare e Eugene O'Neill e outros, além de sessões espontâneas de perguntas e respostas. O público fazia perguntas muito interessantes, e eu descobri que gostava de falar do passado. Esses seminários me pagavam bem — se eu fizesse um por mês, sobrevivia ao mês. Era uma forma de ganha-pão.

ANTES DE FALIR, EU FAZIA FILMES QUANDO ACHAVA QUE ME RELACIOnava com o papel e me sentia capaz de contribuir com ele. *Treze homens e um novo segredo* ficou bom. E fiz *88 minutos*, que foi um desastre. Depois fiz *As duas faces da lei*, com Bob De Niro, que não foi bom. Mas fiz essas coisas enquanto achei que tivesse dinheiro, então não era como se eu estivesse fazendo pela grana. Eu realmente achava que podiam ser bons.

Cada um tem a gêmea que merece foi o primeiro filme que fiz depois de perder meu dinheiro. Para ser sincero, aceitei porque não tinha mais nada. Adam Sandler me queria, e pagaram muito bem. Então, fui lá e fiz, e ajudou. Eu amo o Adam, que virou um grande amigo, e foi maravilhoso trabalhar com ele. Por acaso, ele também é um excelente ator e um cara incrível.

Seguiu-se uma estranha e dissonante mistura de papéis. Gostei de um filme que fiz, *O último ato*, porque foi com Barry Levinson. Era baseado no romance de Philip Roth, que conheci numa festa em Nova York. Encontrei Roth lá, sentado numa poltrona, e ele me olhou muito sério. Falei:

— Oi, sr. Roth. Al Pacino.

Ele estava com um olhar inquietante. Numa voz fria e impassível, respondeu:

— Eu. Sei. Quem. Você. É.

Só pensei comigo mesmo: Bom, eu sou famoso. Ele já me viu em filmes. Talvez tenha visto *O poderoso chefão*, sei lá. Mas eu amava os livros dele e era fã de verdade, então continuei falando:

— Estou fazendo um filme baseado no seu livro *A humilhação*. E é muito engraçado.

Com aquela mesma voz funérea de antes, ele falou:

— Não. É. Engraçado.

Eu disse:

— Não, eu sei, não é engraçado de verdade. Mas, para aguentar o drama, às vezes a gente precisa de um pouco de graça.

De novo, ele respondeu:

— Não. É. Engraçado.

— Claro. Tudo bem. Você tem razão. Não é engraçado.

E saí de ré da sala para a rua.

Ele interagiu comigo de uma forma tão sombria que dizer que foi estranho é pouco. Só recentemente lembrei que o conhecera anos antes. Eu tinha inclusive jantado uma vez com Roth e Claire Bloom, só nós três, em Londres, em algum momento dos anos 1990, quando eles ainda eram casados. É o tipo de cenário em que você se mete às vezes. Alguém que me conhecia perguntou:

— Al, quer conhecer o Philip Roth?

Não tenho ideia do que conversamos — eu tinha esquecido completamente. Eram duas pessoas que eu achava muito interessantes e cujas obras eu amava. Como aquela noite podia ser entediante? Mas, aí, quinze anos depois, estou falando: "Ei, cara, prazer te conhecer", como se não o reconhecesse. Não é de espantar que ele estivesse com aquela cara: eu o estava insultando. Como um ser humano normal simplesmente esquece alguém desse jeito? Eu não bebo mais, então não tenho essa desculpa, mas acho que às vezes só me distraio.

Barry Levinson é meu amigo e foi ótimo trabalhar com ele em *O último ato*. Também contratamos Buck Henry para escrever o filme com ele. Tínhamos ótimos atores, Greta Gerwig e Dianne Wiest e o maravilhoso Charles Grodin, que já faleceu. E fizemos esse filme por tipo dois milhões. Ele simplesmente estava rolando enquanto fazíamos outras coisas.

Também fiz *Manglehorn* porque muita gente estava falando bem do diretor, David Gordon Green. Ele era famoso entre certo grupo em Hollywood. A melhor coisa de ter feito *Manglehorn* foi ir a Austin, Texas, e jantar com

Terrence Malick, um dos nossos maiores cineastas de todos os tempos. Foi bom trabalhar com David Gordon Green, mas escrevi uns cem e-mails para ele depois de ver o filme finalizado. Quando concordei com o projeto, achei que o roteiro tinha algumas coisas boas, especialmente o fim, que foi grande parte do motivo de eu fazer o papel para começo de conversa. Mas ele não só mudou o fim do filme como excluiu completamente o que estava no roteiro, de modo que agora acabava de uma maneira cem por cento diferente. Não existia mais. Isso me levou a escrever para ele sobre isso sem parar, mas ele não escutou. Acontece.

Uma coisa boa que aconteceu ao fazer *Manglehorn* foi que eu conheci Harmony Korine, que participou do filme. Harmony era simplesmente mágico. Acontece que ele é sobrinho de Joe Chaikin, que fez o papel principal na produção de *A conexão*, do Living Theatre, e que fundou o Open Theater, um glorioso grupo experimental de Manhattan que prosperou nos anos 1960 e 1970. Eu era um grande fã de Joe, e Harmony era hipnotizante. Temos uma cena juntos que se passa em um local que é uma espécie de cruzamento entre um cassino e um fliperama. Harmony começou a improvisar dentro de seu personagem no filme — ele atuou por dez minutos e foi excepcional. Eu estava apenas fazendo meu papel, imaginando onde ele iria parar. Senti que estava realmente ouvindo James Joyce ou vendo Robin Williams. Não conseguia acreditar no que aquele homem falava. Sei que essa filmagem deve estar em algum lugar, mas, assim como o final original que filmamos, essa cena também não entrou no filme.

Eu estava fazendo esses filmes a troco de nada. Aqui estou eu, uma pessoa que perdeu todo o seu dinheiro, fazendo filmes a troco de nada quando devia estar fazendo filmes a troco de alguma coisa. Mas eles não existiam para mim na época. Sempre consegui receber ofertas. Alguns desses filmes viram a luz do dia e outros não chegaram a ser produzidos. Tive a oportunidade de trabalhar com bons amigos, como Fisher Stevens, que eu conhecia há anos. Fisher me dirigiu em *Amigos inseparáveis*, e nos divertimos juntos; o filme não chegou a ser um sucesso, embora tivesse potencial. Depois, houve *Não olhe para trás*, que é um dos meus favoritos e me deu a chance de trabalhar novamente com Christopher Plummer e outros atores que sempre admirei, como Annette Bening, Jennifer Garner e meu amigo Bobby Cannavale. Dan Fogelman escreveu *Não olhe para trás* pensando em mim e é um cara muito querido e talentoso. Todos nós achamos que teria uma chance. Eu sem dúvida gostei da experiência de fazer esse filme e sempre me divirto quando ele passa na TV. Há muitos filmes que fiz que tinham uma faísca e eram algo que todos nós esperávamos que pegasse um pouco mais de fogo. Eles podem não ter atingido o nível de alguns de meus outros trabalhos, mas ainda assim gosto de dar a eles um pequeno reconhecimento porque ajudaram a me sustentar ao longo dos anos.

Também acabei fazendo, só pelo dinheiro, uns filmes muito ruins que não serão mencionados, quando meus fundos ficavam baixos demais. E meio que sabia que eram ruins, mas me convenci de que, de algum jeito, conseguiria elevá-los a medíocres. Aí, comecei a colocar meu próprio dinheiro nesses projetos — as gravações tinham terminado e eles já estavam mergulhados na pós-produção, tentando ver se conseguíamos melhorar de algum jeito. Aí, me diziam:

— Ah, não temos como pagar outro editor.

Tudo bem, eu pago. Foi assim que comecei a pagar por coisas que não devia. Seria de imaginar que eu tivesse aprendido, mas esse é o tanto que eu sou descabeçado. Se estou fazendo um filme, vamos pelo menos deixá-lo nota cinco, não nota dois. Vamos garantir que não seja algo que acabe me colocando na cadeia cinematográfica.

EU SABIA QUE AINDA PODIA VOLTAR À BROADWAY E SUBIR NO PALCO. Fazer as coisas assim também significava estar longe de Los Angeles e dos meus filhos, mas eu não podia fazer esse tipo de teatro em L.A. e não conseguia achar esse tipo de dinheiro na off-off-off Broadway, onde eu realmente queria estar. Estranhamente, quando mais precisava de dinheiro foi que concordei em fazer *O mercador de Veneza* no palco de graça, porque era Shakespeare in the Park — invenção do grande Joe Papp. Eu simplesmente sabia que, se conseguíssemos fazer *O mercador de Veneza* funcionar, ele seria destinado à Broadway. Acabou sendo uma temporada relativamente boa, e eu amava subir no palco do Central Park toda noite. Amava fazer aquilo ali de graça, para o povo.

Peguei o personagem de Shylock e o mudei para adaptá-lo ao que estávamos fazendo no parque. Eu tinha um diretor excelente, Daniel Sullivan, me guiando. O velho fogo da ambição estava de volta. Noite após noite, eu chegava, subia naquele palco e dizia: "Hoje, vou fazer este papel, e vou fazer sem saber o que farei depois. Vou dizer minhas falas sem saber o que o outro ator vai falar em seguida, e as palavras vão sair espontaneamente. Vou interpretar momento a momento. Vou estar vivo e pronto para me envolver com esse tipo de ambiente. Isso vai mudar minha execução e fazer os nervos e o corpo e os músculos se abrirem à vida — quase como improviso, só que com as grandes palavras de Shakespeare."

Fracassei nisso, mas foi minha tentativa, e é isso que torna os fracassos tão emocionantes. Vou conseguir? Vou chegar lá? Vou conseguir atingir o lugar em que estava na noite passada, quando me aplaudiram de pé? Consigo receber isso de novo? É só desafio, desafio, desafio, e é por isso que amo o teatro. Está tudo sob seu controle, você está com a bola. Não posso dizer que tenha conseguido, mas, aqui e ali, levei um tipo de vida diferente ao papel — a velha interpretação de Edmund Kean com que eu estava fantasiando em meu delírio. Lá naquele palco, embaixo das estrelas, do universo, dos planetas, a coisa é diferente. Pensar: Uau, cheguei lá algumas vezes na vida — cheguei perto do Santo Graal. Quando a peça foi do parque para a Broadway, toda aquela repetição melhorou minha interpretação. Fui indicado ao Tony, mas sabia que podia ter feito mais e ido mais longe naquele papel, e esse é o cerne da coisa, a busca. Fiquei feliz quando Daniel Sullivan disse que a peça funcionava de uma forma ainda mais poderosa dentro de um lugar.

Alguns anos depois, eu estava de volta à Broadway, desta vez na versão de palco de *O sucesso a qualquer preço*, e sei que fracassei. Eu estava trabalhando com um grupo de caras incríveis, mas simplesmente não tinha tempo suficiente para ensaiar. No filme, eu tinha feito o papel de Ricky Roma, enquanto, no palco, estava fazendo o papel de Shelly Levene. Agora, precisava reaprender tudo. Não sei se realmente um dia teria chegado a

Shelly Levene — talvez se continuasse naquilo por vinte anos. Eram diálogos de David Mamet, e às vezes eu chegava a uma fala específica, não tinha decorado e usava minhas próprias palavras. O pobre elenco tinha que lidar comigo fazendo algo diferente a cada noite, mas todos eram ótimos comigo e sempre caíam de pé. Ainda sou muito próximo de alguns deles; são o tipo de amigos que um cara quer ter. As plateias também pareciam gostar. Os críticos são os críticos.

Eu de fato gosto desses riscos que corremos nos palcos. Estávamos a fundo na temporada de *O sucesso* e lá estava eu fazendo Shelly Levene, chegando a dançar no papel — me balançando, fazendo um sapateadinho de tempos em tempos. De onde será que vinha isso? Mais tarde, depois do fim da temporada, fiquei pensando sobre o assunto e percebi: Ei, meu pai era dançarino de salão. Ele ganhou prêmios de dança, e quer saber o que mais? Meu pai era vendedor, dos melhores, como Shelly Levene tinha sido antes. Então lá estava eu, fazendo aquilo inconscientemente, o papel de um vendedor que sabe dançar. Algo estava me atravessando.

Voltei à Broadway alguns anos depois, em outra peça de Mamet. Essa, chamada *China Doll*, nunca tinha sido apresentada antes e, infelizmente, não estava cem por cento finalizada quando subimos ao palco. Nunca conseguimos fazer aquele segundo ato funcionar. Era essencialmente uma peça de um homem só — tinha um segundo personagem, interpretado por Christopher Denham, um ator e homem maravilhoso, ótimo de se conviver e contracenar. Mas, por quase duas horas, estou sozinho no palco com todas aquelas palavras. Agora, se estou fazendo essa peça por seis meses direto, vou decorá-las — elas virão a ser parte de mim. Mas não havia tempo para isso.

Então, vou te contar um segredo. É a coisa mais incrível que já descobri tardiamente na minha vida dc ator. Teleprompters. Você tem teleprompters posicionados com todo o cuidado no palco, te fornecendo o texto. Agora, leva um tempo, mas, se você conhece o personagem e trabalhou nele e entende o que está saindo de dentro de você, começa a realmente se libertar e compreender aquela bagaça.

Antigamente, tinha um cara embaixo do palco, gritando falas para o ator que por acaso pulasse um diálogo — em inglês, ele era de fato chamado de *prompter*. Era um dispositivo antiquado, mesmo na época de Shakespeare. Com certeza, mesmo naquela época eles recebiam mudanças no diálogo na noite anterior. Dá para imaginar? Um cara lá em cima do palco, dizendo "Ser ou não...", e só enrolando até ouvir, de perto das tábuas: "Não ser." Talvez a pausa dramática tenha nascido assim.

Então, lá estou eu em *China Doll* e mandei colocarem teleprompters estratégicos no palco inteiro. Agora entendo por que Marlon punha placas de madeira com suas falas em todos os sets de seus filmes. Era a primeira vez desde *The Indian Wants the Bronx* em que eu realmente não sabia o que ia falar a cada noite — eu só ia lá e via o que me vinha. Aleluia, aleluia, finalmente voltei. E praticamente estava sendo jogado para ser devorado vivo pela imprensa. Mas eu sabia que estava indo a algum lugar com aquele papel e, depois da sexta semana, e da sétima semana, e da oitava semana, virei o jogo. Quando a peça inicia, estou entrando naquele mundo, o lugar que mais amo, onde não sei o que vou dizer ou para onde vou em seguida, e dou um jeito de chegar. E, embora eu tenha as palavras do dramaturgo — David Mamet, veja bem — saindo de mim, elas são minhas.

O que tem a dizer sobre isso, sr. Stanislavski? Como falar isso para estudantes de teatro hoje em dia? Só suba no palco, sem ter ideia de para onde a coisa vai, e talvez vocês também consigam? Teve gente que veio me procurar no camarim, chocada pelo que tinha acabado de presenciar. Estavam embasbacados, principalmente por ter ouvido coisas horríveis sobre a peça e minha apresentação antes de irem. Lá estava eu, olhando para aquelas pessoas com um sorriso, sabendo que estava funcionando. Bom, eu nem sempre estava no nível mais alto toda noite — sabia disso também. Mas talvez duas vezes por semana realmente atingia o ponto. Era ótimo ver aquela reação depois da peça ser tão mal recebida.

Você tem que entender que eu devorava o texto, trabalhava nele o tempo todo, sem parar, para compreender meu personagem. Estava absorvendo-o durante todas aquelas semanas de ensaio, aí apresentando-o a cada noite. Quando eu subia no palco, estava tudo em algum lugar de mim, e eu jogava fora e seguia os teleprompters. Era um pouco mais fácil só subir lá e estar livre.

Mas foi difícil com *China Doll* na Broadway, porque já tinham me descartado. Às vezes, quando você fica famoso, só é visto como um conjunto de obras em vez de como a coisa que acabou de fazer na semana passada. É dotado de coisas que não tem de verdade. Sua fama e seus dons como ator são exagerados. Faz você querer aprender algo com Marco Aurélio, o imperador romano, que fazia um cara ficar parado ao lado dele em sua biga para que, quando as multidões estivessem aplaudindo e gritando, o cara repetisse para ele: "Lembre-se, você é só um homem. Você é só um homem."

E, às vezes, astros de cinema não voltam ao palco depois de um ou dois fracassos, porque é ao vivo e exige demais. E, enquanto recebe todo esse rancor e essas vaias, o ator está no palco, fazendo aquilo noite após noite. Em *China Doll*, eu estava enfrentando tudo isso com quase oitenta anos. É como diz Bob De Niro em *Touro indomável*, depois de Sugar Ray Robinson deixá-lo cheio de hematomas e ensanguentado, mas incapaz de fazê-lo bater na lona: "Você nunca me derrubou." Tem parte de mim que continua se sentindo assim, e às vezes preciso ficar atento. Mas também sei como é satisfatório ter sucesso frente a esse julgamento errado, dizer: Você está errado sobre mim, e vou sobreviver. E isso foi um motivador real para eu continuar em *China Doll*. Ainda estou de pé.

Quando tinha quinze anos, na Escola de Artes Cênicas, eu fiz o produtor Sidney Black, o protagonista, em nossa produção escolar da velha peça de Moss Hart dos anos 1940, *Light Up the Sky*, um papel que ficou famoso com Sam Levene. Acho que consegui interpretar aquele papel com uma espécie de crença a que sempre aspirei. Eu estava na corda bamba e era uma borboleta, voando, para o alto e para longe, para aquele lugar que chamo de *nirvana*. Deus nos dá isso. Deus diz que dá para chegar lá. Por quê? Porque você tem asas. Você não sabe que tem asas até Deus chamar a sua atenção a elas. Como disse Michelangelo: "Senhor, liberte-me de mim mesmo para que eu possa servi-lo."

Somos humanos. Não estamos lá no céu com os deuses. Jogam todo tipo de coisa em nós — todas as teias de aranha que nos seguram. Mas, quando isso é tirado e você voa, meu caro, não tem adrenalina igual — pelo menos que eu tenha experimentado. Então, mais ou menos metade das minhas interpretações funcionavam, mais ou menos metade nem tanto e algumas eram um lixo. Mas eu sou humano.

Olha só, estou ficando sentimental. Estou dizendo que um dia vou fazer aquela grande peça da Broadway no céu. Quando eu estava sendo entrevistado no *Inside the Actors Studio*, James Lipton me perguntou:

— O que você acha que Deus vai dizer nos portões do Paraíso?

E eu respondi:

— Espero que ele diga que o ensaio começa amanhã às três da tarde.

13

A terra desconhecida

Está na hora de minha caminhada vespertina pelo quarteirão. Dizem que é um bom exercício, e eu preciso me exercitar mais, na minha idade. Então, ponho os óculos escuros e fones de ouvido. Estou vestido com um grande sobretudo velho e tenho o cabelo e a barba brancos cobrindo o rosto. Estou andando pelas ruas como se fosse um urso-polar, e está ficando mais calor. Sou uma espécie ameaçada. Estou correndo risco de extinção.

Estou andando e pensando no que posso fazer agora. Meu mundo está ficando mais restrito; as opções são cada vez mais escassas. O que quero é fazer uma adaptação cinematográfica de *Rei Lear*. Eu tenho um produtor. Tenho um diretor. Tenho um roteirista e um roteiro que estamos refinando faz um ano. Para o protagonista, tenho eu. Deve ser suficiente. Mas é uma adaptação muito ambiciosa e vai exigir dinheiro.

Como é Beverly Hills, dou uns dez passos em minha caminhada antes de ser notado. Um grupo passa por mim do outro lado da rua e me reconhece. Estou de boné, óculos de sol, fone de ouvido. Como as pessoas conseguem? Merecem um troféu. Porque, sim, é o Al Pacino, mas também é outra pessoa.

Quando minha filha Livvy tinha uns oito anos, eu estava dirigindo, trazendo ela e seu irmão Anton da escola, quando ela me disse:

— Papai, você é o Al Pacino?

Respondi:

— Bom, eu sou as duas coisas. Sou o papai e sou o Al Pacino. Você não está vendo minhas duas cabeças? E você tem os dois, gatinha. Os dois são seus.

Ela riu e começou a ler uma história infantil em voz alta, e, enquanto dirigia, pensei: É uma boa história. E perguntei a ela:

— De onde você tirou?

Aí, Anton falou:

— Não é de um livro. Ela que escreveu.

Foi aí que soube que minha filha era uma boa escritora. Eu sempre soube, na verdade.

Agora, eu ando pelas ruas, pensando em ter que enfrentar os chefões para poder fazer um filme. Era aí que eu costumava trazer Marty Bregman. Ele era um facilitador, um despachante, um empresário. Mas não o tenho mais. Como diz a fala de *O poderoso chefão: Parte II*: Um a um, todos os nossos velhos amigos se vão.

Vou fazer esse projeto por mim mesmo. Sinto esse fogo por dentro, porque sei que encontrei algo que funciona para mim, finalmente. E sinto que rejuvenesci anos da minha vida. Quando você é certo tipo de pessoa, esse tipo de coisa te mantém ativa — esses projetos pessoais literalmente nos mantêm vivos.

COMO DIZIA BETTE DAVIS: "SE O ROTEIRO É BOM E O DIRETOR É BOM, eles não têm que te pagar." E quer saber? Ela estava certa. Eu nunca entrei na atuação por dinheiro. Só quando estava falido. Aí, sim. Você sabe que eu sou um homem com mais indicações ao Framboesa de Ouro do que ao Oscar.

Acordei de manhã. Fui dormir me sentindo normal. O que aconteceu no meio da noite que fez todos os meus ossos doerem e me deixou sem enxergar direito? Sei que, se esperar o suficiente, tipo algumas horas, normalmente minhas pernas voltam. Meu braço esquerdo vai conseguir se esticar um pouco. Minha cabeça vai clarear. Vou conseguir enxergar um pouco melhor. E poderia ser a idade, que no meu caso é cento e três. Da primeira vez que meus olhos fizeram esse tipo de coisa, eu tinha dezenove anos e morava num apartamento que tinha acabado de alugar na 11th Street com Avenue A. Era uma pocilga no East Village. Acordei uma noite, no meio da cozinha, porque era onde ficava a cama. Abri os olhos e fiquei mirando todo aquele apartamento minúsculo — olhando minha janela que dava para a rua, olhando a cama, olhando a geladeira, olhando o fogão — e pensando: Por que não consigo enxergar? O que quer que fosse, torci para passar, e naquele tempo a visão geralmente voltava bem rápido ao normal. Mas, mesmo na época, eu não enxergava direito e ainda não enxergo. Fiquei sabendo bem mais tarde na vida que tinha distrofia de Fuchs — é um problema nos olhos que tem algo a ver com as córneas, e vai piorando com a idade. Hoje em dia, tenho essa sensação toda vez que acordo.

Tenho que dizer: estou emagrecendo um pouco, me sentindo melhor. Você poderia até pensar que sou bonito ou coisa assim, considerando que me visto tão mal. Eu combino minhas roupas com a pouca beleza que me resta. Alguns anos atrás, estava fazendo uma peça na Broadway, atrasado para chegar ao teatro em que ia me apresentar. Claro que aqueles sacanas conseguiram uma foto minha de casaco de capuz na entrada do teatro. Eu não estava nem no meio-fio, ainda estava na sarjeta. Estou curvado e com os olhos levantados para eles, literalmente que nem qualquer mendigo que se vê na rua. Estou carregando duas sacolinhas de compras e jamais vou lembrar o que tinha nelas. As pessoas deviam ficar pensando: Essa porra desse cara é um sovina. É isso que ele está se tornando? Ele está carregando dinheiro nessas sacolas. Saca aqueles cheques e coloca dólares nessas sacolas. É o ator dramático mais bem pago da Broadway. E está desse jeito? A Equity vai me expulsar do sindicato.

As pessoas vêm até mim e dizem:

— Ah, posso tirar uma foto com você?

Eu respondo:

— Claro. Pode tirar, sem problema.

Elas só veem que você é famoso. Não veem que parece que te jogaram fora junto com o lixo.

Outro dia mesmo, ouvi um ator famoso mais velho dizer de passagem, durante uma entrevista na TV:

— Não estou interessado em parecer mais jovem.

Eu só queria era responder: “É porque você não é jovem, bobão.” Ele diz que não quer parecer jovem? Ei, cara, não é uma escolha sua. Você não é jovem, querendo ou não.

Sempre evitei a palavra carreira. Mas ela parece inevitável. Eu tive uma carreira.

Parte de ter uma longa carreira atuando é se adaptar à sua idade. As carreiras de muitos atores foram abreviadas por causa disso. Você os encontra na televisão — antigamente, as estrelas mais velhas iam para a TV fazer seus próprios seriados. Grandes nomes como Barbara Stanwyck, Joan Crawford e Bette Davis fizeram televisão.

Eu fiz um pouco de TV e tive umas experiências muito boas. Fiz Roy Cohn em *Angels in America*, escrito pelo grande Tony Kushner e dirigido por Mike Nichols, dois dos melhores com quem já trabalhei. Fiz *A caçada* para David Weil. Fiz o papel de Phil Spector para David Mamet, e de Jack Kevorkian e Joe Paterno para Barry Levinson. Foram todos ótimos papéis, pelos quais fui aclamado e reconhecido. Cheguei a ganhar alguns Emmys. Quando conheci Jack Kevorkian na preparação para interpretá-lo, foi uma experiência colossal. Passei um tempo com ele em Detroit, ele estava lá no top três das pessoas mais inteligentes que já conheci. Era simplesmente a pessoa mais defensora da vida que já conheci — alguém que, no campo de batalha da guerra de verdade, transfundia sangue dos soldados mortos para, quem sabe, salvar os vivos. Ele chegou a testar esse experimento em si mesmo e, no processo, pegou hepatite. Acreditava no que fazia. Era um fanático de verdade, do tipo que age sem medir as consequências — foi o que Jack fez, e isso o pôs na prisão por oito anos.

Eu amava a sagacidade de Kevorkian. O tratamento que lhe deram partiu meu coração. Eu finalmente lhe perguntei certa vez:

— Ei, você ficou preso. Como foi? O que você lembra?

Ele respondeu:

— Eu me lembro dos roncos.

Isso me fez parar, surpreso.

Sempre pensei na prisão para ele como aquela que vemos em *O homem de Alcatraz*, com Burt Lancaster definhando uma pena perpétua em sua celinha solitária. Lembro-me de ver Burt Lancaster uma vez em outro filme, fazendo o papel de avô. Cresci vendo Burt Lancaster como um ator de capa e espada capaz de fazer quase qualquer coisa, e então, mais à frente, ele está na tela como um avô, fraco, velho e morrendo. Pensei: vou ser assim um dia?

Depois de *O poderoso chefão: Parte II*, Lee Strasberg passou a ser visto como ator e a receber um monte de ofertas. Eu me lembro de dizer a ele:

— Ficam te escalando como um velho, mas você é jovem.

Eu quis dizer que ele era jovem de espírito e podia fazer outros papéis que refletissem isso — mas, verdade seja dita, não podia. Ele era mais velho. Então, tinha que fazer papéis de homens velhos. Provavelmente mais velhos do que a idade real dele.

Eleonora Duse, a grande estrela do século XIX, considerada a maior das atrizes junto com Sarah Bernhardt, fez o papel de Julieta no palco aos sessenta anos — e Julieta supostamente tem treze. Ian McKellen, um grande ator, está interpretando Hamlet na tela aos oitenta anos, e eu aplaudo isso. A maioria das pessoas aconselha que você interprete Hamlet depois de ter vivido mais, e acho que Ian estará especialmente em contato com a sabedoria da peça. Acredito no que ele está fazendo e estou ansioso para vê-lo. Mas é preciso acomodar-se a si mesmo, essa é a triste verdade.

Agora, olho no espelho e vejo algo que parece um velho lobo devolvendo o olhar, rosnando com sua juba de cabelos brancos, e pergunto:

— Ainda é você, Al?

Tudo é visual. Não importa o quanto eu emagreça, tenho uma grande cabeleira branca bem ali. Ela me entrega de cara. E, independentemente de onde eu esteja quando a câmera é ligada, só dá para ver cabelo branco. E a maioria das pessoas que faz o que fazemos repara. Acredito que nunca perdemos a energia. Só perdemos a aparência.

Eu sempre quis interpretar Napoleão. Houve até uma época em que Stanley Kubrick estava pensando em mim para isso, mas o projeto nunca saiu do papel. Então finalmente consegui um roteiro que funcionava, escrito por William Mastrosimone. A história se passava nos últimos anos de Napoleão, depois que ele foi exilado e perdeu todo o seu poder, mas nessa época eu já estava velho demais para fazer o papel. Esse Napoleão em particular era um papel que eu sabia que poderia interpretar — raramente aparece um personagem escrito com o qual você se identifica e que entende tanto quanto eu me identifiquei com o texto de Mastrosimone. É um ótimo papel, mas todos os serviços de streaming me ignoraram, dizendo que o roteiro era sofisticado demais; no entanto, eu sabia que era por causa da minha idade. É uma pena que eu não tenha conseguido, mas o roteiro é tão bom que espero que algum outro ator sortudo consiga fazer esse papel.

Tá bom, eu sou um homem que não tem tanto tempo pela frente. Vamos ser sinceros. Todos nós temos um tempo limitado, de uma forma ou de outra. Mas meu tempo é um pouco mais limitado. Ter essa perspectiva muda o mundo. Não dá para saber disso aos 47. Dá para tentar imaginar, mas não dá para sentir. E é isso que é solitário.

Preciso pensar muito seriamente sobre meu espólio hoje. Significa que tenho que me aconselhar com pessoas bem mais inteligentes do que eu. Ninguém jamais me deixou nada na vida. Não havia nada parecido com um testamento. De onde eu vim, também não havia nada parecido com uma conta bancária. Essas coisas simplesmente não existiam na minha família.

Eu era ignorante sobre o significado dessas coisas, a não ser que por acaso tivesse feito uma peça sobre elas ou lido sobre o assunto num romance. *Os irmãos Karamazov*, acho que foi ali que eu li. De outra maneira, passava pela vida sem nem pensar nesse tipo de assunto. Eu não tinha noção de que, se alguém morre, você pode ficar com algo. Como se vive sem esse pensamento na cabeça? Existe uma espécie de pureza em viver assim, na verdade. A morte não significa que você vai ganhar alguma coisa. A única coisa que a morte significa é que você vai perder alguém, e a forma como você se sente diz respeito a quem faleceu. Alguns são apenas uma gota no oceano; outros fazem você sentir como se estivesse perdendo uma parte dos seus órgãos.

Eu me pergunto: Como é possível ser velho e não se sentir velho? Não sei como cheguei até aqui. Muita gente que passa dos oitenta não sabe como chegou lá. Eu realmente tentei comer certas comidas ou fazer certas coisas? Tive uma vida assolada. Sei que, se tivesse continuado a beber e usar drogas, teria morrido vinte e cinco anos atrás. Fama e riqueza mudam tudo na sua vida pessoal. Exige um certo tipo de ajuste. Lembro que, bem lá atrás, quando eu estava tendo muita dificuldade com a fama, Lee Strasberg me disse:

— Querido, você simplesmente tem que se adaptar.

Se eu soubesse o que sei hoje, teria falado:

— Como assim, para sempre? Ou, tipo, a cada dois ou três anos um novo ajuste?

A fama de fato muda sua vida — você começa a receber uma avalanche de estímulos. Alguns bons, alguns ruins, outros feios, e para a maioria das pessoas é uma coisa difícil de lidar. É o motivo de muita gente procurar as drogas e o álcool, para se proteger do que as atinge, especialmente quando elas passam por isso jovens. A maioria das pessoas de fato não têm a casca grossa necessária para sobreviver a todas as mentiras e suposições que são ditas sobre elas. É como diz Brecht em sua peça *Na selva das cidades*: "Em seu estado natural, a pele do ser humano é fina demais para este mundo. Então, os homens tomam o cuidado de fazê-la engrossar." Até, finalmente, ele estar batendo nas coisas sem sentir.

Com a fama vem o dinheiro e com o dinheiro vêm os processos, mas também o acesso a bons médicos, o que é útil se você quiser continuar vivo. Conheço gente rica cujos melhores amigos são médicos. Elas se certificam de virar melhores amigas dos médicos. Aquela ligação no meio da noite: "Ei, doutor, parece que não consigo respirar." Ou: "Meu coração está descontrolado." "Já estou indo", diz uma voz sonada e grogue. Elas respondem: "Não, não estou te pedindo para vir aqui. Mas o que posso fazer agora?" "Que tal assistir a um dos seus antigos filmes? Você os gravou. Só assista por um tempinho. E, aí, coloque a cabeça no travesseiro e de repente você vai pegar no sono. E eu passo aí daqui a umas sete horas."

Descobri, com quase oitenta anos, que é preciso se cuidar. Fiz cirurgia nas artérias carótidas do meu pescoço e, depois que o cirurgião atingiu um nervo, eu perdi o uso das minhas cordas vocais. A artéria foi liberada, mas a corda vocal ficou paralisada por mais ou menos um ano. É algo que eu diria para um ator que vive de sua voz evitar. Teatro ao vivo tinha acabado. Para isso, é preciso ter projeção. Sem corda vocal, eu estava encalhado.

Um médico falou:

— Provavelmente não vai voltar. Podemos fazer implantes.

Eu respondi:

— Para que isso?

O médico se recostou, arqueando as sobrancelhas, e disse:

— Ei, cara, eu preciso me sustentar também.

E pensei: não quero que nem você, nem ninguém coloque uma ratoeira na minha garganta. Tchau, tchau, doutor! Vou ficar longe de outros procedimentos. E então, uns dez meses depois, minha corda vocal voltou, milagrosamente. Quem fez isso? Bom, os cientistas diriam, e eu concordo em parte: Comecei a usar minha voz mesmo assim. E acho que meu cérebro lidou com isso, porque eu tinha passado a vida toda fazendo isso. Finalmente, o cérebro deve ter dito: Ei, precisamos de uma ajudinha lá embaixo.

Não achei que usar minha corda vocal quando ela estava paralisada ia me fazer melhorar. Eu não tenho esse tipo de sofisticação médica. Mas tenho, sim, a necessidade de interpretar. Eu estava me preparando para fazer Shakespeare em um dos meus seminários, onde apresentaria a oração fúnebre de Marco Antônio, de *Júlio César*. Estava trabalhando com um compositor clássico que fez a trilha sonora da cena, com um sonoplasta que adicionou alguns efeitos para nos fazermos sentir que éramos parte de uma multidão reunida na Roma Antiga em 44 a.C.

Toda vez que terminava esse discurso, eu perdia a voz por umas cinco horas, mas mesmo assim tentava fazê-lo. Claro, minha voz falhada não era aquilo a que as plateias estavam acostumadas, e não acho que realmente cheguei aonde queria com a minha interpretação, mas ela havia voltado. Acho que tem algo a ver com meu cérebro ou minhas orações a Deus, uma das duas coisas, pode escolher.

Todo o abuso ao corpo, as coisas as quais você se submeteu quando era mais jovem voltam para se vingar. Meu avô sempre me falava isso. Todas as vezes que um ator mais novo está em cena e diz: “Vai lá e me bate de verdade. Eu aguento.” Bom, estou pagando por isso agora.

Olho para Tom Cruise, que é capaz de pular do Empire State e nem precisa de capa. Ele só vai lá e faz. *Acorda, Al*: esse cara, o Tom Cruise, é vinte anos mais novo que você. Lembro que, vinte anos atrás, eu estava correndo pelo

Riverside Park em Manhattan com duas crianças pequenas nos ombros. Mas a mudança vem aos poucos: é diferente quando você ultrapassa os setenta e aí, depois dos oitenta, nunca mais volta a ser a mesma coisa. E a forma como o mundo percebe você também nunca mais é a mesma.

Ainda assim, quero continuar. Quando o relógio parar de bater, eu paro. E, pelo que consigo ver, meu relógio continua rodando. Ainda tenho a necessidade de fazer isso. Não de dirigir filmes, não de ir para um monastério e ficar lá com os monges. Ainda não cheguei a isso. O que eu quero é continuar achando aquela fonte com que consigo trabalhar, aquele personagem que consigo interpretar, aquela escrita maravilhosa que posso ter a sorte de encontrar.

Desde que eu sinta isso, como posso não persistir? Como nos diz William Blake: "Se o tolo persistisse em sua tolice, um dia seria sábio." É isso que me move. O apetite é o que nos leva a fazer o que bem entendermos. Não é só saúde. É apetite.

Um dia, noticiaram minha morte no YouTube, do nada, o que foi uma sensação tenebrosa. Por outro lado, eu realmente morri uma vez. Aconteceu comigo no começo da pandemia, quando tive meu primeiro encontro com a covid-19. Eu estava tendo febres altas e ficando desidratado, então contratei um enfermeiro para ir em casa e me colocar um acesso intravenoso para eu receber fluidos. O cara que estava manejando as agulhas e colocando a bolsa de soro era muito simpático. Pensei: Puxa, eu gostei desse cara. Seria uma boa ideia conseguir decorar o nome dele.

De repente, eu tinha ido. Não havia nada.

Aí, abri os olhos e tinha seis paramédicos e dois médicos na minha sala, vestidos com trajes de proteção que os faziam parecer terem vindo do espaço sideral. Havia uma ambulância na minha porta. Meu assistente, Michael, tinha ligado para a emergência quando o cara que estava me ajudando com o acesso intravenoso disse para ele que eu estava sem pulsação.

Eu recebi antibióticos monoclonais, esteroides, um monte de coisa — tudo na minha casa, porque não tinha como eu ir para um hospital, e estou falando sério. Sobrevivi e, em poucos dias, estava de pé e pronto para outra. Mas acredito que, naquele dia, eu experimentei a morte.

Ainda penso nisso e estremeço. É para lá que vamos? Para lugar nenhum? Nada? "A terra desconhecida de cujo âmbito ninguém jamais voltou", como disse Hamlet? Bem, eu voltei e posso dizer que não tinha nada ali. Acabou. Sócrates fala da morte como um sono sem sonhos. Diz que ficaria feliz se fosse assim, mas ainda mais feliz se não fosse, porque veja só o que ele descobriria — sua curiosidade seria satisfeita. Já teve uma noite de sono completamente sem sonhos? Se a morte for isso, fico feliz, mas, cara, com certeza gostaria de ter um fim diferente.

Tenho uma fantasia recorrente de acordar no meu caixão. Que tal? Não é só um sonho, é uma fantasia. Consigo pensar nisso a qualquer momento que desejar — só não aconselho. Talvez fosse o inferno: em vez de fogo e enxofre e ver gente que você conhece que só está com calor, que tal o inferno num caixão, sozinho, sem conseguir sair? Talvez seja melhor ser cremado. Ainda não me decidi.

Sei que minha crença no espírito de Deus me ajudou a enfrentar as coisas, mas preciso dizer que tiro algum consolo de algo que Einstein disse e com que tendo concordar: "Acredito no Deus de Spinoza, que se revela na harmonia ordenada do que existe, não em um Deus que se ocupa dos destinos e das ações dos seres humanos." Einstein supostamente disse a um amigo: "Vejo você no continuum." Espero que isso exista. A paz que senti quando deixei a Terra foi meio que incrível, de tão simples. Você está aqui, e aí não está mais. O benefício real é se não precisar sofrer. Simplesmente acaba sem você saber. Seria de se pensar que receberia um aviso, mas que nada. É isso que acontece também quando alguém leva um tiro, fica aleijado ou é atropelado.

Muita gente que teve experiências de quase morte fala de ver um túnel e uma luz no fim. Elas relatam o que viram. Sei lá, talvez estejam mentindo para chamar a atenção. As pessoas são engraçadas. Ou talvez tenha algo a ver com a mecânica do nosso cérebro. Quando faço os cálculos — Michael chamando a ambulância, os médicos chegando e colocando seus trajes especiais —, tem que ter levado mais do que trinta segundos. Eu provavelmente não morri. Provavelmente só desmaiei por estar com a pressão baixa demais e estou fazendo drama, porque o enfermeiro disse que eu estava sem pulsação.

As coisas só são significativas porque conseguimos lembrar ou são significativas porque, de certa forma, nós as estamos abandonando? Abandonando todas as memórias que tivemos, abandonando tudo. Acho que, com sorte, outras pessoas vão guardá-las por mais um tempinho, se você fizer um velório ou algo desse tipo. Mas as pessoas precisam viver, precisam seguir em frente. Um dia, eu não estarei mais aqui, mas talvez parte dos filmes que tive a sorte de fazer permaneça — talvez haja algo a ser dito sobre isso. Talvez seja por isso que tem gente que vive tirando foto no iPhone. Algumas pessoas querem ser lembradas. Chama-se imortalidade. É a marca da mão na caverna, aquele selo: elas queriam que nós soubéssemos que estiveram aqui. Como ouvi dizerem no velório de alguém: "Não precisa sentir saudade, só se lembre de mim."

AMERIGO TOT, O CARA QUE FEZ MEU GUARDA-COSTAS EM *O PODEROSO chefão: Parte II*, era um artista maravilhoso, um escultor que conheceu Picasso. Ele me disse que, quando foi visitá-lo, estendeu a mão e Picasso a apertou sem ânimo. Ele olhou Picasso e falou:

— Maestro, o senhor está me dando um aperto de mão tão fraco. O que está acontecendo?

Picasso o olhou e respondeu, com simplicidade:

— Eu preciso da minha energia.

Hoje, realmente entendo isso. É a idade. Sabe por que ele precisava? Porque a usou até o finzinho. Ele não queria desperdiçar nem uma gota. Ele chega até aquela tela — *vush*. Gasta tudo. Quando Amerigo me contou essa história, entendi em parte. Mas quem é capaz de se identificar com isso? Não eu, na idade que tinha na época.

De uma maneira estranha, sou mais famoso hoje do que nunca — famoso de um jeito diferente, não tanto por causa do trabalho que estou fazendo, mas de minhas associações com várias pessoas e minhas aparições em certas coisas, e por viver em Hollywood. Tive sorte. Estive em três filmes seguidos que tiveram um impacto de verdade, começando por *Era uma vez em Hollywood*. Não ganhei uma dinheirama, mas estava trabalhando com Quentin Tarantino, Leo DiCaprio, Brad Pitt e Margot Robbie, e gostei do papel. Foi por isso que fiz, mas falei ao meu advogado:

— Como posso fazer isso sem ser pago?

Isso me lembrou de quando precisei fazer um teste para *The Indian Wants the Bronx*. Ele respondeu:

— Fazendo.

Eu tinha uma cena de vinte e uma páginas com Leo, que ensaiamos juntos. Leo tinha todo um monólogo que falou brilhantemente, onde dizia tudo o que precisava ser dito sobre a indústria cinematográfica em 1969. Mas filmes têm seus próprios ritmos, e a cena acabou tendo dois minutos quando Tarantino terminou. Não estou culpando o cara. Ele tinha seus motivos.

Acho *Era uma vez em Hollywood* um ótimo filme. E o mero fato de eu estar nele me deu uma espécie de prestígio. E depois veio *O irlandês*. Bob De Niro e Scorsese me procuraram anos antes, falando sobre o que iam fazer. E eu topei na hora. E aí, finalmente, é um roteiro. Eu vou lá e faço. Tenho um papel enorme. Sou indicado para um Oscar, o que me coloca lá contra Brad Pitt, Joe Pesci, Anthony Hopkins e Tom Hanks. Naquela noite eu não tinha problema de aceitar meu status de perdedor no meio desses caras.

Quando fui indicado por *O irlandês*, levei meus filhos ao Oscar. O que pode ser melhor do que isso? Só podia ter uma pessoa sentada ao meu lado, então meu filho e minha filha mais velha estavam lá no andar de cima do teatro, fazendo seus próprios comentários sobre o evento, que eram ao mesmo tempo maldosos e engraçados. Eu conheço esses dois e, quando eles se juntam, é uma zorra. Eles acenaram para nós lá embaixo. Minha filha mais nova amou cada segundo e ficou felicíssima sentada bem ao meu lado, lá na frente com os outros indicados. Ela viu ali todos os seus atores e cantores favoritos, todos os nomes que nem eu mesmo reconheço. Chegou a pular e abraçá-los, de tão animada. Nunca vou me esquecer disso. Foi a única vez que me senti confortável no Oscar.

Mas eu estava de volta naquele ambiente. Estava visível. De repente, quando menos se esperava, estava em *Casa Gucci*, que é um filme quente, com gente incrível como Adam Driver, Lady Gaga, Jared Leto e meu querido amigo Jeremy Irons. Não teve a mesma recepção dos outros, mas foi bem nas bilheterias. Além do mais, foi dirigido por um dos melhores de todos os tempos, Ridley Scott, a quem me afeiçoei, alguém talentoso demais e para quem foi muito divertido trabalhar.

Escrevendo este livro, estou descobrindo um pouco mais sobre mim mesmo. Começo a ver essa pessoa que é, em uma só palavra, *anárquica*. Charlie me chamava de "um careta maluco". Estou de fato vendo isso agora.

Objetivamente, nunca soube que diabos eu estava fazendo. É simples assim. Eu ia de uma coisa para a outra. Nunca vou aprender, e esse é meu problema. Ou meu dom. Não aprendo as coisas. Sou o primeiro a levantar a mão e dizer: "Não sei." Quem quer ficar chafurdando no fingimento de saber tudo? Tudo o quê? O que eu sei a ponto de conseguir me sentar com um cachimbo e ficar expondo? Eu não sou o Sócrates.

Eu sou ator. É o que eu faço, e de vez em quando tenho a sorte de encontrar papéis aos quais sou adequado, e tenho a chance de expressar algo e fazer um bom trabalho, e sentir como se tivesse criado alguma coisa. Ainda há oportunidades para isso. É uma coisa muito estranha, eu sei. Aquele garoto que eu era, aquele adolescente de catorze anos na Escola de Artes Cênicas que passou por aquela porta na peça *Light Up the Sky*, era uma coisa absolutamente viva e pulsante, que eu fiz sem qualquer conhecimento do que estava fazendo, sem nem saber que era uma forma de expressão, e foi maravilhoso. E, quando fiz *Credores*, de Strindberg, aquilo me deu uma noção do meu relacionamento com o mundo. Senti meu alcance se abrindo para outros reinos pelo prisma da atuação. Essa descoberta — e *foi* uma descoberta — é um pouco mais profunda do que consigo explicar, sinceramente. Estou tentando chegar o mais perto possível, porque mudou minha vida. Foi profunda nesse nível. Eu tive essa epifania. Não significava que eu fosse um grande ator nem nada disso. Só achei que aquilo era o que iria me manter vivo.

O último Tony que ganhei foi por *The Basic Training of Pavlo Hummel*. Na noite seguinte ao prêmio, fiz a peça com Charlie na plateia. No fim do espetáculo, eu o vi e perguntei:

— E então, Charl, o que achou?

Ele respondeu:

— Uau, você atuou como um verdadeiro vencedor do Tony.

Aquilo me atingiu em cheio. Ele estava falando que eu não interpretei o personagem, eu interpretei ganhar o Tony, o que é próximo de se exibir. Foi como quando eu era criança e mencionei ao meu avô que tinha entregado outro aluno que estava se comportando mal na classe e meu avô me disse: "Então você é um dedo-duro, é?"

Hoje em dia, dá para ganhar muito dinheiro dando essas aulas magnas de atuação na internet. Nunca nem cheguei perto disso, porque não sei o que posso dizer a qualquer ator que pudesse ser útil — porque, como muitas coisas na vida, isso é muito pessoal. Se precisasse, eu sugeriria que você repetisse várias e várias vezes até, de alguma forma, ficar introjetado. Com sorte, vai acontecer, mas, para ser o mais sincero que consigo, na maior parte do tempo não vai. Eu também mencionaria que pode parecer simples, mas é verdade: acredite na história que está contando como se estivesse de fato acontecendo. No fim, consigo me identificar com a inscrição no túmulo do velho Charles Bukowski: "Não tente." Acho que compreendo de verdade o que ele quis dizer.

14

Quem fala em triunfo? Perdurar é tudo

Nos anos 1990, fui convidado para um grande evento, uma premiação do Directors Guild, e me designaram para um discurso sobre Francis Ford Coppola. Lá estávamos nós, no meio daquele grande hall com seu pé-direito alto e decoração classuda, e vi outro homem da minha idade trabalhando como ajudante ou garçom. Ele estava empurrando um carrinho lotado de pratos e usando um uniforme, uma espécie de smoking que era exigência do trabalho. Eu não sabia qual era o título dele, mas sabia seu nome: era um velho amigo do sul do Bronx chamado Marty-P. E, assim que vi seu rosto, só conseguia pensar na última vez que o vira. Tinham se passado mais de quarenta anos — tínhamos uns onze ou doze, e eu estava olhando aquele mesmo rosto, mais novo e cheio de medo, enquanto gritava para ele:

— Pula! Pula! Vamos, a gente tem que ir!

Isso porque ele precisava pular do telhado de uma vitrine o mais rápido que conseguisse antes que os policiais nos pegassem.

Marty-P e eu estávamos lá em cima da loja com o resto da turma. Esses telhados eram relativamente baixos, bem mais baixos do que os dos prédios em que a gente morava, e o acesso era mais fácil. Curtíamos a liberdade lá em cima, onde ficávamos como pombos, com alguns cigarros, um pouco de bebida. Cliffy, porém, tinha acabado de jogar um balão de água do tamanho de um saco de batatas e atingido com tudo o capô de uma viatura de passagem — *pá!* —, e precisávamos pular rápido do telhado para fugir daqueles policiais. Marty-P parecia estar tendo dificuldade de dar o salto, e eu estava gritando com ele para ir logo, o que ele enfim fez. Depois de escaparmos para o beco mais próximo, sumimos — eles nunca nos encontrariam.

Agora, ali estávamos, nos encarando naquele salão de bailes, esses dois meninos do Bronx. Tínhamos chegado a posições muito distantes na vida — eu era um ator famoso e ele, um assistente de garçom, mas isso não mudava como nos relacionávamos um com o outro. E por que mudaria? Ele não era Cliffy ou Bruce ou Petey, mas despertou aquelas memórias em mim.

Hoje, me vejo preso naquela época da minha vida e não consigo parar de voltar àqueles dias do passado. Nunca imaginei que ainda estaria pensando sobre esses acontecimentos, muito menos que, cada vez mais, os imbuiria de uma energia tão positiva.

Por exemplo, teve uma vez, em algum momento dos anos 1970, em que eu estava conversando com Lee Strasberg em seu lindo apartamento no Central Park West, onde, aos domingos, ele tocava para nós uma gravação de um ensaio de Toscanini ou Sarah Bernhardt fazendo *Phèdre*, ou a primeira gravação de Caruso em 1907. Em meio a isso, do nada, Lee me disse:

— Andei pensando no meu velho bairro, onde eu cresci, lá embaixo da ponte de Manhattan, no Lower East Side. Quer ir lá visitar comigo?

Falei:

— Claro. Quando você quiser.

Nunca fomos. Ele morreu antes de acontecer. Agora, também tenho a sensação de que tem algo para mim em meus velhos refúgios do sul do Bronx.

Há uma sensação estranha que você começa a ter a partir de certa idade: suas lembranças surgem diante de seus olhos sem pedir permissão. Recentemente, fiquei tentado a voltar para o meu antigo bairro, mas no fim pensei: "Não há mais nada que se assemelhe ao lugar onde cresci. O mundo de que estou falando não voltará a existir."

Tudo o que sobrevive daquele lugar, daquela época, daquele estado de espírito são essas histórias. Talvez seja a razão pela qual escrevi este livro. Quero voltar para casa. Essas lembranças sempre me trazem de volta a um lugar onde eu gostava de estar. Olho para trás, para aquela vida, e penso que tive muita sorte. Havia uma satisfação naquela vida. Havia esperança naquela vida. Em minha mente, volto àquelas ruas do Bronx como eram em minha juventude e vejo as lojas e as pessoas. Vejo os garotos com quem cresci, subindo no topo das grandes vigas que se estendiam pela frente da 174th Street Bridge, com vista para um trecho do rio Bronx. Lá estávamos nós, com as pernas penduradas naquelas vigas acima da entrada da ponte, enquanto os motoristas passavam por baixo, olhando para a gente e pensando que aqueles garotos eram completamente loucos. Você precisa saber como aquilo era perigoso. Minha mãe me levava a essa mesma ponte quando eu tive coqueluche. Tinham dito para ela que era importante que eu ficasse perto da água. Acho que eles se referiam ao oceano, mas nós só tínhamos o rio Bronx.

Consigo me ver separando frutas em um mercado na esquina da Bryant Avenue com a 174th. Eu tinha doze ou treze anos na época e ia para a escola, mas minha mãe não trabalhava na época, então nos fins de semana eu tinha que ajudar a ganhar algum dinheiro. Cliffy e os outros meninos passavam pela loja de frutas quando estavam a caminho das Holandesas ou de alguma outra aventura, assobiavam para mim e gritavam:

— Ei, Sonny Boy! Joga uma maçã para nós! O que você está fazendo aí, cara? Vem curtir com a gente!

O dono da loja notava meus amigos gritando para mim. As crianças com quem eu andava o incomodavam. Um dia, o cara me chamou de lado e disse:

— Quero falar com você sobre uma coisa. — Ele puxou um daqueles caixotes de frutas, pegou um lápis grande e começou a desenhar algo para mim. Era um mapa que mostrava um caminho que se dividia em duas direções. Enquanto eu olhava para o desenho, ele me disse: — Veja, esta é a vida. E aqui, onde ela se divide, tem este caminho e tem *este caminho*. — E deu uma ênfase sinistra a "este caminho". Ele acrescentou: — Eu vejo você andando por esse caminho. É o caminho errado.

Era como se ele tivesse se tornado o personagem de Pat O'Brien de algum filme da década de 1930, o padre de rua velho e chato que diz a James Cagney para se endireitar e andar na linha, ou acabaria na cadeira elétrica. Tudo o que eu queria fazer era enfiar uma maçã na boca dele e voltar a separar a alface dos pepinos. Ele era um trabalhador, tudo bem, e tinha boas intenções, mas estava me dizendo como viver, e eu não tinha nem treze anos. Estava só tentando sobreviver àquele dia, olhando para o relógio até chegar a hora de encontrar meus amigos para quem você torce o nariz, lá fora, onde há vida e diversão e — adivinha? — a porra de um futuro. Não vou morrer segurando um pedaço de fruta podre na mão enquanto você pontifica sobre como a vida pode ser doce se eu fizer o que diz. Fodam-se você e a sua caixa de abacaxis, amigo. É claro que eu não disse isso em voz alta; só acenei para ele com a cabeça, como a maioria das crianças faria, mas pensei no assunto, depois pedi demissão e voltei para a rua com meus amigos vira-latas.

Reflito sobre meu passado e não consigo pensar em nada que possa explicar como vim parar aqui, onde minha vida está hoje. Só pode ter sido sorte. Algo por um triz aqui, algo por um triz ali. Minha avó costumava dizer do nada:

— Sonny Boy é um garoto de sorte.

E, do nada, meu avô falava:

— O garoto tem personalidade.

Essas são as coisas que a gente lembra.

Eu sabia que não ia ficar preso em alguma loja de frutas na Bryant Avenue ou em algum outro trabalho qualquer que fazia para sobreviver. Eu estava olhando para aquele trem elevado que cantava para mim toda vez que eu caminhava até ele. Trens que andam no céu — meu Deus, que invenção. Quando você estava na parte dianteira do trem, no primeiro vagão, ao lado do maquinista, bem ali naquela grande janela, via tudo. Estava no ar, acima de tudo, olhando para as ruas e a dispersão das pessoas lá embaixo. Você se transformava no trem e, ao sair do túnel, via o ar e a terra, e via o sul do Bronx estendido à sua frente como uma grande bandeira. Você estava voando. Eu pensava: Espera, onde estamos? Ah, lá estão os velhos prédios. E os varais — nunca me esqueço dos varais. Todas aquelas crianças correndo lá embaixo. Dava para ouvir seus gritos de alegria e o eco. Eu sabia que estava voltando para a minha cidade e que estaria cheio de lembranças. Eu olhava para ela como se olhasse para um velho amigo amado — é um lugar ao qual eu pertencia, mas do qual me separei e não reconheço mais como antes.

Quando se é jovem, você não liga para memórias — você fala sobre ontem ou anteontem. Você cria essas memórias à medida que vive. Eu tenho muitas lembranças e não preciso de estruturas antigas ou artefatos físicos para me colocar em contato com elas. Às vezes, é uma visão, um som ou um cheiro; às vezes, basta uma sensação. É só sentir frio e, de repente, estou com dezenove ou vinte anos de novo, tremendo e batendo os dentes em uma pensão de

Manhattan na Décima Avenida, porque tinha acabado de caminhar sozinho na neve gelada. Meu quarto ficava alguns andares acima e era minúsculo, mas tinha uma janela pela qual eu podia ver a vista e as pessoas na avenida, indo e vindo na neve, e aquela janelinha tornava o quarto um pouco mais agradável. Mas o casaco que eu estava usando tinha ficado completamente encharcado. Como todas as minhas roupas, eu o havia comprado em um brechó por poucos dólares. Eu não poderia estar mais molhado nem mais cansado, e minhas roupas de segunda mão estavam furadas e caindo aos pedaços. O aquecedor a vapor do meu quarto tinha enlouquecido, cobrindo a cama com condensação e me deixando sem aquecimento. Deitei-me na minha cama molhada, coloquei o casaco molhado na cabeça molhada e, lá fora, a neve continuava caindo, logo se transformando em placas de gelo, pois a noite ficava cada vez mais fria, tornando as estradas escorregadias, provocando acidentes de carro e criando lama nas calçadas. Completamente encharcado, por dentro e por fora, enquanto esses pensamentos passavam pela minha cabeça, adormeci.

Na manhã seguinte, acordei vivo, mas com tontura. Estava congelando e tremendo loucamente. Eu sabia que estava com febre. Sabia que precisava ir ao hospital. Fui para o pronto-socorro do Bellevue e esperei uma eternidade, acabado aos vinte anos.

Fui levado a uma sala de exames, ainda tremendo, onde uma enfermeira segurou alguns comprimidos e tentou me explicar que eu tinha que tomar um a cada quatro horas. Ela estava fazendo gestos grandes e exagerados e enunciando lentamente.

— Quatro. Horas — disse ela com os quatro dedos bem na minha cara.

Quanto mais ela fazia isso, mais burro eu me sentia. Pensei: Será que existe uma escola em algum lugar que os ensine a fazer isso? Imaginei uma clínica onde contratavam Marcel Marceau, o grande artista de pantomima, para explicar aos pacientes o que a enfermeira estava tentando lhes dizer. Ela provavelmente achava que eu não falava inglês, e eu estava indo na dela. Era Nova York, o caldeirão cultural, e ela estava acostumada a receber pessoas de todos os lugares. Se você era pobre como eu, ia para a clínica.

Então, um médico entrou na sala e me examinou. Ele disse:

— Você está com um vírus no cérebro.

E eu perguntei:

— O quê?

Ele falou lentamente:

— Você. Está. Resfriado.

— Gripe?

Ele me olhou em silêncio, eu olhei para ele, e ele disse:

— Coloca a cabeça embaixo do aquecedor.

— Debaixo do aquecedor?

Ele perguntou:

— Já considerou ir ao ambulatório que temos aqui no Bellevue? — Era um manicômio famoso. — Você precisa conversar com alguém. Está um pouco tenso.

Eu pensei: Conversar com quem? Estou morrendo aqui.

No entanto, não fui ao ambulatório, mas sim ao apartamento do meu primo Mark, no West Bronx, embaixo do El, na Arlington Avenue. Meu primo Mark e a namorada com quem ele estava morando cuidaram de mim e me deitaram no sofá enquanto eu tremia com uma febre de quarenta graus. Fiquei lá por alguns dias até me recuperar. Não sei por que não fui para a casa da minha avó. Acho que fui para a casa do Mark porque ele morava mais perto de Manhattan. Eu amo meu primo como a um irmão.

Parecia que eu sempre precisava de alguém para cuidar de mim. Muitos anos depois, no período em que estava fazendo *Búfalo americano*, de David Mamet, na Costa Leste, a grande estrela de cinema Elizabeth Taylor também estava fazendo uma peça na Broadway, e fiquei muito amigo dela. Nós nos encontrávamos apenas para desfrutar da companhia um do outro. Ela era uma grande atriz, com um coração gentil, e acabou conhecendo algumas pessoas da minha vida, como Jim Bulleit e Jimmy Hayden. Conversávamos sobre tudo. Eu sempre lhe perguntava sobre Richard Burton, com quem ela foi casada duas vezes e que era meu ator favorito além de Marlon; às vezes ela me agradava, e às vezes ela me ignorava. Ela era uma pessoa normal e um tesouro ambulante e falante.

Certa vez, saímos para jantar juntos, eu, ela e Jimmy Hayden, em um restaurante chique. Eu sabia que Jimmy estava de olho nela. O guarda-costas de Elizabeth havia se casado algumas semanas antes, e todos nós fomos ao casamento. Jimmy passou a noite tentando se aproximar dela, dançando e desfilando. Ele era um mulherengo. Enquanto estávamos sentados naquele restaurante chique, eu olhava para o enorme anel de diamante que Elizabeth usava no dedo médio, e ela olhava para a bandana que eu usava enrolada na cabeça. Finalmente, ela me disse:

— Al, você poderia tirar essa coisa da testa?

E eu respondi, com meu jeito de falar do sul do Bronx:

— Quando você tirar essa pedra grande e brilhante do seu dedo. Está me cegando.

Nós rimos, e eu tirei a bandana, mas ela nunca tocou no anel.

Em algum momento no início dos anos 2000, eu a visitei em sua casa em Los Angeles, que era lindíssima. Quando olhei para suas paredes, decoradas com pinturas de Renoir, Matisse e Picasso, pensei: Que lugar para se viver. Imagine ter isso todos os dias quando você acorda, sentir essa inspiração. Quando ela estava em Nova York, ia à minha casa no campo e eu fazia espaguete para ela. Uma amiga minha me disse que encontrou Elizabeth Taylor em Los Angeles, e ela perguntou de mim.

— Como está o Al? Ele está bem? Ele comentou que precisava de alguém para ajudá-lo.

Minha amiga respondeu:

— Acho que sim. Acho que ele contratou alguém para trabalhar para ele.

— Que bom — disse ela —, porque aquele garoto precisa de toda a ajuda possível.

Como ela estava certa. Muito antes de ter amigos famosos, encontrei pessoas que tentaram me ajudar a trilhar meu caminho.

É IMPRESSIONANTE PARA MIM QUE ESSAS COISAS REALMENTE TENHAM me acontecido, e eu nem posso mais provar. Não existe mais o 34th Street East, o cinema onde assisti à obra-prima *Os sapatinhos vermelhos* umas cem vezes enquanto trabalhava lá como lanterninha. Eu me sentia como uma sombra naquele cinema e gostava disso. Colocavam aquele terninho em mim, o que me incomodava, mas eu ficava no escuro e encarava a tela. As salas de exibição de Donald Rugoff vinham transformando filmes em cinema de verdade, atraindo um público de alta classe. Eles contratavam principalmente rapazes para serem lanterninha e moças para serem caixas. Para ser contratado como lanterninha, bastava ser relativamente bonito, esse era o requisito. Se você fosse o tipo de pessoa que andava sempre desligado, como eu, bastava fazer o que eles mandavam. Eu conseguia operar a lanterna e ficar parado. Parece fácil, mas mesmo assim eu era demitido desses lugares com bastante frequência.

Fora desses empregos, continuei tentando atuar e fazendo testes para papéis. Certa vez, Charlie foi comigo ao Hudson Playhouse, no Greenwich Village, onde eu havia sido chamado não apenas para uma, mas para duas peças. Eu já havia feito uma leitura para eles antes, e os dois diretores gostaram de mim na primeira vez, então pensei que conseguiria pelo menos um dos papéis. Havia um pouco de esperança. Mas, de alguma forma, não consegui nenhum dos dois, e é por esse tipo de coisa que os atores passam.

Era primavera, então Charlie ficou do lado de fora me esperando enquanto eu fazia meus testes. Quando saí pela porta, ele olhou para mim e disse:

— A boa e velha rejeição, né?

Eu simplesmente dei de ombros e disse a ele que não tinha conseguido nenhum dos dois papéis, então começamos a caminhar para o oeste em direção ao rio Hudson. Charlie virou-se para mim e disse:

— Al, você não parece incomodado.

Eu respondi a Charlie:

— Eles é que saem perdendo.

E ele pareceu feliz. Disse:

— Al, você tem audácia.

A audácia deve estar em meu kit de sobrevivência. De que outra forma eu poderia tê-la? Não dá para ir a uma loja e comprar.

Era nos velhos tempos que eu realmente precisava de audácia, quando minha mãe me mandava ir à loja para comprar seus absorventes Kotex.

Por algum motivo, eles pareciam maiores naquela época. Lembro-me de ter ido à farmácia para ela quando tinha dez ou onze anos, e havia algumas pessoas na loja. O gerente tinha me visto algumas vezes, entrando e saindo, e perguntou:

— O que você quer?

Com muita calma e tranquilidade, eu respondi:

— Sabe, de vez em quando eu fico um pouco mal-humorado. E, às vezes, não sei o que acontece, começo a sentir dor e olho para baixo e tem sangue. Me disseram para comprar um Kotex para isso.

Ele olhou para mim e disse:

— Você precisa ir embora daqui. Você sabe que não precisamos de espertalhões.

Achei que fôssemos rir juntos, de homem para homem. Mas ele não era um homem, era um farmacêutico, e eu era um sabichão de onze anos. Mesmo assim, consegui o Kotex.

Enquanto trabalhava como lanterninha, eu me encarregava de recomendar amigos para empregos. Até consegui que Charlie fosse contratado como lanterninha no Carnegie Hall, veja só. Nós tínhamos conseguido. Ok, eu ainda era apenas um lanterninha, mas era o Carnegie Hall. Lembro que eu tinha uma queda enorme por uma lésbica linda que trabalhava lá. Não sei o que aconteceu com ela, mas eu gostava muito dela, embora ela não parecesse ter nenhum interesse em mim. Então, lá estava Charlie, de smoking, parecendo um mestre de cerimônias; ele poderia ser o maître de um restaurante ou distribuir Oscars na grande cerimônia. O homem era majestoso. Ele trabalhou um dia lá, virou-se para mim e disse:

— Acho que estou velho demais para isso.

E foi embora.

Tentei continuar lá. Certa noite, houve um concerto de música jamaicana e eu estava sentando as pessoas na galeria do Carnegie Hall. É claro que eu estava sentando as pessoas nas fileiras erradas. Sempre achei que não importava onde você se sentava quando ia ao cinema, a uma peça ou a um show. Você está no teatro, vai ver ou ouvir. O que são alguns centímetros atrás ou na frente de alguém? São todos construídos em declive mesmo. Se quiser fazer as contas, você está a centímetros de distância da fileira à sua frente. Os assentos da última, em certos sentidos, são até melhores.

Então eu disse: Por que não os deixar ir por ordem de chegada? Mas era o Carnegie Hall, e essas pessoas tinham ingressos. Essa era a questão. Elas tinham ingressos pelos quais pagaram, e os ingressos tinham os números de seus assentos. E começaram a reclamar. Logo passaram a bater umas nas outras. Eu pensei: Uau, o que foi que eu comecei? O que eu comecei foi minha ruína e um pequeno motim, porque eles me demitiram na hora. E eu queria ver aquele concerto jamaicano.

Fui embora e voltei a percorrer as ruas em busca de outro emprego de lanterninha. Naquela época, eu já sabia o que queria ser: um lanterninha — não, não, um ator. Seria de pensar que eu estaria deprimido por ter sido demitido tantas vezes. Ou que eu estaria ansioso, preocupado com as chances de encontrar o próximo emprego. Mas eu sempre tinha certeza de que apareceria alguma coisa — os empregos eram apenas uma ferramenta para sobreviver e continuariam a surgir enquanto eu seguia minha vocação. E a cidade de Nova York me deu muito para apoiar esse sonho.

Não tenho lembranças tão vívidas hoje, e não porque esteja sofrendo de algum tipo de demência. Sim, ainda estou vivendo, mas em um ambiente muito mais previsível. Graças a Deus tenho meus filhos — eu os amo muito, como você pode perceber, e fico feliz que eles tenham as próprias vidas. Um ator também tem a própria vida. É por isso que, para mim, o trabalho sempre foi a vida — algo que abre a porta e permite que o espírito saia. Um mundo que posso visitar, onde a imaginação é ativada e a vida volta a ser o que era: descoberta, prazer, êxtase.

Por que essas coisas ainda são tão vívidas para mim? Não é que eu não tenha sentimentos conflitantes sobre essa época de minha vida. Muitas vezes eu ficava sozinho por longos períodos. É claro que eu tinha Charlie, Penny e a filhinha deles, mas a minha vida restante era solitária. Charlie me chamava de "pinheiro solitário". Lá estava eu, andando pela cidade tarde da noite, fazendo meus monólogos de O'Neill e Shakespeare nas ruas escuras e silenciosas, geralmente nos fundos de armazéns. Nova York me deu as noites frias e o presente de ruas vazias para praticar. Meu público eram as estrelas, os prédios e os carros estacionados. Se alguém passasse por mim, pensaria que eu estava louco; se o serviço de proteção animal passasse por ali, me prenderia como um vira-lata. Então eu voltava para casa, para meu quarto em algum lugar na estratosfera da ilha de Manhattan, sozinho novamente, e pensava no que o dia seguinte traria. Ele sempre trazia algo. Talvez um novo encontro, outro trabalho de lanterninha ou uma caminhada até a Washington Square, onde Charlie e eu nos sentávamos e tomávamos café do Chock full o'Nuts em algum banco daquele parque em pleno inverno. Talvez eu dormisse no palco da Actors Gallery, como fazia quando estava atuando em *Credores*, e Charlie me encontraria lá pela manhã. E tudo bem. Estava tudo bem.

Existe aquela expressão: "Não devemos olhar para trás." Bem, eu olho para trás e adoro. Adoro o que vejo. Adoro o fato de eu ter existido. Olho para esse bebê, meu filho Roman, que entrou recentemente em minha vida, e digo: Uau, olha só você. Dou risada toda vez que olho para ele. Quando ele tinha três ou quatro semanas de vida, eu pensava: O que ele sabe de qualquer coisa? Lá está ele, sentado. Ninguém o tocou de modo a influenciá-lo. Ele simplesmente existe. Portanto, tem tudo a seu favor. É como um pequeno Buda. Demora um pouco para o rosto mudar. Essa máscara que todos nós acabamos adquirindo, de onde vem? Talvez venha de todos os clichês que nos são lançados quando estamos crescendo, dos delírios e das ilusões, do enroscar e desenroscar de lâmpadas. Seja um bom menino, seja uma boa menina. E a gente vê isso no bebê. Não é apenas um pequeno ser humano — é uma tela que será pintada. É tão fresco, vivo e novo. O mundo pintará seu rosto no espécime que todos nós somos.

Eu olhei para ele outro dia, e agora ele está com quatro meses. Agora esse bebezinho está falando, falando mesmo. Eu não conseguia acreditar no quanto falava. Sem dizer uma palavra, apenas balbucios de bebê, mas falava como se realmente quisesse dizer algo. Pensei: Ele está tentando falar comigo. Está falando comigo e me contando de onde veio. Ele está me dizendo: "Pai, estive em um lugar e é ótimo. É um lugar para o qual você vai em breve e vai ver como é maravilhoso. Não posso falar, mas só quero desabafar. Porque logo vou aprender a falar de verdade e não vou mais lembrar." Ele está tentando fazer com que eu me sinta melhor, e eu quero agradecer a ele por me dizer que vai ficar tudo bem. Obrigado, garoto.

Fico imaginando o quanto meu filho pequeno entenderá tudo isso. Quando tento explicar aos jovens como foi crescer no sul do Bronx, sinto-me como se estivesse descrevendo a Londres de Oliver Twist, ou o Grover's Corners de Thornton Wilder, ou aquela cidadezinha no Texas de *A última sessão de cinema*. E não é realmente o Bronx que estou descrevendo, muito menos a cidade de Nova York; é um mundo minúsculo e provinciano, uma pequena comunidade em si. Eu não sabia da vida de ninguém de duas ruas adiante, na Vyse Avenue ou na Longfellow. O que eu conhecia era o nosso quarteirão. Era o mundo de Marty-P, que pulou do telhado da loja antes que a polícia pudesse pegá-lo; o mundo de Philly, se você se lembra dele, sentado em silêncio em uma cadeira do lado de fora com a mãe ao lado, tudo porque um valentão o chamou de durão; do grande Hymie, que foi mandado para um asilo e nunca mais foi visto; de Steve e o que quer que tenha acontecido com ele na estação de ônibus; daquele homem estranho de terno que andava dizendo: "Você não mata o tempo: o tempo mata você." Não tentávamos processar esses personagens nem dar sentido a eles. Eles eram apenas acessórios em nosso quarteirão, e toda cidade pequena tem os seus. Podia ser qualquer lugar dos Estados Unidos.

Um universo inteiro existia sob a linha elevada de trem da White Plains Road, a uma curta caminhada da minha casa. Bem ali ficava a barbearia onde meu avô me levava quando eu era pequeno para cortar o cabelo, e eu precisava de uma caixa para me sentar na cadeira do barbeiro, porque não era alto o suficiente. Daquela cadeira, se eu olhasse para cima e para a esquerda, podia ver o trem passando, levando e trazendo as pessoas do nosso pequeno bairro. Do outro lado da rua, embaixo da linha do trem, havia uma lanchonetezinha onde minha mãe me levava quando íamos ao cinema no início da década de 1940, quando eu tinha quatro ou cinco anos. Ainda me lembro do ambiente aconchegante daquela lanchonete, com suas paredes de azulejos em xadrez azul e branco, as músicas melancólicas dos tempos de guerra que emanavam do rádio e a linda moça que trabalhava no balcão, com a fita branca no cabelo loiro e o laço azul no avental, olhando para mim com um grande sorriso. A poucas portas dali, ficava o Dover Theatre, na Boston Road, onde minha mãe e eu assistíamos aos nossos filmes. Minha mãe era tudo para mim naquela época. De alguma forma, ela sempre sabia quando algo estava prestes a acontecer.

CLIFFY JÁ PARECIA ESTAR TOMANDO OUTRO RUMO AOS TREZE ANOS, quando as drogas entraram em sua vida. Para citar apenas um incidente, parte do nosso grupo estava passando por uma loja de calçados em nosso bairro quando, do nada, Cliffy chutou uma vitrine de vidro na calçada em frente à loja. Ele simplesmente a quebrou e iniciou um caos. Todos nós corremos em direções diferentes enquanto Cliffy fugia com um par de tênis. Acontece que havia uma viatura do outro lado da rua quando ele fez isso. Quando dei por mim, estávamos fugindo dos policiais e Cliffy estava atrás de mim, rindo e agarrando a parte de trás da minha camiseta, me segurando e me atrasando para que eu não conseguisse fugir. Eu nunca soube se ele fez isso em um momento de excitação e energia ou se estava apenas drogado. Quando a viatura nos alcançou, Cliffy estava rolando no chão, rindo, enquanto eu permanecia com as mãos para o alto, e eles nos fizeram marchar de volta à cena do crime.

Depois dessa provação, comecei a questionar onde eu estava me metendo. Todos nós nos enfiamos em muitas confusões por causa dessa aventura. Felizmente, algumas pessoas do bairro juntaram dinheiro para pagar a vitrine que Cliffy quebrou. Na época, pensei comigo mesmo: É a última dessas coisas que faço — isso é vandalismo e é crime. Estava em outro nível. Foi um choque e algo me deixou desconfortável, acho.

Enquanto isso, eu ainda não sabia que havia um mundo inteiro além daquele bairro. Esse dia chegaria, alguns anos depois, quando Anton Tchékhov veio à cidade. Por enquanto, não tínhamos consciência de que éramos pobres ou que nos faltava algo. Tínhamos uns aos outros; estávamos no topo do mundo, como disse James Cagney em *Fúria sanguinária*. Não pensávamos em nós mesmos como se não tivéssemos nada. Isso nem era uma questão nas nossas mentes.

Meus amigos e eu tínhamos o mundo inteiro, até onde sabíamos. O que mais você diria que era ficar na esquina tentando harmonizar? Ou falar sobre garotas? Ou planejar o que faríamos à noite e para onde iríamos amanhã? Ou ficar empolgado com o fato de os Yankees ganharem o campeonato — afinal, o Yankee Stadium ficava bem ali no Bronx? Ou tentar convencer o policial de plantão a nos dar um pouco de Sneaky Pete, o tipo de bebida alcoólica que faz seu estômago estourar, como se você estivesse bebendo cola de sapateiro? Ou na esperança de ouvir um daqueles velhos e sábios adolescentes falar sobre suas enigmáticas aventuras sexuais, o que sempre deixava nossa orelha em pé? Não tínhamos educação sexual na escola, aprendíamos nas ruas, ouvindo histórias. A vida era nossa. Vamos fazer alguma coisa! Vamos para algum lugar! Vamos pegar o metrô e ir para o centro da cidade, ou simplesmente andar por aí empertigado. Ficar longe de qualquer uma daquelas vitrines pelas quais Cliffy parecia violentamente atraído.

Quando chegava o final da primavera ou o verão e o sol se punha, não podíamos mais jogar *stickball*. Era quando chegava a hora de sair e procurar alguma confusão, alguma aventura. Talvez houvesse uma reunião de escoteiros em uma das escolas de ensino fundamental que pudéssemos interromper, agitar um pouco e ser perseguidos corredor afora pelos zeladores. Andávamos de um lado para o outro e nos enfiávamos nas salas de aula escuras, procurando um lugar para nos esconder. Essas escolas eram enormes, com dois ou três andares e salas de aula por toda parte, e pareciam luxuosas para nós. Diga, existe algo mais emocionante do que ser perseguido? Não vou correr agora, minhas pernas não aguentam mais essas coisas. Mas, naquela época, era como se fôssemos *tight ends* de futebol americano, dando cambalhotas sobre a linha do gol, e a vida estivesse passando a bola para nós.

Lá estava eu, com meus amigos, nos terrenos baldios mais próximos da 174th Street, onde sempre acabávamos no final do dia, esperando a meia-luz se transformar em escuridão. Estávamos brincando, imaginando o que estava acontecendo, o que vinha a seguir. Meus amigos queriam que eu fosse com eles para outro lugar. Mas eu não, não naquela noite. Cliffy, Bruce e Petey estavam prontos para ir, e alguns outros caras estavam juntos, mas minha mãe estava chamando. Nossas janelas não davam para a rua, então eu ouvia minha mãe do telhado do nosso prédio. Ela estava lá em cima, me chamando:

— Ei, Sonnyyyyyyy, sobe aqui, você não comeu, sobe, eu fiz jantar. — Sua voz vinha do telhado e ecoava por toda parte.

Cliffy me lançava aquele olhar que era uma mistura de pena e inveja. Ninguém nunca chamava por ele, nem por Petey, nem por Bruce, nem por nenhum dos outros caras do telhado. Ele dava de ombros e dizia algo como:

— Se você tem que ir, tem que ir.

E os caras se afastavam e recuavam na escuridão que se aproximava.

Eu desejava estar com eles e queria que tivéssemos nos reencontrado, e que a vida tivesse continuado para sempre, porque era um paraíso. Acho que pode ter sido o amor que passamos a ter um pelo outro, e nós nos protegíamos mutuamente. Mas esses caras se foram muito antes de seu tempo. Todos morreram por causa das drogas; Bruce foi encontrado no chão de um quarto de hotel na Parkway, com o corpo ao lado de uma mochila.

Quando ele morreu, eu já tinha me tornado ator de sucesso. Fiquei sabendo do velório de Bruce enquanto estava trabalhando, então fui ao seu enterro em um cemitério árido no Bronx. Cheguei lá em um dia frio e nublado de janeiro. Sozinhas em uma colina, sem ninguém por perto por quilômetros, estavam a mãe de Bruce e outra mulher, possivelmente amiga dela ou tia de Bruce, as duas apenas olhando para o corpo dele em um caixão barato. Corri até a mãe dele, de quem eu me lembrava desde aquela época, quando ela costumava trazer ao jovem Bruce seu copo de leite achocolatado, na frente dc todos nós, bem ali na rua. Tínhamos que parar o que estávamos fazendo naquele momento para vê-la fazer isso e declarar:

— O Brucey precisa do leitinho dele.

Nunca nos perguntamos por que ela precisava fazer isso. Acho que quando você tem seis ou sete anos, há muitas coisas que não se dá ao trabalho de questionar. Quando vi a mãe dele ao lado do túmulo do filho, dei-lhe um abraço. É claro que ela estava desolada e chorando. Fazia anos que eu não a via.

Mas a mulher mais velha que estava com a mãe dele — podia ser uma tia ou prima — foi muito eloquente ao falar sobre Bruce no túmulo. O que ela disse não foi uma retórica genérica; foi tão perspicaz e certeiro que me surpreendeu. Eu cresci com Bruce, uma pessoa que me protegia se alguém tentasse se meter comigo, a quem eu dirigia nas comédias de revista que apresentávamos nos cafés teatrais do Greenwich Village nos anos 1960. O que essa mulher conseguiu dizer sobre ele foi a mais pura verdade. Só poderia ser dito por alguém com inteligência e idade o bastante para entender a vida e entender um cara como Bruce. Eu achava que o conhecia, e, com apenas algumas frases, ela me mostrou que não, não naquele nível. Suas palavras tinham tanta sabedoria que eu estremeci. Com certeza fiquei embasbacado por ela.

Petey e Cliffy se deram mal um pouco antes. Petey tinha apenas dezenove anos quando foi para a sarjeta com uma agulha no braço. Eu não vi isso acontecer. A notícia chegou até nós por meio de um marginal de cara suja de seu grupo de drogados, que disse com um sorriso:

— Ele era ganancioso, cara. Gente gananciosa morre.

É claro que tem o Cliffy, que era tão inteligente e emotivo, e simplesmente foi interrompido. Há pessoas que morrem mais tarde, depois de terem alcançado algo e não conseguirem viver com isso, mas ele se foi antes mesmo de chegar lá. É de partir o coração, porque ele era capaz de muito e não merecia ser simplesmente eliminado. Eu também não vi Cliffy partir; ouvi falar disso nas ruas, como aconteceu com Petey. Era a agulha outra vez, e eu queria ter tido a chance de homenageá-lo de alguma forma.

Um dos poemas de Charlie tocou em quem Cliffy era para mim — Charlie o escreveu sobre um soldado que ele conhecia, chamado John, que havia sido morto por um colega oficial em um incidente com uma granada. Imaginei que um dia pegaria esse poema, mudaria o nome e o colocaria na lápide de Cliffy. O poema se chama "John está morto":

o mal
era uma coloração
no próprio ar

em que ele trabalhava.
    uma zona
uma conflagração de assombros
uma *belladonna* arrastada
pelas favelas
    sua busca
sempre mirando
    a hora gélida.

perdido no solitário orvalho
de seu nascimento e morte
seu noturno
cinza como pó
agora.

em rosto nenhum
se lê a notícia
ninguém inclina a cabeça

então, uso
        este tempo
e lugar
        e declaro:
lamento da lua
mágoa do frio barro:

John está morto.

O poema diz John, mas em minha mente ouço Cliffy. Havia muitos como Cliffy, e sempre haverá pessoas como ele — que despertam a vida, que são destrutivas na vida e que, se não tomarem cuidado, são destrutivas consigo próprias também. Mas eu o amava. Entendo que ele nunca teve a intenção de machucar ninguém. Aprendi mais tarde na vida e tive a sorte de me afastar do destino de Cliffy. Mas ainda sinto. Sinto a mágoa, sinto o desperdício, sinto tudo.

Lembro-me de quando Cliffy jogou aquela pedra sem rumo e acertou o esquilo. Ele nunca pensou que o acertaria, mas acertou e se jogou no chão, orando a Deus por perdão, chorando muito e depois fazendo uma cerimônia para enterrar aquele animalzinho.

Ele era um cara que estava sempre presente quando você precisava. Você sempre tinha a sensação de que qualquer um desses amigos daria a vida por você. Acho que é como os soldados em uma trincheira, um estranho coletivo que se forma. Não quero nos comparar com soldados lutando em um campo de batalha, é claro, mas enfrentávamos nosso próprio tipo de perigos e protegíamos uns aos outros. Como eu disse quando levaram minha luva de beisebol, isso não teria acontecido se eu estivesse com Bruce, Cliffy ou Petey lá. Não está na cabeça, está no corpo e no coração. Não é superficial, nasce da confiança e do amor, porque o mundo era melhor quando estávamos juntos. O mundo inteiro existia em nós. Estávamos vivos no sentido real da palavra, ricos e cheios de vida.

Nunca tive a oportunidade de fazer o panegírico de nenhum desses amigos até agora, portanto, talvez este seja um bom momento para apresentar a vocês mais um poema do cânone de Charlie, chamado "Quando eu morrer".

quando eu morrer
morrerei aqui
dentro destes cortiços

e ainda assim a lua
e uma mulher sozinha
com mãos azuis e geladas
estenderão lençóis brancos
no céu de inverno

a aurora surgirá
e figuras fugitivas

sairão porta afora
como sussurros.

do outro lado do beco
haverá uma sombra de pássaros
como um repentino cascalho
jogado contra a parede.

mais gente virá
para as ruas
acelerar —
ziguezaguear —
se apressar —

a ponta de um lenço
se dissolverá no vento.

Quanto a todos os outros de nossa turminha, só posso imaginar o que aconteceu com eles. Às vezes, penso: Por que não tive esse fim? Por que ainda estou aqui? Será que foi tudo sorte? Foi Tchékhov? Foi Shakespeare? Foi o fato de ter conhecido Charlie lá atrás? Ou o que dizer do meu avô ou da minha mãe no telhado, dizendo "Sonny Boy, você não comeu nada, o jantar está na mesa"? O que nos faz continuar? De onde vem essa sobrevivência? Talvez sejam as lembranças, como me disse certa vez o grande Charlie Laughton. Na época, ele tinha oitenta e quatro anos, era paraplégico devido à esclerose múltipla e só conseguia mexer um dos braços. Ele apontou para seu coração e disse:

— Al, você está bem aqui. Não se preocupe comigo. Tenho meus sonhos à noite, minhas lembranças e minha imaginação. Eu vou ficar bem.

Outra coisa que Charlie me disse no final de sua vida foi:

— Você é um milagre, Al. Você é um milagre.

Quem já ouviu isso de alguém? Eu não acreditei, claro. Mas entendi o que ele estava dizendo. Minha vida inteira foi um tiro no escuro.

Esta vida é um sonho, como diz Shakespeare. Acho que a parte mais triste de morrer é que você perde suas memórias. As memórias são como asas: elas nos mantêm voando, como um pássaro ao vento. Se eu tiver sorte, se for para o céu, talvez possa me reencontrar com minha mãe lá. Só quero ter a chance de me aproximar dela, olhar em seus olhos e simplesmente dizer: "Ei, mãe, você viu o que aconteceu comigo?"

Agradecimentos

É claro que quero agradecer a Dave Itzkoff por seu empenho e energia. Sua ajuda e persistência consideráveis me fizeram pegar ruas em que eu nunca teria entrado. Devo muito a ele. Scott Moyers, nosso editor, é um cara muito honrado, com grande integridade e inteligência. Ele nos apoiou enquanto eu me movia do meu jeito, sempre ponderado, mudando de ideia e tirando cara ou coroa. Eu deixaria qualquer um louco, mas Scott e Dave aguentaram e perseveraram. Quero agradecer a Mollie Glick e Josh Lieberman, da CAA, cujo incentivo e firmeza de propósito me ajudaram a passar por isso. A escrita não é minha primeira linguagem — eu precisava de toda a ajuda possível e certamente recebi muita. Devo fazer uma menção especial a Michael Quinn, que esteve presente, fazendo uma contribuição colossal para este livro, além de aguentar minhas peculiaridades, inclusive meu temperamento e meu desejo inato de ficar deitado até passar. Além disso, quero agradecer aos meus amigos e familiares, que me deram feedback sobre vários capítulos que gentilmente leram para mim. Eles me deram o tipo de apoio de que eu precisava para publicar algumas destas coisas. Recebi o alerta essencial de todas essas pessoas dedicadas e, sem suas contribuições, não haveria livro.

Créditos

ENCARTE 1

p. 1: (acima e embaixo) Cortesia de Mark Scarola
p. 2: (acima e embaixo) Cortesia de Mark Scarola
p. 3: (acima) ARCHIVIO GBB/Alamy Stock Photo, (embaixo) Cortesia de Mark Scarola
p. 4: (acima e embaixo) Cortesia de Mark Scarola
p. 5: (acima) Cortesia de Mark Scarola, (embaixo) NYC Department of Records and Information Services, NYC Municipal Archives Collection, Bronx 1940s Tax Photos
p. 6: (acima e embaixo) Cortesia de Mark Scarola
p. 7: (acima e embaixo) Cortesia de Mark Scarola
p. 8: (acima) [X2010.7.2.5573] Museum of the City of New York, (esquerda) Cortesia de Mark Scarola, (direita) Michael E. Avedon
p. 9: (acima e embaixo) Fred W. McDarrah/MUUS Collection via Getty Images
p. 10: (acima) Friedman-Abeles © The New York Public Library for the Performing Arts, (embaixo) Film Publicity Archive/United Archives via Getty Images
p. 11: (acima) Steve Schapiro/Corbis via Getty Images, (embaixo) Silver Screen Collection/Getty Images
p. 12: (acima) Imago/Alamy Stock Photo, (embaixo) Cortesia de Giovannina Jennifer Bellino
p. 13: (acima) Steve Schapiro/Corbis via Getty Images, (embaixo) Ron Galella/Ron Galella Collection via Getty Images
p. 14: (acima) Paramount Pictures/Cortesia de Getty Images, (esquerda) Jack Mitchell/Getty Images, (embaixo) Photo 12/Alamy Stock Photos
p. 15: (acima) CBS Photo Archive via Getty Images, (embaixo) Steve Schapiro/Corbis via Getty Images
p. 16: (acima) Film Publicity Archive/United Archives via Getty Images, (meio) Sunset Boulevard/Corbis via Getty Images, (embaixo) Cortesia do autor

ENCARTE 2

p. 1: (acima) Ron Galella/Ron Galella Collection via Getty Images, (embaixo) Cortesia do autor
p. 2: (acima) Donald Cooper/Alamy Stock Photo, (embaixo) Columbia Pictures/Sunset Boulevard/Corbis via Getty Images

p. 3: (acima) Courtesy Everett Collection, (meio e embaixo) Cortesia de Everett Collection
p. 4: (acima) Jack Buxbaum/J. F. Kennedy Center, (embaixo) © Warner Bros./Courtesy Everett Collection
p. 5: (acima) Pictorial Press Ltd./Alamy Stock Photo, (embaixo) Steve Schapiro/Corbis via Getty Images
p. 6: (acima à esquerda) Ron Galella, Ltd./Ron Galella Collection via Getty Images, (acima à direita) © Touchstone/Courtesy Everett Collection, (embaixo) Steve & Anita Shevett © Billy Rose Theatre Division, The New York Public Library for the Performing Arts
p. 7: (acima) New Line Cinema/Sunset Boulevard/Corbis via Getty Images, (embaixo) PictureLux/The Hollywood Archive/Alamy Stock Photo
p. 8: (acima) United Archives GmbH/Alamy Stock Photo, (embaixo) HAL GARB/AFP via Getty Images
p. 9: (acima) Getty Images, (embaixo) ©Warner Bros./Courtesy Everett Collection
p. 10: (acima) Album/Alamy Stock Photo, (embaixo) Lawrence Schwartzwald/Sygma via Getty Images
p. 11: (acima) Christopher Polk/FilmMagic, (embaixo) Everett Collection Inc./Alamy Stock Photo
p. 12: (acima) Will Ragozzino/Patrick McMullan via Getty Images Patrick McMullan, (embaixo) Copyright © Salome Productions LLC
p. 13: (acima) WENN Rights Ltd./Alamy Stock Photo, (embaixo) Moviestore Collection Ltd./Alamy Stock Photo
p. 14: (acima) Paulo Grosby, (embaixo) PictureLux/The Hollywood Archive/Alamy Stock Photo
p. 15: (acima) NurPhoto SRL/Alamy Stock Photo, (embaixo) Independent Photo Agency Srl/Alamy Stock Photo
p. 16: (acima e embaixo) Cortesia do autor

Impressão e Acabamento:
GRÁFICA SANTA MARTA